现代企业管理

主　编　刘素军

副主编　米贵岐

参　编　李素辉　黎　薇　曹晓莉　霍聪伟
　　　　巴晓乐　英　辉　曹彦飞　康江波
　　　　景丽艳　陈婉菲

中国海洋大学出版社

·青岛·

图书在版编目(CIP)数据

现代企业管理/刘素军主编. —青岛:中国海洋
大学出版社,2019.8
ISBN 978-7-5670-2383-3

Ⅰ. ①现… Ⅱ. ①刘… Ⅲ. ①企业管理－高等学校－
教材 Ⅳ. ①F272

中国版本图书馆 CIP 数据核字(2019)第 186918 号

出版发行	中国海洋大学出版社			
社　　址	青岛市香港东路 23 号		邮政编码	266071
出 版 人	杨立敏			
网　　址	http://pub.ouc.edu.cn			
电子信箱	wangjiqing@ouc-press.com			
订购电话	0532-82032573			
责任编辑	王积庆		电　　话	0532-85902349
印　　制	北京虎彩文化传播有限公司			
版　　次	2019 年 8 月第 1 版			
印　　次	2019 年 8 月第 1 次印刷			
成品尺寸	185 mm×260 mm			
印　　张	12			
字　　数	284 千			
定　　价	46.00 元			

PREFACE

前 言

　　现代企业管理是研究现代企业经营管理活动规律性的科学,主要是阐述企业如何按照客观规律合理组织生产经营活动过程。随着世界经济一体化的发展,我国企业面临日益激烈的国际市场竞争。现代企业要生存和发展,就必须强化经营管理,提高企业竞争能力,注重企业经济效益。

　　现代企业管理是一门综合性的管理学科,既有战略管理、营销管理,又有人事管理、生产管理和财务管理。在我国,企业管理的内涵已经发生了本质的变化。计划经济时期,由于企业不是独立经营、自负盈亏的法人,企业管理的重点是生产管理,包括质量管理、设备管理、在制品管理等。随着市场经济的深入发展,现代企业的经营管理职能发生了根本的改变。从原来的以企业内部生产管理为主转变为以外部的经营战略为主,重点是面向市场,利用信息化手段进行管理。但经营离不开生产,没有生产管理作为基础就谈不上高水平的经营稳定性。现代企业如何通过有效的经营管理,达到企业的经营目标,实现经济效益和社会效益,对企业经营管理者来说是一个非常现实的问题。

　　本书考虑到企业管理职能的转变,重点加强了现代企业制度、企业战略、市场营销的内容,而舍弃了质量管理和设备管理的内容。由于现代企业管理的特点是面向外部环境、信息化水平高、讲究经济效益、人性化、弹性化,所以本书增加了企业外部的物流管理、企业经济效益方面的财务管理和人性化、弹性化的企业文化管理。另外,保留了企业管理中最传统的生产管理的内容。

　　本书既可作为高等院校经济类和管理类各专业的教学用书,也可作为现代企业的培训教材。由于编者水平所限,书中难免会有纰漏或不足之处,敬请读者批评指正!

编 者

CONTENTS

目 录

第一章 现代企业经营管理导论

现代企业是一个具有丰富内涵的经济组织,对它的本质特征及类别进行研究,有助于我们从更深层次认识现代企业,有助于我们更好地对现代企业进行有效的管理。

内容提要

本章主要介绍了企业的形成与发展,现代企业的含义与特征,现代企业的类型及组织结构;研究了企业管理的内涵及各项职能,管理理论的产生与发展,现代企业组织形式;阐述了现代企业经营管理的目标、职能及经营观念;分析了企业经营能力。

案例引导

安然公司的经营败笔

2001 年 10 月,世界能源巨头安然公司爆出假账丑闻,12 月 2 日正式申请破产。破产清单所列资产 498 亿美元,远远超过了 Taxaco(德士古)石油公司 1987 年创下的 359 亿美元的记录,成为当时美国历史上最大的一起公司破产案。在世界 500 强企业排名 16 位、在美国 500 强企业中排名第 7 位、连续 6 年被《财富》杂志评为"最富创新能力"、多年来在业界备受尊重的超级公司安然,从此成为历史。

巨鲸的倒下有其主客观多方面的因素,安然的贪大求全、盲目扩张的经营思想,安然对世界竞争环境的认识不足,安然所采用的竞争策略等,都直接或间接地导致了它的灭亡。

2000 年 2 月,当安然公司在休斯敦召开由信贷分析家和债券投资者参加的年会时,公司情况可谓是蒸蒸日上。当时安然公司的股价约为每股 80 美元,资本市值达到 700 亿美元,比 3 年前增长了 4 倍,但是安然公司高层仍认为这个股价还不够高。当时的安然公司首席执行官杰夫·斯基林向与会者宣称,由于公司在能源市场的统治地位以及进军电信市场的新计划,安然的股价应该会涨到每股 126 美元。然而不到 2 年时间,安然的股价不仅下跌到只有几美分,而且公司也沦入破产的境地。

美国企业界有关专家分析,安然之所以陷入这种危险的境地,与其在过去发展过快、摊子铺得过大以及公司内部一些违法经营活动有关。据能源财务顾问卡梅隆·潘恩介绍,安然公司的前身——休斯敦天然气公司的经营情况非常好,在德克萨斯州的地位举足轻重。但是在 1985 年,肯尼斯·莱策划兼并了实力超过自己一筹的经营对手——联合北方,使合并后的安然公司背负了沉重的债务。20 世纪 80 年代,安然公司被这些债务压得喘不过气来,它一直试图通过转让部分股权的方式来消减债务,但并不成功。后来,肯尼斯·莱的左膀右臂——杰夫·斯基林发明了杠杆式扩张方法,这才解决了公司资金短缺的危机。但如

此的后果便是使公司再一次走上了急剧扩张的险途。到了 1992 年,随着安然跃升为跨国公司,它的经营触角已经延伸到了欧洲、南美洲和俄罗斯,之后又进入了印度和中国市场,业务也不仅仅是天然气,还包括发电、管道以及其他众多业务,开始了它外强中干的发迹史。

如果安然公司能够很好地经营这些项目,本来是可以保证公司健康发展的。然而,这些扩张活动并没有像安然声称的那样为公司带来回报。安然公司先后在国外投资了 75 亿美元,但取得的回报着实微不足道。它在印度投资的达博尔电站项目还未上马就遇到麻烦,由于认定其在经济上不可行,世界银行 1993 年就拒绝为该项目提供贷款,结果是安然公司自己投入了 12 亿美元,后又因为印度国内政党之间的更迭,最终导致已经完成总工程量 90% 的项目不得不停工。同样,安然在英国的埃瑟里克斯水处理项目上的损失更为惨重。公司于 1998 年投入 28 亿美元巨资买下了英国外塞克斯水处理公司,期望以该公司作为平台经营水处理业务。但在投标竞争中屡屡败给对手,安然公司不得不出高价来抢生意,而此时的英国恰好降低水价,结果使公司的股价急剧下跌了 40%。但是,为了实现从"全美最大能源公司"变成"全球最大能源公司"这一目标,安然公司继续向印度、菲律宾和其他国家扩张,包括建设玻利维亚到巴西的天然气输送管网络。在北美的业务也从原来的天然气、石油的开发与运输扩展到包括发电和供电的各项能源产品与服务业。然而,这其中的许多项目都是不成功的。

不仅在海外扩张,安然公司在国内也有类似盲目扩张的举动。安然公司于 1997 年并购了一家小型光缆公司——波特兰通用电气,随即宣布即将在全国建设自己的宽带网。公司为此注入了 10 亿美元的资金,建造了 18000 英里(1 英里＝1.6093 千米)的光纤网络,并购置了大量的服务器等设备。但事实证明宽带接入服务当时还不足以带来什么利润,为此,公司又砸下了一个大窟窿。海内外的盲目扩张所造成的隐患最终使这个能源巨人轰然倒下。

问题

安然公司是世界 500 强企业之一,是全美最大能源公司,为什么在其发展过程中不敌竞争对手而失败呢? 安然公司的经营思想是什么? 安然公司所采用的竞争策略是怎样的?

第一节　现代企业的基本问题

具备何种特质与内涵的组织称得上是现代企业? 现代企业又有哪些类型? 这是我们必须掌握的内容。只有在掌握这些基本内容的基础上才能掌握现代企业的经营与管理的各项职能内容。

一、企业的形成与发展

(一)企业的产生

由许多人集合在一起,生产某种产品或提供某种服务,他们生产的产品和提供的服务并非为了自身的需要,而是向社会提供,满足消费者需要,这就是企业。

那么企业是怎么产生的呢? 在自然经济占统治地位的社会里,社会生产和消费以家庭

或手工作坊为单位,它们并不是企业。在资本主义社会,企业是取代家庭经济和作坊而出现的一种具有更高生产效率的经济单位,企业成了社会的基本经济单位。

现代市场经济理论分析了企业产生的经济动因。起初出现的企业规模比较小,多数是手工工厂。产业革命后,随着技术进步和市场的扩张,资本主义生产开始转向大机器生产,企业生产经营规模迅速扩张,大型工厂的出现为现代企业的诞生奠定了基础。

(二)企业的演变

从最初出现的企业到今天的现代企业,经历了较长的历史演变。从其生产技术与生产组织的发展来看,经历了手工工厂—机器工厂—现代公司等几个阶段;从其资产所有者的形式考察,又经历了个人业主制、合伙制和公司制三种形式。

1.个人业主制企业

个人业主制企业是指由个人出资兴办,并由个人控制的企业。这种企业是自然人,不具有法人资格。它是最早产生也是最简单的企业形态。早期的手工工厂多数属于业主制企业。由于它规模比较小,开办时需要的资金少,开设简单,经营灵活,即使在今天,业主制企业也还普遍存在。由于这类企业主要对债务承担无限责任,因而经营风险大,再加上规模有限,生产经营能力弱小,很难发展壮大。

2.合伙制企业

合伙制企业是由两个以上业主共同出资兴办的企业,企业为出资人共同所有,共同经营,所获利润共同分享。合伙制企业的规模也比较小,通常在广告事务所、商标事务所、会计事务所、零售商店等行业中较为常见。其优点是扩大了资金来源和信用能力,由于多名业主共同管理,既提高了经营管理能力,也增加了企业扩大与发展的可能性。但是,合伙制企业仍然是自然人,出资者对企业债务承担无限责任,且合伙人有连带责任,企业寿命不容易持久,企业规模受到限制。

3.公司制企业

为了克服前两种企业投资少,规模有限的局限性,人们开始探寻新的企业形式。19世纪中期,在英国与欧洲先后完成了产业革命,机器大工业广泛建立,生产的社会化程度极大地提高,企业也得到迅速发展,但此时的股份公司在法律上仍然被当作合伙制企业。到1856年,英国议会确认了注册公司只负有限责任,并且公布了第一部现代公司法,即有限责任形式的公司法,公司制企业才得以正式建立。对此,美国的巴特勒(N. M. Butler)评价:"有限责任公司是近代最伟大的一个发明,甚至连蒸汽机和电的发明都不如有限责任公司来得重要。"公司制企业是由两个以上投资人(自然人或法人)依法集资联合组成,有独立的注册资产,自主经营、自负盈亏的法人企业公司。这种企业更能适应市场经济发展的需要,是现代企业的主要形式。

二、现代企业的含义与特征

(一)现代企业的含义

现代企业是指以盈利为目的,为满足社会需要,依法从事商品生产、流通和服务等经济

活动,实行自主经营、自负盈亏、自我约束、自我发展的法人实体和市场竞争主体。

企业是人类社会经济活动发展到一定历史阶段的产物,是社会生产力发展到一定水平的产物。企业是社会经济的基本单位,它的概念包括以下四方面的含义。

1. 企业是经济实体

企业不同于政府部门和事业单位,它必须追求经济效益,获得盈利。盈利是企业创造附加价值的重要组成部分,也是社会对企业所生产的产品和服务能否满足社会需要的认可和报酬。

2. 企业必须自主经营和自负盈亏

企业能够根据市场需要,独立自主地使用和支配其所拥有的资源,并能够对其经济结果独立地享有相应的权益并承担相应的责任。自主经营必须自负盈亏,自负盈亏制约自主经营。

3. 企业必须承担社会责任

企业要满足社会的需要,不仅是满足消费者的需要,而且还应满足包括出资者、职工、供货者、交易对象、银行、政府、地区以及一切与企业相关的社会团体的需要。同时,企业还应承担提供就业机会、防止环境污染、维护生态平衡、节约资源等社会责任。

4. 企业必须具有法人资格

企业是依法成立、具有民事权利能力和民事行为能力、独立享有民事权利并承担民事义务的组织,它必须拥有自己独立支配和管理的财产、有专门的组织名称、固定的经营场所和一定的从业人员,有一定的组织机构和组织章程等。

(二)现代企业的特征

从生产力角度研究,现代企业主要有以下特征。

1. 经济性特征

经济性是指企业是一个经济实体,拥有一定的资源条件,开展生产经营和服务等经济活动。经济性特征表明企业是国民经济的细胞和微观经济基础,是创造社会财富、满足人们物质文化需要的最基本经济单位,是构成社会生产力的基础。在现代商品经济条件下,没有企业就没有社会经济活动。

2. 营利性特征

营利性是指企业进行社会经济活动的目的是获得利润。追求经济效益是企业一切活动的中心。企业盈利既是企业扩大再生产和提高职工生活水平的需要,也是国家财政收入的重要保证。营利性特征是企业区别于事业单位、公益部门和政府机关等组织的最明显的标志。

3. 相对独立性特征

相对独立性是指企业主要以市场需求为导向,较少受政府的直接干预,拥有相对独立的生产经营自主权,有权自主支配资源,独立核算,自负盈亏。没有生产经营自主权的企业就

不是完整意义上的企业。

4.社会性特征

社会性特征是指企业作为国民经济的细胞,它的生产经营活动关联到社会的方方面面,企业依赖于社会、服务于社会,并对社会承担一定的义务和责任。因为企业生存与发展的环境是社会,企业效益只有通过为社会提供满意的商品和服务才能获得,企业只有通过与其相关的社会团体的有效合作得以发展。

5.法定性特征

法定性特征是指企业在法律上具有"法人"资格,即具有一定的组织结构和法定财产权,能以自己的名义进行民事活动,享有法律规定的权利,履行法律规定的义务。

现代企业的这些特征完全区别于事业组织和慈善组织。

三、现代企业的类型

根据不同的划分标准,现代企业可以分为以下四种不同类型。

(一)根据生产要素比重分类

根据不同生产要素所占比重,可以将企业分为劳动密集型、资金密集型、知识密集型。

劳动密集型企业是指技术装备程度低,用人较多,产品成本中劳动消耗所占比重较大的企业。比如服装加工行业、玩具制造行业等。

资金密集型企业是指投资较多,技术装备程度较高,用人较少的企业。比如自动化程度较高的装备制造业等。

知识密集型企业是指拥有较多中、高科技专家,综合运用先进科学技术成果的企业。比如 IT 行业等。

(二)根据企业组织形式分类

根据不同的企业组织形式,可以将现代企业分为单厂企业、多厂企业和企业集团。

单厂企业是指由若干在生产技术上有密切联系的生产部门所组成的企业。一般实行统一经营、统一核算。

多厂企业是指由两个以上的工厂所组成的企业。它是按照专业化、联合化以及经济合理优化的原则,将互相间有依赖关系的若干个分散的工厂组织起来,实行统一经营管理的经济组织。多厂企业的主要形式是总公司下设若干分厂或分公司。

企业集团是指以一个或若干个实力雄厚的大企业为核心,以资本、产品、技术、契约等多种要素为纽带,把多个企业单位联结在一起而形成的具有多层次机构的经济组织。它由核心层、紧密层、半核心层、松散层等多层企业构成,如宝钢集团等。工厂和企业是完全不同的概念,工厂仅指生产的场所,而企业是法人的概念。

(三)根据企业规模分类

根据不同的企业规模,可以将现代企业划分为特大型企业、大型企业、中型企业、小型企业。

衡量企业规模的指标,一般包括企业生产能力、机器设备数量或装机容量、固定资产原值和职工人数四个方面。划分企业规模的具体数值和内容重点,随着科技水平和生产社会化程度的不断提高以及行业的不同会有所变化。

(四)根据企业的法律形式分类

根据不同的法律形式,可以将现代企业分为自然人企业、法人企业。

自然人企业是指具有民事权利能力和民事行为能力的公民依法投资建立的企业。企业财产属于出资者私人财产的一部分,民事主体是自然人,而不是企业。单个业主制企业和合伙制企业是典型的自然人企业。法人企业是指具有法人资格的企业。法人企业的典型形式是公司制企业。

四、现代企业组织结构

企业组织结构是指构成企业管理组织各要素的组合方式,也就是组织中各部门以及各层次之间所建立的一种人与事、人与人的相互关系,它是管理者实现组织目标的手段。常见的组织结构类型如下。

(一)直线制

直线制是工业发展初期的一种比较简单的组织结构,它是指企业管理权力由最高管理者经过下级管理人员直到组织最基层执行人,以垂直方式传递、流动的组织结构。

这种组织结构的优点是结构简单,责权集中,指挥灵活,管理费用低;缺点是企业缺乏必要的横向协调与沟通,管理者的任务繁重,对管理者素质要求高。

直线制适用于规模小、生产技术比较简单的小企业。

(二)职能制

职能制是指在组织中按照管理职能组织专业分工,设立若干职能管理机构,各职能部门在业务范围内直接管理下级各执行机构中相关业务活动的组织结构。

这种组织结构的优点是各职能机构都可以进行指挥,工作细致,职能作用发挥充分,减轻了直线领导人员的工作负担;缺点是容易形成多头领导,往往出现职责不清的局面,抢功与推过并存,并且使管理受到职责束缚,易产生本位主义。

由于缺点比较明显,现代企业一般不单独采用这种结构形式。

(三)直线—职能制

直线—职能制是指在企业内设置两套系统:一套是按命令统一原则组织的指挥系统;另一套是按专业化原则组织的职能系统。职能机构和人员是直线指挥系统的参谋,不能直接对部门发号施令,只能进行业务指导。

这种组织形式的优点是集中领导,统一指挥,职责清晰,灵活性强,能发挥专业管理的作用;缺点是协调困难,信息反馈迟缓,办事效率低。

这是一种在直线制和职能制基础上取长补短建立起来的组织结构,大多数企业采用这种组织结构。

（四）事业部制

事业部制是指企业按产品或地区分成各个事业部，从产品设计、原料采购、生产制造、产品销售直至售后服务，完全由事业部负责的一种组织结构形式。可以分为产品事业部和区域事业部两大类。如果事业部过多时，可组成事业部组织结构。这种组织结构具有三个基本要素：相对独立的市场、相对独立的利益和相对独立的自主权。

这种组织结构的优点是减轻了经营者的负担，责权利明确，能充分发挥各职能机构和事业部的作用；缺点是追求眼前利益，机构臃肿，整体协调性差。

它适用于规模庞大、品种繁多、技术复杂的大型企业。

（五）矩阵制

矩阵制是指为了完成综合型任务而设立的实行双重领导的组织结构，既有按职能划分的垂直领导系统，又有按产品（项目）划分的横向领导关系的结构。一般情况下，按项目划分的部门工作人员是从各职能部门抽调组成的，组成后由项目经理领导，项目完成后，这些人员回到原来各自的职能部门。

这种组织结构的优点是灵活机动，任务清楚，能充分发挥专家所长，职能部门与技术部门容易沟通；缺点是双重领导容易发生矛盾，组织稳定性差。

它适用于一些重大攻关项目，一些涉及面广、临时性的、复杂的重大工程项目或管理改革任务，特别适用于以开发与实验项目为主的单位。

（六）模拟分散制

模拟分散制是指对企业内部各部门、各环节模拟成立经济实体，实行相对独立经营与相对独立核算，以改善经营管理、提高工作效率的一种组织结构。它是介于直线—职能制和事业部制之间的一种组织结构。

这种组织结构的优点是将企业中各部门、各环节作为相对独立的经济实体，各经济实体被赋予了较大的职权，并使其承担相应的"模拟性"盈亏责任；缺点是模拟组织任务难以具体明确，考核难度大，各部门的信息交流不畅。

它适用于连续生产的钢铁、化工等大型企业。

第二节　现代企业管理理论

一、企业管理的内涵及作用

（一）管理与企业管理

1. 管理的概念

自从管理成为一门学科、一种理论以来，许多专家从不同的角度解释管理的概念，但至今没有一个公认和统一的概念。历史上最早提到"管理"的学者是苏格拉底，他说："管理是区别于别的技术和经验的一种技能。"20 世纪初，法国的法约尔说："管理是一种以绩效责任

为基础的专业技能。"通俗地讲,管理就是管人管事。

一般以为,管理是通过计划、组织、领导、激励和控制等组织职能来协调人力、物力和财力资源,有效地组织企业的经营活动,以期实现预定目标的过程。对这一定义应该有以下几点认识。

(1)管理活动是一切社会组织普遍具有的活动。这一活动是维持社会组织,并且是其实现特定目标和发挥特定功能的必备条件。如果缺乏管理或管理不善,将无法发挥社会组织的正常功能,严重的会使社会组织失去存在的价值,从而导致组织瓦解。

(2)管理活动充分体现了人类有目的活动的过程。这一过程从计划开始到控制结束,周而复始,不断循环。管理的计划、组织、领导、激励和控制体现了管理的各项组织功能,它们是互相作用、缺一不可的。只有这样,才能发挥出管理的整体功能和作用。

(3)管理具有明确的目的性,它是为现实组织预定的目标服务的。不存在没有目的和目标的管理。任何组织的管理都具有明确的目的性。因此,组织的目标就是管理的目标。

(4)管理工作要通过综合运用组织掌握的各种资源来实现组织的目标。有效的管理是将组织中各种资源加以整合,以最小的投入获得最大的产出。这是一切社会组织追求的目标之一。

(5)管理是主客体相结合的过程。管理的主体是管理者,而管理者的活动总是在一定的组织中实施的,因而管理的载体是组织,管理的客体是以人为主导的投入产出系统。从现代管理的角度看,只有以人为主导的客观系统,才是管理的客体。管理作为主客体相结合的活动过程,始终是管理者与被管理者的对立统一,管理必须充分发挥两方面的积极性。

2.企业管理的概念

在弄清"管理"内涵之后,理解"企业管理"就容易了。管理科学起源于企业管理实践,"管理"的概念也是从企业管理的实践中抽象提炼出来的。后来随着管理科学进一步发展,人们认识到这一概念同样适用其他性质的社会组织,如文化、教育、卫生、体育等事业单位。这些社会组织的功能与目标会有所不同,但它们管理的本质与职能是一致的。企业与其他社会组织的最大区别在于,企业是营利性经济组织,以获取利润作为企业的主要经营目标。

(二)管理的地位与作用

有人形象地比喻"管理"与"技术"是企业建设发展的两个轮子,从整个国家经济发展来观察,也是如此。美国和日本的经济发展也都得益于对管理的重视和管理水平的提高。

1.管理也是第一生产力

科学技术是第一生产力,早已被人们所认识。但是过去我们往往把它局限于科学技术本身,这是不全面的。因为生产力是由多种要素构成的系统,这些要素可以分为两类:一类是实体性要素,包括劳动者、劳动资料、劳动对象等,它们是生产力的物质承担者,属于生产力的系统的"硬件";另一类是非实体性要素,包括科学、技术、管理、教育等,是生产力的系统的"软件"。同是非实体性要素,管理与技术有不同的作用。科学技术在生产力系统中分别作用于各个实体性要素,如提高劳动者素质,革新劳动工具、劳动手段,改造劳动对象,促进生产力的发展;而管理则整体作用于实体性要素系统,即通过对资源的整合作用、效率倍增

作用促进生产力发展。据专家保守估计,在现有的科技与设备条件下,改善管理至少可以使生产力水平提高1/3以上;反之,缺乏管理或管理不善,即使技术设备非常先进,它们也不能很好地发挥作用,甚至变成废铁一堆。

2. 管理对于社会与企业的发展以及经济效益提高具有重要意义

(1)有效的管理才能使科学技术转化为生产力。先进的科学技术只有通过有效的管理才能与生产实践相结合,进而转化为巨大的社会生产力。著名经济学家、创新理论家熊彼得明确指出,创新与创造发明的根本区别在于创新成果必须市场化,必须得到市场和消费者的认可。因此,他提出的创新概念实际上将管理的环节与功能包括在其中。这充分说明科学技术在转化为生产力的过程中,管理是必不可少的要素,而且直接影响转化的速度和效果。

(2)管理对提高企业的经济效益起关键性作用。市场经济的发展要求经济工作真正转移到提高经济效益的轨道上来,变粗放经营为集约化经营。这其中的关键是重视管理和强化管理,"向管理要效益"已成为普遍的共识。提高经济效益应该成为管理工作的出发点和落脚点,尤其是营利性组织,更应该重视经济效益的提高。

所谓经济效益,就是以尽可能少的投入,生产出尽可能多的试销对路、价廉物美的产品。可见,提高经济效益与管理的根本任务是完全一致的。管理工作的有效性应该用经济效益是否提高与提高多少来衡量。

(3)管理是推动现代社会发展的杠杆。各国经济发展的历史证明,科学、技术和管理是经济腾飞、社会发展的重要支柱。当年美国曾经自豪地宣称:"工业革命发生在英国而管理革命发生在美国"。日本的经济起飞也是因为他们在经营管理方面取得了举世瞩目的成就。因此,能否实现适合我国特点的科学管理,能否全面提高管理水平,将在很大程度上决定我国经济发展的水平与质量,并且直接关系到我国经济体制改革的成败。

(4)管理是改善国民素质的重要途径。"以人为本"是现代管理的一条基本原则。加强管理不仅要提高广大经营管理人员的素质,培养和造就一支懂得市场经济的职业化的企业级队伍,更要不断提高广大职工的思想素质和技术文化素质,从而实现国民素质的全面提高。管理现代化必须做到科学化与民族化的统一。通过加强管理,不仅要建立起有中国特色的管理文化,也要造就适应社会主义市场经济发展的一代新人。

二、现代企业管理职能

(一)管理职能的由来与发展

管理职能学说最早是由法国管理学者法约尔提出的。它将企业的活动分为六类,即技术活动(生产、制造、加工)、商业活动(采购、销售、交换)、财务活动(资本筹集和运用)、安全活动(财产与人员的安全)、会计活动(财产盘点、成本核算、资产负债表制作等)和管理活动。而管理活动又包括计划、组织、指挥、协调和控制五个要素。

经过近百年的发展,管理的职能得到极大丰富和发展,人们对管理职能的认识也在不断深化。在此期间,许多著名的管理学者对管理的职能有种种理解和解释。因此,先后出现过三功能、四功能、五功能和七功能的不同提法。如果加以比较不难发现,这些不同解释提出

的主要功能是一致的,它们的差异表现为两个方面:一是对某些职能合并与分解上的差异;二是管理职能本身的发展,如现代管理的决策职能、激励职能、领导职能等得到了加强。

我们认为,在上述管理定义中表述的五个职能,即计划(包括决策)、组织、领导、激励和控制职能,可以比较全面地说明管理所具有的基本功能。

(二)管理职能的含义

(1)计划职能。计划是一种预测未来、设定目标、决定政策、选择方案、实现任务与自身能力的动态平衡的过程,目的是实现组织目标和取得最大的经济效益。

(2)组织职能。组织是为了达到预定目标,经由建立在分工与协作基础上形成的组织结构,并组织实施计划任务的过程。

(3)领导职能。领导是领导者以其影响力,在特定的环境中影响个人与群体,以统一意志、统一行动,保证组织目标实现的过程。

(4)激励职能。根据职工的需要设置目标,并且通过目标导向活动,使职工产生组织所期望的行为的过程。

(5)控制职能。控制是检查工作是否按照规定的计划、标准、方法进行,发现偏差及时调整,确保组织目标实现的过程。

(三)管理职能之间的关系

许多学者认为管理是从计划开始到控制结束的一个循环过程,而管理者就在这个过程中重复地执行各种职能。因此,管理职能学说也被称为"管理过程学派"。

通过对管理职能及其相互关系的深入分析,我们认为它们体现了以下的关系。

(1)管理的五项职能。领导职能处于核心地位。其核心作用表现为对管理其他职能具有决策与指挥作用,以及对管理其他职能的总体协调作用。领导职能具有很强的辐射功能,能够管理形成一个有机的整体,发挥其整体的功能。

(2)计划是管理的首要职能。在任何一项工作开始之前,计划是第一位的。工作的计划性体现了人类活动的目的性和预见性。组织是计划、目标明确以后,将企业掌握的各种资源尤其是人力资源有效地整合起来,去实现预定的目标的过程;"管理以人为本",人的积极性是完成各项任务、实现组织预定目标的根本保证,激励是管理有效性的重要条件和功能;控制是直接为实现组织预定目标服务的。只有计划、没有控制,就不能保证企业的经营活动按预定的方向、目标前进。总之,管理本身是一个闭环系统(注意:不是封闭系统),周而复始,不断循环,从而推动企业经营活动不断向前。

三、管理理论的产生与发展

由于管理科学产生于西方工业发达国家,管理理论的产生与发展,实质上是西方国家的管理思想与理论的产生与发展。1776 年,英国经济学家亚当·斯密在他的《国民财富的性质和原因研究》《国富论》)一文中,系统地阐述了劳动价值论及劳动分工理论,揭开了资本主义社会经营管理研究的序幕。在其后时间里,也有不少学者对管理问题进行了研究。系统管理理论最终成形是在 19 世纪末到 20 世纪初。西方管理思想与理论的发展,大致经历

了三个阶段:古典管理理论阶段、人际关系学说阶段、现代管理理论阶段。

(一)古典管理理论阶段

这一阶段以泰勒的科学管理理论和法约尔的一般管理理论最具代表性。

泰勒(Frederick W. Taylor,1856—1915)于1911年出版了《科学管理原理》一书,人们通常认为这是管理科学形成的标志。泰勒科学管理理论的主要内容包括管理哲学(思想)和管理方法两部分。泰勒将其科学管理思想归纳为四大原则:建立一门严格的科学;科学地挑选工人;把科学方法与工人结合起来;管理当局与工人之间亲密无间的合作。以这些原则为基础,泰勒将其具体化为一系列的管理方法,主要有制定工作额度制度、计划与执行分离制度、差别计件工资制度等。

1911年10月,泰勒在美国国会举行的听证会上特别阐明了科学管理的实质。他说:"科学管理是任何公司或产业中劳资双方的一种精神革命……双方不再把注意力放在盈利的分配上……他们将注意力转向盈余的数量上,使盈余增加到如何分配盈余的争论成为不必要。"

在泰勒的影响下,许多学者投入到科学管理方法的研究中来,并且进一步发展了这一理论。其中,代表人物有吉尔布雷斯夫妇和亨利·甘特等。

与泰勒同一时代的法国学者法约尔为管理学的发展做出了重大的贡献。他对管理研究的成果主要体现在1916年出版的《工业管理与一般管理》中。泰勒是从工厂往上研究,而法约尔则是从董事会往下研究。他们的研究是相互补充的。

法约尔的主要贡献有:他认为搞好企业经营,必须做好六个方面的活动,即技术、商业、财务、安全、会计和管理活动。管理活动又包括七项要素,即计划、组织、领导、控制、指挥、协调和控制。他认为当时学校教育只强调技术知识,很不重视对经商、财务、管理能力的培养,而学校不重视管理教育的真正原因是缺乏普遍被接受的管理理论。法约尔还提出了管理的十四项原则:劳动分工、权力与责任、纪律、统一指挥、统一领导、个人利益服从整体利益、人员报酬、集中、等级制度、秩序、公平、人员稳定、创新精神和团结精神。

古典管理理论在管理发展史上和对以后的管理理论的发展有重大影响。目前所谓"现代"管理理论与方法,其中有许多可以追溯到泰勒及其追随者在半个世纪以前提出的思想。

(二)人际关系学说阶段

人际关系学说最重要的代表人物是美国哈佛大学教授梅奥(Elton Mayo,1880—1949),他在1933年出版的《工业文明的人性问题》一书,标志着人际关系学说的正式创立。

人际关系学说产生于"霍桑试验"。这一试验起初是为了证明一种假设:物质条件和工作环境的改善可以提高生产率,两者之间存在明确的因果关系。只要照明、通风、温度等各种条件适当,再加上刺激性的工资制度,照明只不过是影响个人产量的诸多因素之一,而且在整个过程中影响不大。那么,什么因素对工人生产率产生较大影响呢?于是在哈佛大学教授梅奥等人参与下,试验继续进行。之后,梅奥从另外角度观察到,试验小组的工人在精神方面发生了重要的变化。因为参与试验的工人,由工头领导改为由研究人员领导,同时小组受到各方面的重视,形成一种参与试验计划的意识,试验小组工人之间、工人与研究人员

之间互相协作,创造出更加自由和愉快的工作气氛,结果使工作效率提高了。

梅奥等人通过对霍桑试验材料进行分析,得出了以下三点结论:①职工是"社会人",不是单纯追求金钱收入,还有社会方面、心理方面的需求,即人与人之间的友情、安全感、归属感和受人尊重等要求;②正式组织中存在着"非正式组织",公司中正式组织是根据"效率逻辑""费用逻辑"建立起来的,管理当局应充分认识到非正式组织的作用,注意在正式组织与非正式组织之间保持平衡;③新的领导方式在于提高职工的满足度,管理的目的是使人们为实现组织的共同目标而合作,一方面要满足成员物质的、经济的需要,另一方面要满足成员间的自发性合作的社会需要。

人际关系学说创立以后,受到企业界与理论界的普遍重视,以后又涌现了大量的研究成果。1949 年,在美国芝加哥召开的一次跨学科会议上,首先提出了"行为科学"理论的研究。到目前,行为科学理论已成为现代管理理论的重要支柱。

(三)现代管理理论阶段

美国管理学家哈罗德·孔茨(Harold Koontz,1908—1984)认为,20 世纪 60 年代开始进入现代管理理论时代,其特点是各种管理理论和学派形成了相互盘根错节的一片丛林。他曾经先后发表题为《管理理论的丛书》和《再论管理理论的丛书》的文章,在后一篇文章中,他将管理学派归纳为十一个,分别是:管理过程学派、经验学派、人际关系学派、群体行为学派、社会协作学派、决策理论学派、社会技术系统学派、系统管理学派、权变理论学派、经理角色学派和经营管理学派等。下面将重点其中介绍几个学派。

1. 管理过程学派

管理过程学派是目前最有影响的学派,其中代表人物有法约尔、哈罗德·孔茨等。他们把管理看成一种过程。其研究方法可以分为两步:第一步是研究管理者在管理过程中"做什么",以确定管理的基本职能;第二步是研究管理者"怎么做",由此提出一些实用的原则以及一系列管理技巧。

2. 系统管理学派

这一学派将系统理论与控制理论应用于管理,其代表人物有美国的约翰逊、卡斯特、罗森茨韦克等。系统管理学派认为企业是人们创造的由相互联系的各个要素组成的系统,以便达成一定目标。它同周围环境之间存在着动态的相互作用,并且具有内部和外部的信息反馈网络,能够不断地自行调节,以适应环境的变化与本身的需要。

系统管理学派认为,组织是一个社会技术系统,它由许多分系统组成,包括组织目标和价值系统、技术系统、社会心理系统、组织结构系统等,而管理分系统联系着整个组织,同时组织与外部环境发生联系。这些子系统在组织中是缺一不可的,它们相互作用、相互影响。

3. 管理科学学派

管理科学学派又称为管理中的数理学派,也称为运筹学派。这一学派把管理视作计量工具和方法,用来协助管理人员对复杂生产和作业进行决策。他们认为,只要管理,或组织、或计划、或决策是一个逻辑过程,就能用数学符号与运算公式表示出来,运用模型把问题的

基本关系和选定的目标表示出来。

管理科学解决问题的程序是：系统考虑问题，建立数学模型，利用模型求解，检验模型，将模型付诸实施。

管理科学具有以下特点：管理科学的方法有助于提高管理决策者的效率；通常应用经济假设来进行特定的决策；应用数学模型；广泛应用计算机。

4. 权变理论学派

权变理论学派强调，管理者的实际工作取决于其所处的环境条件，认为环境变化同管理对策之间存在着一定关系。管理科学和理论没有、也不可能提供在每一种情况下如何行事的"最好方法"。权变研究方法试图把所有的条件和状况归纳为几个基本类型，给每一类型找出一种解决问题的模型，以保证各种不同管理方法有成功的机会，从而提出了所谓"稳定—机械式组织结构"与"适应—有机式组织结构"的一般性结论。

四、现代企业系统的构成要素

现代企业系统构成可以从静态和动态两个方面来观察。

(一)现代企业静态构成要素

现代企业的静态构成要素按其经营活动性质可以区分为：生产子系统、技术子系统、营销子系统、财务子系统和人事子系统等。

1. 生产子系统

生产子系统是指主要由企业各个基本生产与辅助生产单位组成的系统，同时包括产品检验、物料供应、生产安全系统。这一系统的主要职能是承担产品的制造，保质、保量和按期交货，确保设备和人身安全。

2. 技术子系统

技术子系统是指主要由企业产品研制、开发和技术保障部门组成的系统。这一系统的主要职能是推动企业技术创新，从技术方面保证企业生产有效进行。

3. 营销子系统

营销子系统是指主要由企业市场营销部门组成的系统。这一系统的主要职能是组织产品销售和售后服务，积极开拓国内外市场。

4. 财务子系统

财务子系统主要由企业中财务、会计核算部门组成。这一系统的主要职能是筹措和管好、用好资金，做好会计核算和财务监督工作，保证企业生产经营活动取得良好的经营效益。

5. 人事子系统

人事子系统是指主要由企业全体员工按组织体系形成的系统。这一系统的主要职能是，根据生产的需要不断更新和补充职工队伍，搞好人力资源的开发以及工资、保险和福利工作。

(二)现代企业动态构成要素

企业系统是一个不断地由投入经过转换形成产出的动态系统,在其不断转换的过程中,同时存在着物流、人流、价值流和信息流等四种"流",这便形成了企业动态结构形式。

1. 物流

物流是指企业生产经营所需的各种物质要素,从供应和投入生产开始,经过加工制造成为在制品、半成品再到成品,最后把产品销售出去的整个生产经营过程。物流是企业系统最基本的运动形态,物流的特征由产品和加工工艺的特性决定,其流量大小受制于企业系统的规模和市场供求情况。

2. 人流

人流是指企业全体员工在企业系统中的全部活动过程,包括人员的流入与流出,人员的派遣和晋升,以及员工的劳动和工作过程。

3. 价值流

价值流是指企业系统运动中的转移、交换和增值的过程,直观地表现为企业资金的运动过程。在企业系统中人流和物流的结合,最终造成产品价值的增加,企业生产经营活动也是原有使用价值的消耗和新的使用价值的再生过程。企业价值流动的状况以及增值的大小综合反映出企业的经营状况和成果。

4. 信息流

信息流是指企业生产经营活动所需的全部信息收集、加工、存储和传递过程。它主要表现为以各种数据、标准、定额、决策、计划和指令等形式,进行上传下达、执行和调整的过程。企业系统的全部运行活动,无一不需要通过信息来加以认识与调控。其全面性、准确性和及时性对企业系统的正常良好运行起着至关重要的作用。

五、现代企业组织形式

现代企业的生产经营运作都是借助于一定的组织形式开展的,而组织形式的科学合理性可以为现代企业运作提供一种有效的运作架构,同时,在财产权、运营权和收益权等方面提供支持和保障。

现代企业组织形式就是指企业组织经营的形态和方式。组织形式主要涉及以下三个方面的问题。

第一,资金来源。即由谁投资的问题。这一点是决定企业组织形式的最根本因素。资金不但是任何企业进行生产经营活动的必备资源,而且还直接决定着企业的财产关系、责任关系和组织关系。

第二,分配利润、承担风险。企业的盈利如何分配,由谁承担责任与风险,这反映了企业的财产关系、责任关系,是组织形式中的本质内容。

第三,运用资金、决策行为。在企业内,所有权与经营权经常是分离的,生产资料所有者不一定是运用资金的经营者,而负责决策企业经营行为的人也未必就是企业的所有者。由

谁运用资金,由谁决策企业的经营行为,由谁负责企业的业务管理等问题反映了企业的组织关系。

企业组织形式的主要类型有六种。

(一)个体企业

个体企业是由业主个人出资兴办,由业主自己直接经营的企业。业主享有企业的全部经营所得,同时对企业的债务负有完全责任。如果经营失败,出现资不抵债的情况,业主要用自己的财产来抵偿。

这种企业组织形式简单、规模较小,既可以保持经营特色,又可灵活、机动地适应不断变化的各种需求,便于分散设立、方便顾客。但是,个人资金与能力等方面的局限性不可避免地限制了企业的发展,个人专业、死亡等变故也会直接影响企业的存亡。

在市场经济国家,个体企业通常存在于零售商业、自由职业和个体农业等领域。

(二)合伙制企业

合伙制企业是指由两个或两个以上的个人联合经营的企业,合伙人分享企业所得,并对营业亏损共同承担责任。它可以由部分合伙人经营,其他合伙人仅出资并共负盈亏,也可以由所有合伙人共同经营。

这种企业组织形式比个体企业更容易筹集资金,它设立容易,手续简便,合伙人不以出资为限,都有表决权。但是合伙人在转让股权时,必须经过全体合伙人的一致同意。因此,在决策效率、资金转让等方面有一定的局限性。

合伙制企业一般规模较小,资本的需要量也较小,合伙人数较少。它是合伙人个人信誉有明显重要性的企业。

律师事务所、会计事务所、诊疗所等常采用这种形式。

(三)合作制企业

合作制企业是以本企业或合作经济实体内的劳动者平等持股、合作经营、股本和劳动共同分红为特征的企业制度。合作制企业是劳动者自愿、自助、自制的经济组织。

实行合作制的企业,外部人员不能入股,它的产权分属于企业职工或合作社社员所有,这是合作制与股份制的区别。如果在企业内部发行股票或股权证,就不是合作制而是股份制了,就应该按照股份制企业的有关法律和规则运营。

这种企业组织形式有利于调动企业职工的积极性,有利于增强企业活力,降低成本,提高经济效益。

合作制企业比较适用于城乡小型工商企业以及各种服务性企业。这些企业一般以劳动出资型为主,本小利微,工资收入较低。实行合作制可以使企业职工在工资收入以外还能按股本金获得红利。

(四)无限责任公司

无限责任公司是指由两个或两个以上的股东所组成的法人单位,全体股东提供公司资本,并对公司的债务承担连带无限清偿责任的公司。连带无限清偿责任是指股东无论出资

多少,对公司债权人以全部个人财产承担共同或单独清偿全部债务的责任。

由于无限责任公司是法人单位,所以在出现债务时不能对个别股东起诉。无限责任公司一般采用股份资本的形式,每个股东都有参与和管理的权力,但在实际中,一般都通过协商委托其中一方或几个人负责执行具体管理事务。

这种企业组织形式开办手续比较简单,组织精干,因出资人用全部财产担保,对债权人的责任大、信誉好。但不利的一面是出资人的责任、风险太大,筹集资金渠道有限,转让资金较为困难,因此,在国内外都没有得到大的发展。

(五)有限责任公司

有限责任公司是两个以上五十个以下股东共同出资设立,股东以其出资额为限对公司承担责任,公司以其全部资产对公司的债务承担责任。

有限责任公司不对外公开发行股票,股东的出资额由股东协商确定,股东之间并不需要等额。股东拥有的股权证书不能自由流通,如若转让,须在其他股东同意的情况下才能进行,并要优先转让给公司原有股东。

这种企业组织形式设立程序比较简单,不必发布公告,也不必公开账目,尤其是公司的资产债务表一般不公开,公司内部机构设置灵活。但是不利的一面是,由于不能公开发行股票,筹集资金的范围和规模一般较小,难以适应大规模生产经营活动的需要。

有限责任公司一般适用于中小企业。

(六)股份有限公司

股份有限公司的全体资本为等额股份,股东以其所持股份对公司承担责任,公司以其全部资产对公司的债务承担责任。上市公司通过发行股票来募集资金。

这种组织形式的企业筹资能力强,可以广泛吸收社会闲散资本集中使用,有效分散投资风险。公司所有权与经营权的分离,使股东个人的变故不会影响公司的长期存在与发展。股份有限公司的缺点有:设立程序比较复杂;必须定期公布财务报表导致保密性差;少数大股东可以操控公司;股东流动性较大等。在市场经济国家,大中型企业通常采用股份有限公司形式。

第三节　现代企业经营理论

一、现代企业经营概述

(一)企业经营的含义

现代企业是在市场环境中自主经营、自负盈亏的经济实体。经营就是企业根据市场需要,运用现有的人、物、财、时间和信息等资源,向社会提供产品和服务,并且获得一定经济效益和社会效益的活动。

(二)企业经营管理含义

企业经营管理是指在市场经济条件下,对企业经济活动具有支配权的人们,面向市场和

用户需要,平衡企业内外一切条件和可能,自觉地利用价值规律,通过一系列的运筹、谋划活动去达成企业目标。企业经营管理是一个连续不断的循环过程。

(三)现代企业经营目标

简单地说,传统企业的经营目标就是利润最大化。作为一个现代企业,仅仅追求利润最大化是不够的,还应追求所有者权益最大化和企业价值最大化。

1.利润最大化

利润是企业所得的收入大于投入的耗费的部分。如果收入小于耗费,则发生亏损。利润最大化是所有投资者与经营者追求的目标。这是因为,人类进行生产经营活动的目的是为了创造更多的剩余产品。在商品经济条件下,剩余产品的多少可以利用利润这一指标来衡量。同时每个企业都最大限度地获得利润,整个社会的财富才可能最大化,从而带来社会的发展与进步。这也是企业对社会所做的主要贡献。

社会主义企业的性质决定我们追求利润最大化的出发点是满足人民群众日益增长的物质与文化需要。企业利润最大化不应该以损害客户和消费者利益为代价。另外,企业应该将经济效益与社会效益很好地统一起来。凡是这样做的企业,最终必将获得更大和更远的经济效益。

2.所有者(股东)权益最大化

所有者权益是投资者对企业净资产的所有权,包括实收资本、资本公积、盈余公积和未分配利润等。企业在一定时期内实现的利润越多,从税后利润中提取盈余公积和向投资者分配的利润就越多。盈余公积可用于弥补企业亏损,也可以用于转增资本,从而使投资者投入企业的资本增多。

我们可以将企业期末所有者权益与期初所有者权益总额进行对比,如果两者相等,表明企业在这段时期内自有资本保值,如果前者大于后者,则表明企业自有资本增值。但在比较时应注意,期末所有者权益总额中不应包括本期非损益的资本增减额,如投资者追加的投资、接受捐赠资产等。

一般说来,利润最大化将导致所有者权益最大化。但也有背离的情况,如出现"内部人控制",就有可能损害所有者权益。这种情况应该避免。

3.企业价值最大化

在市场经济条件下,企业产权也是商品,企业可以整体出售或者合资,这时需要对整个企业的价值进行评估,以便确定企业出售价格或合资投资价值。因此,企业经营中还要重视企业价值最大化,将企业价值最大化作为经营的最终目标。

决定企业价值的基础是企业获利能力的大小。评价企业获利能力时,不仅要关注企业当期的利益,更要关注企业的未来获利能力,即长期获利水平。企业获利能力与单项资产价值之和存在一定联系,企业各单项资产价值之和越大,即生产规模越大,企业的获利能力越大。但是,企业获利能力还会受到其他因素的影响。单项资产构成完全相同的两个企业,由于其经营方式、经营管理、技术力量、人员素质以及企业信誉有差异,他们的盈利状况会有很

大差别。这种情况是屡见不鲜的。

对于上市公司,其价值可根据其股票价格来确定。在规范的股票市场上,公司股票价格的高低主要决定于公司的盈利能力。公司价值可根据发行股票股数乘以每股市价来计算。

企业价值是一个长期的概念。追求企业的价值必须克服短期行为,不仅要抓好当前的经营,而且要有长远的发展战略,追求投资的高效益和筹资的低成本,注意合理的资本结构,注重技术进步与产品开发,不断开拓市场,使企业在市场竞争中占据明显的优势,从而保持企业长期的盈利能力。

二、企业经营管理职能

企业经营管理的职能包括五方面内容。

(一)战略职能

战略职能是企业经营管理的首要职能。因为企业所面临的经营环境非常复杂,且影响因素众多,局势变化很快。在这样一个环境里,企业想要稳定地长期生存与发展,就必须要高屋建瓴,高瞻远瞩,审时度势,随机应变地实行战略经营。

(二)决策职能

经营管理的中心内容是决策,甚至可以说经营管理在一定程度上就是决策。决策中最重要的莫过于经营战略的决策。决策主体不应仅仅包括企业的最高领导层,也应包括整个企业的所有管理者和全体员工。企业经营决策只有经过所有管理者与员工长期不懈的努力,才能最终得以实现。因此,可以说企业经营管理的优劣与成败,很大程度上取决于决策职能。决策职能主要是通过环境分析,制定决策方案并进行方案优选、方案实施等过程来完成的。

(三)开发职能

经营管理者必须善于有效地开发和利用各种资源。企业战略职能的发挥很大程度上取决于开发职能的有效性。企业经营管理的开发职能,重点在于产品的开发、市场的开发、技术的开发和人才的开发等方面。强势企业的制胜法宝便是其拥有一流的人才、一流的技术、一流的产品和一流的市场竞争力。因此,人才、技术、产品和市场四位一体的开发,构成了经营管理开发职能的主体。

(四)财务职能

企业的经营管理过程始终都与财务活动相伴随。财务活动就是资金的筹措、运用与增值。财务职能集中表现为资金筹措职能、资金运用职能、增值价值与分配职能以及经营分配职能。资金筹措是企业经营活动的起点;资金运用涉及资金的重点分配与预算;增值价值的分配关系到国家、企业与员工关系的正确处理;经营分配原则是企业经营活动的终点。企业的经营管理始于财务职能,终于财务职能。企业的战略职能、决策职能和开发职能等都必须以财务职能为基础,并通过财务职能做出最终的评价。财务职能是一项制约性的职能。

(五)公关职能

企业是社会经济系统的一个子系统,是进行经济活动的基本单位。企业要维持其生存

与发展,必须按照环境适应论的观念,同它赖以生存的社会经济系统的诸多环节保持协调一致,这种同外部环境保持协调的职能便是公关职能。

从大系统观点看,企业行为受许多外部因素的影响,这些因素包括政治、经济、文化、科学、技术和自然等方面;从企业系统出发,企业与投资者、从业人员、顾客、社会大众、同行、供需厂商以及行政机关之间存在着密切的关系,这些关系有的可能以共同的利益为基础,有的可能以不同的需求为基础,有的可能以利益的矛盾为基础。而公关职能正是要求以企业为中心,有意识地进行积极的协调和必要的妥协,使各种利益团体根据各自的立场,对企业的生存与发展给予承认和合作。

三、现代企业经营观念

现代企业是一个法人组织,它是由其明确的经营观念作为行动纲领,引导和指引企业的生产经营活动循着既定目标前行,因此,企业的经营观念决定着企业发展的大方向。企业经营观念是贯穿于企业经营管理活动的指导思想,它是由一系列的观念构成的、对经营过程中发生的各种关系的认识和态度的总和。企业最基本的经营观念就是要扬长避短、发挥优势,以优质的产品与服务满足市场,取得最大的经济效益。这种最基本的经营观念具体表现为六个方面。

(一)市场观念

市场是企业生存的空间与表演的舞台,市场观念是企业经营思想的中心。市场观念是逐步形成与发展的,大致经过三个阶段:第一阶段为生产中心型,其特点是以产定销,卖方市场,买方风险;第二阶段为消费中心型,其特点是以销定产,买方市场,卖方风险;第三阶段为动态均衡型,其特点是满足顾客需求与创造顾客需要相互作用而形成双重市场运行轨迹。树立正确的市场观念,一是要消除长期以来的生产中心论的影响,二是要树立以创造性经营去创造顾客需求的新理念。

(二)用户观念

用户是市场与消费者的具体组成部分,是实施购买行为的消费者,是企业的直接服务对象。企业研究市场和消费者需求的目的就是为了赢得用户,而用户的数量直接决定着企业的经营业绩。用户观念首先要求企业学会站在用户的立场上想问题,按照"假如我是用户"的标准处理问题;想用户之所想,树立"用户至上"的理念,把用户的需要和利益放在首位;用户观念要求企业树立先要用户后要利润的思想,明白用户就是最大的利润源泉;用户观念最直接的体现就是为用户提供适宜的产品与服务,使用户从产品的使用和得到的服务过程中获取直接的经济利益。

(三)竞争观念

市场经济条件下,竞争是一种必然。企业必须树立正确的质量观和服务观,以优异的产品和优质的服务在市场竞争中拔得头筹。竞争观念强调既敢于竞争又要善于竞争,要扬己之长避己之短,通过差异化的优势赢得市场,取得市场占有率,开辟新市场。

（四）创新观念

企业的生命力在于它的创新能力。创新观念既包括产品创新、服务创新和技术创新，也包括经营理念与方式创新。创新要有科学的思想，要有最基本的条件，要面向未知领域。只有不断开拓管理思路，不断改革管理方式，不断采用新的科技成果与技术，不断开辟新的生产经营领域，不断开拓新的市场，不断推出新的产品，才能在竞争大潮中不被淘汰。

（五）开发观念

开发观念要求企业经营者善于有效地开发和利用企业的各种资源，包括资金、物质资源、人力资源、市场资源、时间资源、技术资源、信息资源和管理资源等，并使各种资源的融合程度达到最优。

（六）效益观念

企业经营管理的最根本目的就是提高效益，由此，经营管理的中心任务就是保证企业的经营活动能够带来良好的效益。在现代经济社会中，评价一个企业效益的多少，首先要看企业是否为提高社会总合效益做出了贡献，其次才看企业的盈利，企业不再是为了单纯地获利，而是更多地考虑社会效益。因此，企业都要以其产品和服务为社会和消费者带来直接和间接利益作为宗旨，根据社会需要和消费者的利益采用最有效的技术，生产最适用的产品，提供最佳的服务，在此前提下，创造更多的企业利润。

四、企业经营能力分析

影响企业生存与发展的因素主要有人、财、物、信息、任务等。如果每个因素的状态均良好，并且符合现代企业的生产经营要求，企业就有良好的发展条件；反之，就会对企业不利。企业的这些影响要素结合在一起便形成了七种经营能力：生存能力、反馈能力、应变能力、创新能力、竞争能力、盈利能力和发展能力。

（一）生存能力

生存能力是维持企业内部正常循环或简单再生产的能力。它是指企业将不断输入的原材料顺利地转换为产品，加速企业资金的循环与周转的能力。只有这两个过程正常运行，企业才能生存。

（二）反馈能力

反馈能力也称为信息传递与反弹能力。它是指信息系统完善、灵敏和有效的程度，以及及时、准确掌握和传递市场变化的情况、消费者需求变化的情况、竞争对手的情况、生产能力的适应情况等的能力。

（三）应变能力

应变能力是指企业接受外部环境的刺激和冲击，适时地调整企业的生产经营活动，既确保企业任务的完成，也确保企业产品与服务能够最大限度地满足市场与消费者的需要的能力。

（四）创新能力

创新能力是指企业科学地把人、财、物组织好，更好地开展企业生产经营活动的能力；不断采用新技术、新工艺、新材料、新设备生产出品质良好、适销对路的新产品的能力；根据环境的需要不断改善管理方式，变革求新的能力。

（五）竞争能力

竞争能力是指在激烈多变的国内外环境中，企业以高质量、多品种和低价格的产品和服务，或是以自己具有较大差异程度的产品与服务，不断巩固和扩大市场的能力。竞争能力是应变能力和创新能力的综合表现。

（六）盈利能力

盈利能力是指企业通过各种资源的有效利用，通过各种有效的成本管理手段，使产品与服务在满足市场需求的同时获取应得的利润，并在保证质量的前提下，通过不断降低成本的举措来取得比竞争对手高的收益的能力。

（七）发展能力

发展能力是指企业筹措足够的资金、人力资源和物质资源，按照社会需求运用新技术扩大再生产，并在发展生产的基础上改善员工的物质生活和精神生活的能力。

思考与练习

1. 什么是现代企业制度？现代企业制度的基本特征有哪些？
2. 简述现代企业制度的内容。建立现代企业制度需要哪些配套措施？
3. 简述我国公司法规定设立有限责任公司应具备的条件。
4. 试述有限责任公司设立的程序。
5. 简述我国公司法规定设立股份有限公司应具备的条件。
6. 试述股份有限公司设立的程序。

第二章 现代企业组织制度

公司制是现代企业制度的主要组织形态,建立规范的公司法人治理结构是公司化改制的关键,是现代企业制度的组织保障。

内容提要

本章重点介绍了现代企业制度的含义与特征,现代企业制度的内容,阐述了建立现代企业制度应具备的配套措施;研究了我国公司法规定设立有限责任公司的条件,设立有限责任公司的程序;分析了股份制有限公司的设立条件,股份制有限公司设立的程序,股份制有限公司的类型划分及具体要求。

案例引导

君安证券的股权变动与治理结构

君安证券公司自 1992 年成立后,经过数年的发展,已成为中国最具实力的证券公司之一。1996 年,君安进行增资扩股;1998 年,君安爆出经理层转移巨额公司收入并由经理层实际控股 77% 的丑闻内幕;1999 年,君安与国泰证券合并。1998 年之前,君安的经理层通过各种安排(包括股权上的安排和公司治理结构的安排)实现了对公司的实际控股和直接控制;1999 年君安证券与国泰证券合并成为一家新的股份有限公司,并建立了符合公司法要求的公司治理结构。

从君安成立时的股权结构看,3 个国有企业股东—深圳合能房地产开发有限公司、中国农业银行深圳信托投资公司和中信实业银行深圳分行共拥有 75% 的股份。所以,君安可以被认为是国有控股公司。由于当时中国还没有正式的公司法,君安公司组织结构设置并不规范,既无股东会也无监事会。按照当时的公司章程,董事会为公司最高权力机构。董事共计 8 人,其中董事长 1 名,副董事长 2 名,董事 5 名。董事长由第一大股东—深圳合能房地产开发有限公司推荐,副董事长经选举产生,其余 5 名董事分别由 5 家股东各委派 1 名。公司日常经营管理由总裁负责,设副总裁若干名,其中总裁由董事会任命,副总裁由总裁提名、董事会批准。

君安证券成立之后,以创新的精神和灵活的机制,成为一家作风强悍、很有个性的证券公司,在中国证券市场上迅猛发展,取得了很好的业绩。君安奠定了国内的地位后,开始着重发展投资银行并购顾问、海外融资等难度较大的业务,并准备展开国际性的经营业务。从 1997 年开始,君安在中层以上经理人员中脱产培训英语,并陆续派往华尔街金融机构实习进修,为国际业务的发展准备人力资源。

根据工商行政管理部门的有关资料,君安的第一大股东深圳新长英投资发展有限公司成立于 1994 年 5 月,注册资本 5 亿元,法人代表是张国庆。该公司共有 3 家股东,分别是深圳艮盛实业公司持股 50％,深圳民一夫实业公司持股 30％,武汉怡惠经贸公司持股 20％。其中民一夫公司 80％的股权由艮盛持有,艮盛公司 60％的股权由君安公司工会委员会持有,10％的股权由君安物业管理公司持有,30％的股权由深圳合目投资公司持有,而合目投资公司 75％的股权又被君安工会持有。

"君安事件"是指君安公司经理层隐瞒公司大量账外收入,将其挪用注册自己的公司,并通过这些公司直接或间接获得君安控股权的消息被披露后,引发的一系列后果。"君安事件"的直接导火索,是君安常务副总裁龚华因与张国庆意见不合而被张国庆免职。龚华被免职后,向政府有关部门举报了张国庆等人以往私下转移君安巨额账外收入、严重侵害股东利益并实际控制君安股权的事实。

1999 年 8 月 8 日,国泰君安股份召开大会,共有 51 家新增发起人以现金方式缴认股款 19.8503 亿元,两家公司原有股东追加现金投资 3.2808 亿元,加上两公司原有净资产以 1∶1 折为新公司股本,新公司总股本达到 37.2718 亿元,成为我国注册资本最大的证券公司。经过此次增资扩股,国泰君安股份公司拥有 136 名股东、300 多亿元总资产、118 家证券营业部和 5200 名员工。

国泰君安合并后,其在证券业中的相关排名状况如下:国泰君安 A 股和基金交易总额在券商中排名第一,交易额 4 009 亿元;新股发行、配股、增发主承销金额排名第一,承销额 98.8 亿元,超过第二名海通证券的 94.3 亿元 4.77％,如果考虑到此时的国泰君安是两家合并的,实际的地位已经下降;利润总额为 3.98 亿元,排名第六位。

问题

君安形成经理人实际控制公司的主要原因是什么？君安高层经理人员为什么要转移公司财产？君安高层经理通过哪些途径实现对君安股权的直接控制？

第一节　现代企业制度

现代企业制度是从本质上来界定企业制度的,它是社会经济发展和企业自身发展的制度保障。现代企业制度从根本上解决了企业在财产所有权与经营权上的混淆,从制度上保证了财产所有者与经营者的利益,它是现代企业发展的制度保障。

一、现代企业制度的含义与特征

(一)现代企业制度的含义

现代企业制度是指适合现代市场经济体制,以完善的企业法人制度为基础,以有限责任制度为保证,以公司企业为主要形态,以产权清晰、权责分明、政企分开、管理科学为特征的新兴企业制度。根据这个界定,可以从以下几方面展开分析。

(1)现代企业制度是一种微观经济体制。它使企业真正成为市场竞争的主体,成为面向市场、自主经营、自负盈亏的法人实体。

(2)现代企业制度是一种能适应现代市场经济要求的企业制度。

(3)现代企业制度是一种制度体系。它不仅包括了企业内部的各种制度,而且还包括了企业的各种制度环境,甚至包括了现代市场经济下处理企业之间以及各方面利益关系的行为规范、准则与方式等。

(4)现代企业制度的典型形式是公司制。

(二)现代企业制度的特征

现代企业制度区别于其他类型的企业制度的原因在于现代企业制度具有其自身的基本特征,具体特征如下所述。

1. 产权明晰

产权明晰是指要以法律形式明确企业出资者与企业的基本财产关系责任要明晰,即企业在产权关系方面的资产所有权及相关权利的归属明确、清晰,尤其要明确国有资产的直接出资主体,产权明晰主要表现在实现了出资者所有权与企业法人财产权的有效分离。企业资产的所有权属于出资者,出资者享有所有者权益。企业拥有出资者投资形成的全部法人财产权,成为享有民事权利、承担民事责任的法人实体。企业以其全部法人财产依法自主经营、自负盈亏,并对出资者承担资产保值增值的责任。产权制度的建立,确保了谁出资谁受益,使我国的企业政策大大向前推进了一步。国有资产所有权与企业法人财产权的分离,是中国走向市场经济的一大突破,是现代企业制度的一个核心特征。

2. 权责明确

现代企业制度下企业的权力是指企业能够做什么,即企业运用其全部法人财产可以依法进行自主经营、独立核算、自负盈亏、自我发展,具有独立的法人地位。企业的责任是指企业应履行的义务,即对国家社会照章纳税,对出资者保值增值。企业的权力与责任的关系是统一的。

我国现代企业制度中,企业的责任制是一种有限责任制,即企业以它的全部法人财产为限,对其债务承担有限责任,这种有限责任是出资者实行自我保护的有效形式。在现代企业制度下,所有者与企业的关系演变成了出资者与企业法人之间的关系,即股东与公司的关系,这种关系与其他企业制度下所有者与企业之间关系的主要区别在于以下四点。

(1)出资者投入企业的财产与他们的其他财产严格分开,边界十分清楚。出资者将财产投入企业后便成为企业的股东,对企业拥有相应的权利,包括参加股东大会和行使股东大会赋予的权利、按照股本取得相应的权利、转让股权的权利等。企业依法成立后,对股东投入企业的资产及其增值拥有法人财产权,及对财产拥有占有、使用、收益和处置的权利。

(2)出资者仅仅以投入到企业的那部分资产对企业的经营承担责任,企业以其全部资产对债权人承担有限责任。

(3)存在所有权与经营所有权分离的状况。资产所有者将其资本交给具有经营管理知识与能力的专家经营,而这些专家不一定是股东,或者不是企业的主要股东和大股东,他们

只是受到股东委托,或者是作为职业经理人来经营管理企业,或者作为股东代表来经营管理企业。

(4)企业享有全部法人财产并享有依法自主经营、自负盈亏的权力,同时要对出资者负责,承担资产保值增值的责任。

3. 政企分开

政企分开是指企业的政企职责分开,即在理顺产权关系的基础上,实行企业与政府职能的分开,建立企业与政府之间适应市场经济体制的新型的政企关系。

现代企业制度下政府与企业的关系表现为:政府依法管理企业,政府与企业之间的关系体现为法律关系;企业依法经营,不受政府部门直接地行政干预,政府不再直接对企业的生产经营活动发号施令,而是通过经济手段、法律手段对企业进行宏观调节、引导、服务和监督,以保持宏观经济总量的大体平衡,促进经济结构的优化,保证公平竞争,使市场机制发挥正常的作用,健全社会保障体系,维护社会稳定。政企分开主要表现在:

(1)把政府的社会管理职能与国有资产所有权职能分开;

(2)把政府的行政管理职能与企业的经营管理职能分开,取消企业与政府之间的行政隶属和企业的行政级别,政府不再参与企业的经营管理活动,企业也不再依赖政府。

在现代企业制度下,企业是自主经营的独立法人实体,并以盈利为目的。同时,企业也是市场经济的主体,必须按照价值规律和市场需求组织生产与经营,在市场竞争中优胜劣汰。因此,政府与企业在组织上、职能上都是严格分开的,不能以政代企或以企代政。

4. 管理科学

管理科学主要体现为企业组织制度科学与管理制度科学两个方面。

科学的组织制度所设计的一套完整而科学的法人治理结构,是企业的权力机构、监督机构、决策机构和执行机构职责分明,并互相约束。根据这一原则建立的股东大会、董事会、监事会和管理层机构,各司其职、权责明确,分别行使决策权、监督权和执行权,使所有者、经营者和劳动者的积极性都得到调动,行为受到约束,利益得到保障。

现代企业管理制度包括了企业用工制度、工资制度、财产制度和机构设置等一系列的制度。在现代企业制度下,企业管理既体现社会化大生产的客观要求,又体现市场经济的客观要求。管理者的素质较高,管理主旨的结构合理,管理制度健全,管理方法科学,管理手段先进,这些都能极大限度地调动企业员工的积极性,提高工作效率和生产效率。

二、现代企业制度的内容

(一)现代企业产权制度

产权制度是对财产权利在经济活动中表现出来的各种权能加以分解和规范的法律制度,它以产权为依据,对各种经济主体在产权关系中的权利、责任和义务进行合理、有效地组合。

企业出资人对其投入的财产享有最终所有权,而企业则对出资者所投入的资产整体享有法人财产权。出资者的最终所有权随着它的股东化而丧失了诸如占有权、使用权、收益权

和处置权,剩下的是作为股东依法享有的资产收益、选择管理者、参与重大决策以及转让股权等权利。而法人企业则享有出资者所投入资本而形成的资产的占有权、使用权、处置权与收益权。当然企业作为一个整体,它要对出资者承担资产保值增值的责任。因此,通过产权制度实现了对所有者和使用者的产权分割和利益界定,使产权明晰化,从而使资源的优化配置得以实现,这也是现代企业制度的核心内容。

(二)现代企业法人制度

建立现代企业制度,必须完善我国的企业法人制度。法人制度就是通过赋予企业或有关组织在法律上的独立人格,使其独立承担民事责任、享有民事权利,也包括赋予企业法人地位的各项法律及规定。

现代企业法人制度实现了最终所有权与法人财产权的分离,实现现代企业法人制度是企业具有有限责任的前提。企业法人的设立必须有出资者,且出资者向企业提供不低于法定限额的注册资本,这些资本一旦投入企业,就不能随意撤出。企业法人必须有自己的法人财产、组织机构、章程、法定代表人。企业取得了法人资格,就建立了自己独立的信用,可以对外负债,同时要承担债务责任。

(三)现代企业组织形式

公司制企业在市场经济的发展中,已经形成了一套完整的组织制度。最明显的特征是,所有者、经营者和生产者之间通过公司的权力机构、决策和管理机构、监督机构形成各自独立、权责分明、相互制约的关系,并通过法律和公司章程得以确立和实现。

公司的组织结构一般呈现为股东大会、董事会、监事会和日常执行机构(总经理)。股东大会是公司最高的权力机构,有权选举和罢免董事会和监事会成员,制定和修改公司章程,审议和批准公司的财务预算、投资以及收益分配等重大事项;董事会是公司的经营决策机构,其责任是执行股东大会的决议,决定公司的生产经营决策和任免公司总经理等;监事会是公司的监督机构,由股东和职工代表按一定比例组成,对股东大会负责;公司的总经理负责公司的日常经营管理活动,对公司的生产经营进行全面的领导,并对董事会负责。

现代企业组织制度具有集体决策特征、经理负责制特征、独立监督特征等。这种科学的公司治理结构在股东大会、董事会和经理人员之间形成了利益、权力和责任分明的管理体系。

(四)现代企业管理制度

现代企业管理制度的重点是从企业的机构设置、用工制度、工资制度和财务会计制度等方面入手,建立严格的责任制体系。

1. 企业机构的设置

企业机构的设置应该根据生产经营的特点和市场竞争的需要,按照职责明确、结构合理、人员精干、权利与责任对等原则,由企业自主决定机构的设置。要重点强化开发、质量、营销、财务、服务和信息等管理系统,提高决策水平、企业素质与经济效益。大型企业与企业集团可以根据自身的情况,逐步形成投资中心、利润中心和成本中心的管理体系格局。

2.建立现代用工制度

企业依法享有用工自主权,劳动者依法享有择业自主权,使劳动合同成为确立和调整劳动关系的基本方式。企业和劳动者之间的劳动关系以双方平等、自愿签订劳动合同的方式建立,以合同作为保障双方合法权益的依据。消除企业内部干部与工人之间、不同用工形式之间、不同所有制企业之间的职工身份界限,进一步完善社会保障体系和劳动力市场,形成用人单位和劳动者双向选择、合理流动的就业机制。

3.建立现代企业工资制度

企业自主分配,使劳动力市场的供求状况对工资水平起基础性作用。经营者的收入与资产的保值增值以及企业的利润相联系,职工的收入根据其劳动技能和实际劳动贡献来确定,真正贯彻按劳分配,充分发挥工资的激励作用,使职工工资货币化、规范化。

4.建立现代企业财务会计制度

建立与国际接轨的企业财务会计制度,改变按不同所有制、不同组织形式、不同经营形式分别确定企业财务会计制度的做法,强化企业内部管理,完善企业审计制度,通过内部审计和社会审计力量形成对企业的审计监督制度。

5.企业文化建设与职工队伍建设

要全面提高企业素质,企业文化建设与职工队伍建设是非常关键的内容,它以软件的形式影响现代企业制度的正常运行。当形成一定的企业文化氛围后,职工的价值认同趋于一致,因此,现代企业制度的推行与落实便有了良好的环境。

三、建立现代企业制度的配套措施

(一)完善市场体系

在现代企业制度下,企业是自主经营、自负盈亏的独立法人实体,按照市场需求组织生产经营,政府不得干预,企业直接面对市场。因此,企业需要一个良好的流通渠道和竞争性的市场环境。一个比较健全的市场体系,包括商品市场、金融市场和劳动力市场。

(二)完善法律体制

市场经济中经济主体之间的契约化、经济主体的多元化、经济活动的自主化、公平竞争的有序化、宏观调控的间接化以及经济管理的制度化,都必须通过系统、完备、成熟的法律从制度来调节、制约和规范。因此,市场经济的发展,现代企业制度的建立,必须要有健全的法律制度做保障。

这些法律制度包括:确立市场主体的法律制度,如《中华人民共和国全民所有制企业法》《中华人民共和国公司法》等;确立市场运行规范的法律制度,如《中华人民共和国企业破产法》《中华人民共和国反垄断法》等;确立宏观调控机制的法律制度,如《中华人民共和国外国投资法》《中华人民共和国中国人民银行法》等;确立社会保障方面的法律制度,如《中华人民共和国社会保障法》《中华人民共和国教育法》《中华人民共和国就业促进法》《中华人民共和国保险法》《中华人民共和国未成年人保护法》等;特定的经济行为立法,如《中华人民共和国

专利法》《中华人民共和国合同法》《中华人民共和国商标法》等。第十届人大五次会议制定的《中华人民共和国劳动合同法》等,同时对明显与社会经济发展要求不相适应的法律法规加以修正,进一步健全了法律法规制度,为社会经济发展提供了更有力的保证。

(三)建立社会保障体系

社会保障既是对公民基本生存权利的保障,也是对社会经济体制运行的一种保障。建立现代企业制度,就要为企业创造一个良好的社会环境,重要内容之一就是建立和健全有效的社会保障体系,包括建立社会失业保险制度、养老保险制度、工伤保险制度、医疗保险制度以及死亡保险制度。

建立社会保障体系的目的是,落实企业劳动用工权、为企业创造公平的竞争条件、为人才合理流动创造良好环境。第十届人大五次会议对社会保障体系的完善与监督做了民心所趋的工作,制定更符合时代发展要求、更符合百姓利益的各项制度。

(四)转变政府职能

现代企业制度建立在市场经济运行的环节之中。因此,政府的职能需要转变,由直接指挥向提供服务与监督转变,向宏观调控转变,通过政府指导和依法征税来行使管理权;通过税收、价格和利率等经济杠杆调控市场,建立市场规则;综合运用经济、法律、行政手段进行宏观管理与调控,引导企业按照社会经济发展的需要组织生产经营活动。

第二节 有限责任公司的设立

一、有限责任公司设立的条件

设立公司除了要遵循一定的原则外,还应具备一定的条件。不具备这些条件,公司就不能依法设立。由于各个国家的国情不同,各国公司设立的条件也有差异。我国《公司法》借鉴了国外设立公司的习惯做法,规定设立有限责任公司应具备下列条件:①股东符合法定人数;②股东出资达到法定资本最低限额;③股东共同制定公司章程;④建立符合有限责任公司要求的组织机构;⑤有公司名称;⑥有公司住所。

(一)股东符合法定人数

股东是公司的出资人,股东出资形成的公司资本是公司承担民事责任的物质基础,因此,股东是设立有限责任公司的首要条件。

1.股东的资格

我国公司法对有限责任公司的股东资格没有做出特殊的要求,自然人和法人都可以成为有限责任公司的股东。但根据国家政策的规定,国家机关(国有资产管理机构除外)和国家机关工作人员不得成为有限责任公司的股东。

作为公司设立人的股东,由于要承担公司设立责任,是公司设立期间的民事主体,因此,设立人股东必须具备完全民事行为能力。无民事行为能力的人和限制民事行为能力的人一

般不能作为设立人股东。

2.股东的人数

同股份有限公司相比,有限责任公司的股东人数较少,很多国家的公司法对股东人数都有较严格的限制性规定,这是有限责任公司的一个重要特点。

(1)股东的上限人数。很多国家公司立法,对股份有限公司股东上限人数都有明确规定,不能超过一定数额。例如,英国、日本的公司法规定,股份人数不能超过50人。我国《公司法》规定,有限责任公司的股东人数最多为50人。之所以要规定股东人数的上限,主要是有利于股东之间的联系,方便管理和股权转让。

(2)股东的下限人数。早期的公司法,对有限责任公司的股东的下限人数都有规定,一般不能少于2人。之所以要做出这样的规定,主要是为了保护公司的社团性、人合性和联合性的特征,预防股东与公司合一而导致有限责任的滥用。

后来,许多国家的公司立法突破了两个股东的限制,承认一人公司的存在,允许自然人和法人设立一人公司,这是适应公司设立和发展的实际需要。在公司设立时,为了解决一人公司的法律障碍,设立人往往会采取形式股东(没能真正出资)的方式,这会为设立的公司带来股东纠纷的隐患。此外,在公司的运营过程中,会出现股东退股、股东死亡等原因,使公司只剩下一个股东。为了维护市场经济秩序和保护债权人的利益,并不能解散这种一人股东公司。目前,日本、英国、美国等国公司立法都允许公司设立时就只有一个股东。

由于一人有限责任公司是股东与公司合一,这就容易导致股东有限责任的滥用。为了解决这个问题,各国的公司立法都对一人有限责任公司实行较严格的规定。如我国《公司法》第59条规定,"一人有限责任公司的注册资本最低限额为人民币十万元";第63条规定,"一人有限责任公司应当在每一会计年度终了时编制财务报告,并经会计师事务所审计";第64条规定,"一人有限责任公司的股东不能证明公司财产独立于股东自己的财产的,应当对公司债务承担连带责任"。通过上述资本制度、会计制度、公司人格否认制度等法律制度设计,加强对一人有限责任公司的监管。

(二)股东出资达到法定资本最低限额

股东出资形成的公司资本是公司进行经营活动和承担民事责任的基础。因此,公司不仅要有资本,而且其资本必须达到一定数额,才能依法设立。股东出资的最低限额是公司设立的一个重要条件。

1.股东出资的最低限额

全体股东出资最低限额,即公司最低资本额,构成了公司设立制度的重要内容。之所以要规定股东出资的最低额,这是由有限责任制度决定的。有限责任公司的股东,以其出资额为限对公司承担责任,这种有限责任制度在降低投资者风险的同时,增大了与公司发生交易方的潜在风险。因此,必须从法律上规定公司最低资本额的要求,设置必要的公司进入门槛,以维护市场经济秩序,保障公司债权人的利益。

随着经济的发展和法律体系的完善,公司最低资本额制度对保护公司债权人的作用越来越小,因而近年来在英美等国出现了废除最低资本额制度的趋势。我国《公司法》规定,

"有限责任公司注册资本的最低限额为人民币三万元。法律、行政法规对有限责任公司注册资本的最低限额有较高规定的,从其规定";"一人有限责任公司的注册资本最低限额为人民币十万元"。对一人公司规定了较高注册资本最低限额,是考虑到一人公司是一个股东单独出资设立的公司,容易出现股东滥用法人资格和股东有限责任的现象,从立法上规定较高的注册资本要求,有利于一人公司的资本充实,有利于对债权人利益的保护。

2. 股东出资形式

出资形式即出资财产的类型。各国的公司法大都对股东出资形式做出明确的规定,这种规定是公司设立制度、公司资本制度的重要内容。各国公司法规定股东出资形式主要有货币出资和现物出资两种形式。货币出资又叫现金出资;现物出资由实物出资和财产权利出资构成。对于现物出资,不同国家、不同时间规定的形式有所不同。随着科学技术的发展,特别是知识经济的出现,法律规定的股东出资的形式逐步增多。

我国修改后的公司法,按照市场经济条件下公司发展的实际需要,适当放松了公司的设立条件,包括股东的出资形式和无形资产出资的比例。我国《公司法》第27条规定,"股东可以用货币出资,也可以用实物、知识产权、土地使用权等可以用货币估价并可以依法转让的非货币财产作出资;但是法律、行政、法规规定不得作为出资的财产除外","全体股东的货币出资金额不得低于有限责任公司注册资本的30%"。这些规定,与修改前公司法相比,有两个地方不同。第一,放松了股东的出资形式。修改前的公司法将出资形式严格限定在货币、实物、工业产权、非专利技术、土地使用权五种。修改后的公司法将工业产权扩大为知识产权。第二,放宽了无形资产出资比例的限制。修改前的公司法规定无形资产出资比例一般不得超过公司注册资本的20%,修改后的公司法没有对无形资产出资比例做出直接限制,只是对股东货币出资额做出限制,不得低于公司注册资本的30%,这就为提高无形资产出资比例预留了空间。

下面对我国《公司法》规定的股东出资形式进行分析。

(1)货币出资。货币出资也称为现金出资,是股东出资最基本的必不可少的出资形式。货币出资的优点主要有:第一,货币是一般等价物,是社会财富的代表,货币出资交付公司形成公司资本后,公司可以马上使用,可以用来购买生产材料、支付工资和偿还公司债务。第二,货币可以充当价值尺度,股东用货币出资,不必进行资产评估,大大节省资产评估费用。第三,货币可以充当流通手段,股东用货币出资后,随即可以充当购买手段和支付手段,以满足经营活动的需要。第四,货币可以充当贮藏手段和投资手段,使货币保值增值,不会出现实物出资所引起的有形损耗和无形损耗。第五,货币形式可以保证公司资产应有的流动性和变现性,从而满足公司日常经营活动和清偿债务的需要。因此,各国公司法都规定了股东货币出资的最低比例。我国公司法规定,股东货币出资的最低比例不得低于有限责任公司注册资本的30%。

(2)实物出资。实物出资是股东有形财产的出资,包括动产和不动产,即包括公司生产经营活动所需的建筑物、机器设备、装备、设施、交通运输工具以及原材料等。为了保证股东的实物出资能够成为公司的资产,股东实物出资必须符合以下两个要求:①股东对出资物必

须有完整的产权,即对出资物有所有权、占有权、支配权和使用权,公司使用这些实物不会受到他人干扰;②法律、行政法规禁止转让、出资的实物,不能作为股东的实物出资。

(3)知识产权出资。知识产权是一种无形资产,虽然不具有实物形态,却具有价值。知识产权是权利人对其智力成果享有的专有权利,作为一种财产权利,它构成了股东出资的形式。传统知识产权包括工业产权和著作权,工业产权又包括专利权和商标权。知识产权出资是现物出资的一种形式。

随着科学技术的发展,知识经济在全部经济总量中所占的比重越来越大,知识产权这种无形资产对企业的发展越来越重要。因此,各国公司法都承认知识产权出资这种出资形式。同时,鉴于无形资产只有与有形资产结合才能进行生产经营活动,尤其是物质生产活动,因此,各国公司法都对无形资产,即知识产权出资在公司总资本中所占的比例做了限制性的规定。随着知识产权概念的扩展,非专利技术、商业秘密也被纳入知识产权中。非专利技术、商业秘密也是一种无形资产,也可以作为出资形式。

(4)土地使用权出资。我国的法律规定,城市的土地所有权属于国家;农村的土地所有权属于集体。国家或集体所有的土地,可以依法确定给单位或个人使用。单位和个人可以依法取得土地的使用权。由于土地是重要的生产资料,任何公司的生产经营活动都离不开对土地的使用,这就使土地使用权成为股东出资的重要形式。

(5)股权出资。这是指股东以其持有的别的公司的股权作为出资。股权出资是现物出资的一种形式,股权出资具备股东出资的基本条件。因为:第一,股权的价值可以通过股票的价格去探寻;第二,股权具有可转让性和流动性。在采用股权出资形式的时候,要注意股权价值的不稳定性和风险性的特点,要采取严格的措施限制股权出资的范围,要加重股权出资股东应承担的责任。

3.股东出资缴纳方式

我国《公司法》确认了有限责任公司注册资本认缴制度:股东出资分期缴纳制度。我国《公司法》第26条规定,"有限责任公司的注册资本为在公司登记机关登记的全体股东认缴的出资额。公司全体股东的首次出资额不得低于注册资本的20%,也不得低于法定的注册资本最低限额,其余部分由股东自公司成立之日起两年内缴足;其中,投资公司可以在5年内缴足"。

我国修改前的公司法,确定了公司注册资本实缴制度和股东一次足额缴纳所认缴出资的制度。在这种制度下,股东只能一次缴纳自认的出资额,而不能分期缴纳。与一次性认缴方式相比,分期缴纳出资方式的优点主要有:

(1)降低了公司设立时所需的资金数量,从而降低了公司设立门槛。

(2)避免了资金的闲置,提高了资金的使用效率。

(3)增资扩股较容易。

(三)股东共同制定公司章程

公司章程是规定公司行为准则的公开对外的法律文件。设立公司一定要制定公司章程,以规范公司的类型、宗旨、经营方向和组织结构等重大事项,为公司的设立和公司的经营

管理活动提供基本行为准则。因此,股东共同制定公司章程是设立公司的一个基本条件。

有限责任公司的章程由全体股东共同制定,若股东不能亲自参与公司章程的制定,可以委托代理人参加。公司章程必须经全体股东一致同意并由全体股东在公司章程上签名盖章。公司依法登记后,公司章程具有法律效力。公司里的任何组织、任何人不能违反公司章程。各国的公司法对公司章程必须载明的事项都有明确的规定。我国《公司法》第25条规定,有限责任公司章程必须载明下列事项:

(1)公司名称和住所。公司名称是识别公司的标志,公司名称中要表明"有限责任公司"字样,并且要符合企业法人名称登记管理的相关规定。公司要以自己的名称进行经营活动和其他活动。公司以其主要办事机构所在地为住所。

(2)公司经营范围。主要是指公司经营活动的主要内容和领域。公司经营范围一般由公司章程规定,并依法进行登记。但法律、行政法规要求审批的,要依法办理审批手续方可经营。公司可以依照法规改变经营范围,并办理变更经营范围手续。

(3)公司注册资本。公司注册资本是公司成立时在公司登记机关注册登记的资本总额。由于我国公司法规定实行资本注册认缴制度,股东可以分期缴纳出资,因此,公司注册资本就是全体股东认缴的出资额,而不是全体股东实缴出资额。要到法定年限时(一般公司两年内,投资公司五年内),公司注册资本才会达到股东实缴资本的数额。

(4)股东的姓名或者名称。股东是公司的出资者,是公司最终所有者。公司股东可以是自然人,也可以是法人。股东是公司成立、存续必不可少的条件。公司章程应当载明自然人股东的姓名和法人股东的名称。

(5)股东的出资方式、出资额和出资时间。公司法和公司章程对股东出资方式、出资额和出资时间都有明确的规定,股东要按规定出资。公司章程应当载明每一个股东的出资方式、出资额和出资时间。

(6)公司的机构及其产生办法、职权、议事规则。我国公司法对有限责任公司的机构设置和议事规则没有严格的规定,给每个公司的机构设置预留了空间,因此,每个有限责任公司的章程应对公司的决策机构、执行机构和监督机构的产生办法、职权和议事规则等做出明确、具体的规定。

(7)公司的法定代表人。公司章程应当载明法定代表人,并对法定代表人产生办法、职权做出明确规定。

由于各个公司的情况各不相同,还可以根据本公司的实际情况,在公司章程中载明股东会议认为需要规定的其他事项。

(四)公司组织机构

公司作为法人是一个组织体,应当有组织机构对公司进行管制。有限责任公司的组织机构在公司经营管理中起着重要作用,因此,建立符合公司法要求的公司组织机构是设立公司的一个重要条件。

有限责任公司的组织机构由三部分组成:决策机构、执行机构和监督机构。其中,股东会及其选出的董事会是公司的决策机构;总经理和副总经理以及职能部门的管理人员等组

成公司的执行机构;监事会是公司的监督机构。由于公司的规模不同,股东人数不一样,公司组织机构也就相差较大,有的三个组成部分都较完善,有的决策机构和执行机构合一,有的没有监督机构,这些现象都是常见的,也是公司法允许的。下面对公司组织机构的各个组成部分进行阐述。

(1)股东会。股东是公司的出资人,股东会是公司最高权力机构。股东享有收益、重大决策和选择管理者的权力。股东会享有对公司重大事项的决策权。

(2)董事会或执行董事。董事会既是公司的执行机构,又是公司的日常决策机构。一方面,董事会要执行董事会的决议;另一方面,董事会又要根据股东会的授权,对股东会决策之外的事项进行决策,聘任或解聘经理人员。如果公司规模不大,股东人数较少,则可以不设董事会,设执行董事。

(3)监事会或监事。监事会是公司的监督机构,其职能是负责监督董事会或执行董事、经理人员的经营管理活动。人数较少或规模较小的公司,可以不设监事会,只设监事。

(五)公司名称

公司名称是设立公司的必要条件。公司名称是识别公司、区别公司的标志。公司以合法的名称从事生产经营活动,既能维护自身的合法权益,也便于履行公司的民事义务,承担民事责任。

公司名称应当包括以下内容:

(1)字号或商号。字号或商号应由两个以上的字组成,公司使用字号时,要遵守有关的规定。例如,不准使用县以上行政区名称作为字号。

(2)行业或经营特点。公司按照行业划分和本公司的主营业务,在公司名称中标明所属行业。

(3)法律责任形式。有限责任公司必须在名称中标明"有限责任"字样。公司名称必须经工商行政管理机关核准登记,经过核准登记的公司名称才可使用,才受法律保护。

(六)公司住所

公司住所是指为使法律关系集中于一处而确定的民事法律关系主体(自然人或法人)的地址。对于公司住所的规定,各国公司法的规定不尽相同,有的国家公司法规定以公司办事机构所在地为住所,有的规定以主要经营地为住所。我国公司法沿袭了《中华人民共和国民法通则》(简称《民法通则》)规定法人以其主要办事机构所在地为住所的原则,明确规定公司以其主要办事机构所在地为住所。

明确规定公司住所,是我国《中华人民共和国民事诉讼法》(简称《民事诉讼法》)《中华人民共和国合同法》(简称《合同法》)等多种法规的要求。因为公司住所是确定公司登记机关的依据,是确定诉讼管辖的依据,是确定法律文书送达地点的依据,是确定债务履行地的依据。公司住所是公司设立的一个条件。

二、有限责任公司设立的程序

有限责任公司设立过程包括签订公司设立协议、制定公司章程、缴纳出资、登记注册等

几个循序渐进、相互联系的步骤。

(一)签订公司设立协议

公司设立协议是公司设立阶段设立人之间就公司设立的有关事项以及设立人的权利义务所达成的协议。设立协议只对设立人有约束力,这种约束力只发生在公司设立过程中,公司成立后,公司设立协议的许多内容将被公司章程所代替。

由于公司设立阶段公司并没有正式成立,没有注册登记,没有取得法人资格,因此,各国公司法都没有将签订公司设立协议作为有限责任公司设立的条件。但从公司设立的具体运作来看,这一阶段又是必不可少的。

(二)制定公司章程

公司章程是公司设立和办理登记的必备条件,是规定公司行为准则的公开对外的法律文件。设立公司必须制定公司章程。制定公司章程是设立公司过程中一个必不可少的重要步骤。

有限责任公司的首批股东是公司章程的制定者。公司章程必须由全体股东在协商的基础上共同制定,并且必须经全体股东一致同意通过,由全体股东在公司章程上签名盖章。此外,公司章程还要按公司法的要求载明规定的事项。

(三)缴纳出资

股东应当按照公司法和公司章程规定的出资数额、出资形式、出资期限缴纳出资。股东不按规定缴纳出资,应承担违约责任。股东出资主要有货币出资和现物出资两种形式。

(1)股东以货币出资的,应当将货币按时足额存入公司在银行开设的账户。

(2)股东以现物出资,即以实物、知识产权、非专利技术、土地使用权、股权等形式出资的,应由合格的资产评估机构对现物出资财产进行估价,然后将其价值折算为现金,并换算为公司的股份。现物出资的评估价格要经股东共同确认。股东缴纳出资后,应当经法定的验资机构验资并出具证明。

公司应向股东签发出资证明书。出资证明书要载明公司名称、公司登记日期、公司注册资本、股东的姓名或名称、股东出资额和出资日期、出资证明书编号等事项。

(四)办理设立登记

办理公司设立登记是公司设立的最后一道程序。只有经过核准登记,公司的合法权利才受到国家法律的保护,因此,公司应向公司登记机关—工商行政管理机关申请设立登记。申请设立登记应当提交下列文件:①登记申请报告;②公司章程;③资产验资证明。

法律、行政法规需要经政府有关部门审批的,应当办理有关审批手续,并在申请设立登记时提交相关批准文件。申请公司符合公司法规定的条件,经公司登记机关登记,取得了法人资格后,有限责任公司正式成立。

第三节 股份有限公司的设立

股份有限公司的设立是指依照法定程序创办股份有限公司,并使其取得法人资格的一

系列行为和活动的总称。股份有限公司的设立包括设立条件、设立程序和公司的类型等三方面内容。

一、股份有限公司设立的条件

设立股份有限公司的条件要比设立有限责任公司的条件严格得多。之所以规定较严格的设立条件,是因为股份有限公司,特别是上市股份有限公司,是社会公司、公众公司,其运营情况对市场经济秩序、社会经济生活有重大影响。借鉴外国公司的经验和我国公司运营的实际情况,我国《公司法》第77条规定,"设立股份有限公司,应当具备下列条件:①发起人符合法定人数;②发起人认购和募集的股本达到法定资本最低限额;③股份发行、筹办事项符合法律规定;④发起人制定公司章程,采用募集方式设立的经创立大会通过;⑤有公司名称,建立符合股份有限公司要求的组织机构;⑥有公司住所。"下面对这些条件作必要的分析说明。

(一)股份有限公司发起人

公司发起人是设立公司的承担者,主要承担订立发起人协议,认购公司股份,申请设立公司,筹办公司事务等责任。

1. 发起人的资格

发起人所要承担的责任决定了发起人必须满足一定的资格要求。各国公司法一般都规定发起人必须具有民事行为能力,有些国家还对发起人的国籍、住所有一定的限制。我国法律规定发起人的资格条件主要有:①发起人必须具有完全行为能力,无民事行为能力人、限制民事行为能力人不能作为发起人;②国家机关(国有资产监督管理部门除外)、国家机关工作人员不能作为发起人;③发起人半数以上必须在中国境内有住所。

2. 发起人的人数

股份有限公司的资合性和社团性的特征以及发起人承担的责任和任务,都决定了要对公司发起人的数额做出规定。各国公司法都规定了发起人的最低数额。例如,英国、法国、日本规定为7人;德国规定为5人;挪威、瑞典规定为3人;美国多数州也规定为3人。我国公司规定股份有限公司的发起人为2人以上200人以下。

3. 发起人的责任和权力

发起人在承担责任的同时享有相应的权利。

发起人应当承担的责任主要有:①依法认足应认购的股份;②承担公司筹办事务;③公司不能成立时,对设立行为所产生的债务和费用负连带责任;④公司不能成立时,对认股人已缴纳的股款,负返还股款并加算银行同期存款利息的连带责任;⑤在公司设立过程中,由于发起人的过失致使公司利益受损,应对公司承担赔偿责任。

发起人在承担责任的同时,享有优于非发起人股东的权利。这些权利主要有:①获取发行行为的劳动报酬;②可以以现物形式出资,非发起人股东一般只能以货币出资;③可以取得优先股;④可以通过公司章程载明而取得其他特别利益。

（二）股份有限公司资本

股份有限公司是典型的资合公司,公司的设立与经营完全以资本为基础,因而公司资本是公司进行经营活动的物质基础和对债权人的唯一担保。

1.股份有限公司资本的概念

股份有限公司的资本,是指公司章程规定的、由股东出资构成的公司财产总额。由于股份有限公司的资本是由股东缴纳的股款构成的,其最基本构成单位是股份,所以也可称为股份资本或股本。

2.股份有限公司资本的特征

公司资本的特征主要有:①公司资本来源于公司股东的出资,股东出资包括公司设立时的股东出资和公司设立后的股东出资;②公司资本是股东对公司的永久性投资;③公司资本是公司自有的独立资产;④公司资本是公司信用的基础。

3.股份有限公司的资本三原则

股份有限公司成立后,股东可能因转让其持有的股份而发生变动,但股东对公司是永久性的投资,因而股份有限公司的资本可以继续得到维持,股份有限公司可以继续运营。同时,由于股份有限公司的股东对公司债务只负有限责任,公司债权人得以实现其债权的唯一担保就是股份有限公司的资本。因此公司立法就要确立若干基本原则,以保证公司正常开展经营活动和保护债权人的利益。

在历史上,各国公司立法和公司法理论都曾不断探索股份有限公司的资本原则。经过长期的探索和实践经验总结,各国公司法逐步确认和形成了有关股份有限公司资本的一些重要原则,贯穿在公司立法中。特别是大陆法系国家普遍认可的股份有限公司资本三原则,即资本确定原则、资本维持原则和资本不变原则,对各国公司立法均有重大影响。

(1)资本确定原则。资本确定原则是指股份有限公司的资本必须具有确定性,要求公司设立时必须在公司章程中对资本总额做出明确规定,股东应将其认足或募足,否则公司不能成立。资本确定原则是股份有限公司资本的首要原则,这一原则保证了公司一成立就有确定数额的资本,为公司的经营活动奠定了物质基础。但是,由于各国经济发展水平不同以及法律传统上的差异,资本确定原则在不同国家的实现程度和实现方式有所不同。

(2)资本维持原则。资本维持原则又称资本充实原则。该原则要求公司在其存续期内应当保持与其资本总额相当的实有资本,也就是公司的实有资本要始终与公司资本总额价值相当。资本维持原则的实质是维持资本充实,防止资本实际减少。坚持这一原则,有助于保护公司债权人的权益,也有助于公司开展正常的生产经营活动。

(3)资本不变原则。该原则是指除依法定程序,股份有限公司资本总额不得变动。坚持资本不变原则的目的,是要防止公司资本减少而影响公司资本的充实。为了体现资本不变原则,在各国的公司法中对资本的变更,特别是对资本减少都有严格的规定。我国公司法规定,公司减少注册资本必须由股东大会做出特别决议;必须编制资产负债表及财产清单,实施债权人保护程序;必须修改公司章程,进行变更登记。公司减少资本后的注册资本不得低

于法定的最低限额。

(三)股份有限公司章程

公司章程是公司设立和登记的必备条件,是规范公司行为准则的公开对外的法律文件。

1. 公司章程的法律特征

股份有限公司章程是由发起人商议后一致同意并签署的法律文件,是规范公司组织和行为的基本原则。公司章程的法律特征主要有:

(1)公司章程必须经过发起人协商,一致同意并依法签署。采取募集方式设立的公司,发起人制定的公司章程草案,须经创立大会通过后才能成为公司章程。

(2)公司章程必须经公司登记机关登记后,才能具有法律效力。

(3)公司章程要对公司重大事项做出规定。公司的重大事项既包括公司法规定要载明的重大事项,也包括本公司特有的重大事项。

2. 公司章程必须载明的公司事项

根据我国公司法的规定,股份有限公司的章程必须载明下列事项:

(1)公司名称和住所。公司的名称中要标明"股份有限公司"字样,并且要符合企业法人名称登记管理的有关规定。公司以其主要办事机构所在地为住所。

(2)公司经营范围。公司经营范围由公司章程载明,并依法登记。公司可以自主确定经营范围,但法律、行政法规定要求审批的,公司应依法规办理审批手续。

(3)公司设立方式。股份有限公司的设立方式有发起设立和募集设立两种。发起设立是指由发起人认购公司应发行的全部股份而设立公司。募集设立是指由发起人认购公司应发股份的一部分,其余部分向社会募集而设立公司。公司章程应当写明公司采用何种设立方式。

(4)公司股份总数、每股金额和注册资本。公司应当确定发行股份总数和每股金额,每股金额乘以股份总数就是公司的资本总额。公司注册资本就是公司在登记机关登记的资本总额。

(5)发起人的姓名或者名称、认购的股份数、出资方式和出资时间。公司章程应当载明自然人发起人的姓名、法人发起人的名称以及每个发起人认购的股份数、出资方式和出资时间。

(6)股东大会的职权和议事规则。我国公司法对股东大会的职权和议事规则已作了较具体的规定,但这并不排除公司章程在不违背公司法的前提下,对股东大会的职权和议事规则做出更具体的规定。

(7)董事会的组成、职权和议事规则。我国公司法已对董事会的组成、职权和议事规则做出了具体的规定,公司章程可以在不违反公司法的前提下,对董事会的组成、职权和议事规则做出补充性、具体化的规定。

(8)公司法定代表人。公司章程要明确确定公司法定代表人,并对法定代表人的产生办法、职权做出规定。

(9)监事会的组成、职权和议事规则。我国公司法对监事会的组成、职权和议事规则做

了原则性的规定,对公司章程可以根据公司的实际做出补充和更具体的规定。

(10)利润分配方法。公司章程应根据公司法的相关规定和本公司的实际情况,对公司利润分配方法做出具体的规定。

(11)公司的解散事由与清算办法。公司章程应对公司解散的事由做出规定,当公司解散的事由出现时,公司应予解散。公司清算是为了了结公司的债权债务关系,使公司法人资格归于终结的重要程序。公司解散时,应依法进行清算。

(12)公司的通知和公告办法。股份有限公司具有社会联系广、股东众多等特点,为了保护股东和利害相关者的利益,公司章程应对公司的通知和公告办法做出规定。

(13)公司章程还应对股东大会认为应当规定的其他事项做出规定。

(四)股份有限公司组织机构

在各类组织机构中,股份有限公司的组织机构最为完善。建立符合公司法要求的公司组织机构是股份有限公司设立的一个重要条件。公司有了健全、完善的组织机构,才能有效进行经营管理。公司组织机构主要包括决策机构、执行机构和监督机构三个部分。股东大会和董事会是公司的决策机构;经理层是公司的执行机构;监事会是公司的监督机构。

1.公司的决策机构

公司的决策机构包括股东大会和董事会。

(1)股东大会。全体股东组成股份公司的股东大会。股东大会是公司的决策机构,拥有公司重大事项的决定权,包括:第一,选择公司管理者,选举和更换董事和监事。第二,进行公司的重大决策,包括公司经营方针、投资计划、财务预算和决算、增减资本、分立合并和终止清算等。

(2)董事会。董事会是由股东大会选举的负责公司经营管理的决策机构。在股东大会闭会期间,它是公司的最高决策机构。董事会负责聘任总经理,并负责股东大会授权事项的决策和日常经营管理的重大决策。

2.公司的执行机构

经理人员组成了公司的执行机构。总经理是执行机构的总负责人,负责公司的全部业务活动。其他经理只是负责某一项业务或某一部门的工作。经理由董事会聘任。经理实行聘任制而不实行任期制。

3.公司监督机构

监事会是由股东大会选举的公司监督机构,负责对董事会、董事和经理的监督。按公司法规定,监事会的成员不得少于3人。

(五)股份有限公司名称和住所

我国公司法规定,设立股份有限公司必须有公司名称和公司住所,并明确把公司名称和公司住所作为公司设立的条件。股份有限责任公司的名称和住所要求大体相同。

二、股份有限公司设立的程序

股份有限公司的设立方式有两种:发起设立和募集设立。这两种设立方式的程序不尽

相同,需要分别介绍。

(一)发起设立的程序

采用发起设立方式成立股份有限公司,是由发起人认足公司应当发行的全部股份而不对外募集股份而设立公司。发起设立因程序简单,又称单纯设立。发起设立主要有以下程序。

1.签订发起人协议

发起人协议是发起人之间就公司设立的有关事项以及发起人的权利与义务所达成的协议。协议的主要内容有:发起人的人数;发起人的姓名或者名称、住所、国籍;公司股份总额、每股金额和注册资本;发起人认购的股份数额、出资方式和出资时间;各发起人负责的筹备事项;各发起人的报酬;设立失败时发起人个人应负的责任;协议的生效时间及纠纷解决办法等。

2.制定公司章程

制定公司章程是公司法规定设立股份有限公司的一个重要条件,也是公司设立程序中必不可少的步骤。通过制定公司章程,明确规定公司的宗旨、经营范围、发起人、资本总额、组织机构、法定代表人等重大问题,从而为公司的设立和设立后的经营活动提供基本行为准则。

3.认购公司股份

根据公司法的规定,已发起设立的股份有限公司,全体发起人必须书面认足公司所发行的全部股份。每个发起人具体认购股份数额则根据发起人协议或者公司章程的规定而定。

4.缴纳出资

发起人要按照公司法和公司章程规定的出资数额、出资形式和出资期限缴纳出资。发起人以货币出资的,应将货币出资足额存入公司在银行开设的账户;发起人以现物出资的,要对现物出资财产进行估价,并将这些出资财产转移给公司。股东缴纳出资后,应当经法定的验资机构验资并出具证明。

5.组建公司机构

发起人缴纳出资后,应当选举董事会和监事会,建立公司组织机构。

6.申请设立登记

发起人缴纳出资、组建公司机构后,由公司董事会向公司登记机关(工商行政管理机关)申请设立登记。申请设立登记应当提交申请书、公司章程、验资证明以及法律、行政法规规定的其他文件。法律、法规规定要经政府有关部门审批的,应办理相关审批手续,并在申请登记时提交批准文件。公司经登记机关登记,取得营业执照后,股份有限公司正式成立。

(二)募集设立的程序

募集设立要比发起设立复杂。募集设立和发起设立一样,都要经过签订发起人协议、制定公司章程、认购股份并缴纳出资、建立公司组织机构、办理公司设立登记等程序。但是募

集设立还要增加向社会公开募集股份和召开创立大会这两道程序。

1. 签订发起人协议

我国《公司法》第80条规定,"发起人应当签定发起人协议,明确各自在公司设立过程中的权利和义务"。这一规定明确了签定发起人协议是股份有限公司设立的必要条件和必经程序。募集设立的发起人协议的内容大体和发起设立的相同。

2. 拟订公司章程草案

公司章程是规定公司权利和义务以及调整公司内外关系的准则的文件。它从根本上规定了公司的组织原则、活动范围和发展方向。公司章程为公司设立和设立后的经营活动提供基本准则。因此,由发起人起草的公司章程,须经创立大会审议,是件非常重要和严肃的事情。

全体发起人必须亲自参加或者委托代理人参加公司章程的起草工作,在平等协商的基础上共同草拟公司章程。由发起人拟定的公司章程,必须经公司创立大会审议通过后,才成为正式的公司章程。

3. 认购股份和缴纳出资

采取募集方式设立的股份有限公司,全体发起人只需认购公司部分股份,而不需要认购公司所发行的全部股份。为了防范设立风险,预防一些发起人完全凭借他人的资本开设公司,同时也是为了使公司资本有基本的保证,保护公众投资者的利益,有利于公司的顺利设立,许多国家的公司法都规定全体发起人认购的股份要达到公司全部股份的一定比例,一般不少于股份总数的1/4。我国的《公司法》规定,"以募集方式设立股份有限公司的,发起人认购的股份不得少于公司股份总数的35%;但是,法律、行政法规另有规定的,从其规定"。发起人不能在规定时间内认购股份,则丧失发起人的资格。

发起人认购股份是对缴纳股款、出资的一种书面承诺。发起人要按照公司法、公司章程和发起人协议规定的出资形式、缴纳期限缴纳所认股份的股款、出资。

4. 募集股份

发起人认购了规定的股份以后,未认足部分应向社会公开募集或向特定的对象募集。下面主要介绍如何向社会公开募集股份。

(1)办理募股申请。发起人向社会公开募集股份,关系到证券市场的稳定和社会投资的利益。为了保护社会投资者的利益,保护证券市场有序运行和防范证券市场风险,各国公司法对向社会公开募集股份都有较严格的法律规定和严格的审核程序。根据我国法律法规规定,公司向社会公开募集股份,必须经国务院证券监督管理机构审核。

(2)向社会公开募股。向社会公开募股申请经审核批准后,发起人就可以向社会公开募股。为了使投资者了解公司情况,防止发起人欺骗投资者,保护投资者的利益,许多国家法律规定,公开向社会募股要发布招股说明书。我国《公司法》规定,"发起人向社会公开募集股份,必须公告招股说明书",并且规定,"招股说明书应当附有发起人制定的公司章程,并载明下列事项:①发起人认购的股份数;②每股的票面金额和发行价格;③无记名股票的发行

总数；④募集资金的用途；⑤认股人的权利、义务；⑥本次募股的起止期限及逾期未募足时认股人可以撤回所认股份的说明"。

5. 认股人认股并缴纳股款

发起人公告招股说明书后，社会投资者即可认股。认股人认股时，必须填写由发起人制作的认股说明书。认股人应当在认股说明书上填写认购股数、金额、认购人住所，并签名、签章。

在募股期限内，公司发行股份全部募足后，发起人应及时向认股人发出缴纳股款的通知。认股人应按规定的时间到银行缴纳认购股份的股款。代收股款的银行应向认股人出具收款单据，并负有保存股款和向有关部门出具收款证明的责任。

6. 召开创立大会

按照我国《公司法》的规定，公司发行股份的股款缴足并经法定验资机构验资后，发起人应当自股款缴足之日起 30 日内主持召开创立大会。创立大会由发起人、认股人组成。发起人应当在创立大会召开 15 日前将会议日期通知各认股人或者予以公告。创立大会有代表股份总数过半的发起人、认股人出席时，方可举行。

创立大会行使下列职权：①审议发起人关于公司筹办情况的报告；②通过公司章程；③选举董事会成员；④选举监事会成员；⑤对公司的设立费用进行审核；⑥对发起人用于抵作股款的财产进行审核；⑦发生不可抗力或者经营条件发生重大变化直接影响公司设立的，可以做出不设立公司的决议。

创立大会对其职权范围内的事项做出决议，必须经出席会议的认股人所持表决权过半数通过。

7. 办理设立登记

董事会应于创立大会结束后 30 日内，应向公司登记机关申请设立登记。申请设立登记要提交以下文件：①公司登记申请书；②创立大会的会议记录；③公司章程；④验资证明；⑤法定代表人、董事、监事的任职文件及其身份证明；⑥发起人的法人资格证明或者自然人身份证明；⑦公司住所证明。以募集方式设立股份有限公司公开发行股票的，还应当向公司登记机关报送国务院证券监督管理机构的核准文件。法律、行政法规规定需要经政府有关部门审批的，应当依法办理有关审批手续，并在申请设立时提交批准文件。如果申请公司符合公司法和其他法规规定的条件，公司登记机关就会给予登记，发给营业执照。公司领取了营业执照就宣告公司正式成立。

三、股份有限公司的类型

公司的形式是指公司存在的方式。公司按其存在方式的不同以及考察角度的不同，可以分为不同的种类。对这些不同种类公司加以考察和研究，有利于我们认识公司在经济活动中的活动规律、经营特点和法律地位等，从而对公司这一企业组织形式形成一个比较完整的认识，也有利于公司所有者选择合适的公司组织形式。

(一)按法律形式分类

按公司的法律形式,公司可分为以下几类。

1. 无限(责任)公司

无限(责任)公司是指由两人以上的股东所组成,公司股东对公司债务负连带无限清偿责任的公司。无限公司具有下述几个特点:

(1)无限公司必须由两个以上自然人组成,任何组织都不能充当无限公司的股东。并且"两个以上的股东"不仅是公司成立时的必要条件,而且也是公司存续中必需的条件。一旦股东人数由于变动而低于法定最低人数两人时,则无限公司必须立即解散。

(2)无限公司的股东必须对公司债务负连带无限清偿责任,这一点使无限公司有别于其他公司法律形式。一旦无限公司出现资产不足以清偿债务的情况,公司的债权人可直接对股东行使其债权,既可以对公司的全体股东行使,也可以对其中某几个或某一个股东行使。对某一个股东行使债权时,该股东不能以出资比例的大小来推卸债务,从而使股东在公司债务清偿方面负有连带关系。股东在清偿债务时既不能以出资额为限,也不能以个人的财产额为限。

(3)无限公司不对外发行股票,公司与外部关系简单,且股东之间关系密切,相互信任度高,因此组建非常容易。

(4)公司信用度高。无限公司对自身债务负无限清偿责任,因此公司信用度高,有利于对外交易,对公司债权人的经济权益也有保障。

(5)股东之间有良好的合作关系。组成无限公司的股东大多都是个人之间关系密切的亲朋好友,甚至就是家族公司,所有权与经营权结合在一起,权责利分明;股东经营的积极性高,责任感强。

(6)股东的责任重、风险大。因无限公司的股东对公司债务负连带无限清偿责任,一旦公司破产,公司的全部风险都要由股东承担,有时甚至要由某个股东来承担,这样股东就有可能倾家荡产。

(7)股本转让困难。无限公司的股东之间有连带关系,某个股东若想转让自己的股本必须经过全体股东的同意,这就增加了股本转让的困难程度。

(8)公司资本筹集困难。无限公司的信用基础是股东的个人信誉,无限公司的股东不但要有财力,而且还要有社会声望。这种双重条件决定了公司的资本筹措困难比较大。

2. 有限(责任)公司

有限(责任)公司是指股东以其出资额为限,对公司债务负有限清偿责任,公司以其全部财产对公司债务承担责任的公司。有限公司的主要特点如下。

(1)有限公司由有限的股东组成,股东数不能高于一定数量,有法定的高限限制,这是区别于其他公司法律形式的独有特点。我国《公司法》规定,有限责任公司的股东人数最高为50人。

(2)有限公司的股东以其出资额为限对公司债务负有限清偿责任,公司的债权人不能直接向股东行使债权,而只能对作为法人的有限公司行使债权,并且公司的资本不分为股份,

股东无论出资多少,都有一个表决权。

(3)有限公司不发行股票,股东人数有限,公司的内部关系和外部关系比较简单,比较容易组建。

(4)有限公司一般采用董事单轨制,即董事和经理均由同一个人担任,集公司决策权、指挥权为一体,对下属实行直线领导,内部组织机构简单、明确。

(5)有限公司股东人数有上限限制,股东人数不多,有利于股东间沟通情报,协调意见。

(6)有限公司的股东因为只负有限责任,而且股东一般掌握经营权,这就容易助长股东的投机心理。股东往往以较小的资本去冒较大的风险,破产了则以有限责任为由损害公司债权人的利益。

(7)有限公司由于只负有限责任,其信用程度不高。

(8)有限公司的股东转让股本较困难。股东转让股本必须征得其他股东的同意。

3. 两合公司

两合公司是指由一个以上的无限责任股东和一个以上的有限责任股东所组成,其中无限责任股东对公司债务负连带无限清偿责任,有限责任股东以其出资额为限对公司债务负有限清偿责任的公司。两合公司具有如下几个特点。

(1)两合公司是公司法律形式的一种,具有法律的规定性,是以盈利为目的而组建的企业法人。

(2)两合公司由无限责任股东和有限责任股东组成。这是它区别于其他公司法律形式的独有特点,因此两合公司也称为二元公司。两合公司的无限责任股东和有限责任股东各不得少于一人,这是两合公司成立的必要条件。

(3)两合公司的无限责任股东对公司债务负连带无限清偿责任,而有限责任股东一般仅以其出资额为限对公司债务负连带有限清偿责任。

(4)两合公司的无限责任股东代表公司主持业务,而有限责任股东则仅仅提供资本,分享红利,对公司的业务没有执行权和代表权,只是有一定的监督权。这是两合公司的一个主要特点。

(5)两合公司的有限责任股东必须实际缴纳其认购的股本,无限责任股东则只需同意而不必实际缴纳。

(6)两合公司的重点事项必须经全体两种股东的同意,但有限责任股东出让其股权要经全体无限责任股东的同意,而不必征得其他有限责任股东的同意。

(7)两合公司筹资比无限公司容易,信用程度比有限公司高,经营积极性和责任感也比有限公司高。

4. 股份有限公司

股份有限公司是指由一定数量的股东发起设立,全部股本划分为股份,股东以其所认购的股份数额为限,对公司债务负有限清偿责任的公司。它是现代公司最为典型的一种公司法律形式。股份有限公司的主要特点如下。

(1)股份有限公司的股东不得少于法定最低人数。股东的最低人数通常是由法律直接

规定的,一般相当于股份有限公司最低的发起人数。法定最低人数在法国为 7 人,在德国为 5 人,在日本为 7 人,在香港上市公司为 7 人、非上市公司为 3 人,在我国大陆则为 2 人,并且股东既可以是自然人,也可以是法人。股份有限公司的股东最低法定人数不仅是股份有限公司设立的必备条件之一,也是股份有限公司存续的必要条件。如在公司的存续过程中,股东的实际人数低于最低法定人数时,则股份有限公司应当解散。

(2)股份有限公司的全部资本划分为股份,每个股份价值相等,并以股票形式加以表现。这是股份有限公司的重要特征之一。这里"资本"是指由股东以出资购买股票所构成基金数额。不同于公司的资产。公司的资产是公司资本的物质表现,并随公司的估价标准和营业绩效的变动而变动。而公司的资本则除非依照一定的程序,否则是不能变动的。因此公司的资产不一定与公司的资本相等。股份有限公司的股东一般只能以货币为自己的出资方式。股份是股份有限公司的重要条件之一,不仅股东的出资以此计算,而且股利的分配、表决权的行使也以股份为基础。

(3)股份有限公司的股东仅以其所认购的股份对公司债务负有限清偿责任。不论公司负债多少,股东仅以其认购的股票金额为限(不论股东是否实际出资或缴资)对公司负有限责任,公司债权人只能向股份有限公司行使债权,而不能直接对它的股东行使债权。因此,一旦公司破产,股东只损失他认购的股票价值,而不损失他们的其他私人财产。

(4)股份有限公司的股票依法可以自由转让。股份有限公司的股东之间仅是投资者之间的共同投资关系,无须股东之间的相互信任,相互了解,甚至无须知道其他股东是什么人,这就使得股票自由转让成为可能。同时股份有限公司资本以股票形式表现出来,又为股票自由转让提供了诸多便利条件。虽然股票可自由转让,使公司股东处于变动之中,但不影响公司的存在,能够保持股份有限公司的长期稳定。

(5)股份有限公司集资容易。由于股份有限公司通过出售股票来筹集资本,且每股股票的金额一般较小,这就有利于集中社会的闲散资金发挥各方面的力量,提高社会资金的利用率。

(6)股份有限公司有较高的存续性。股份有限公司贯彻的是公司经营权与所有权相分离的原则,股东一旦投资于股份有限公司,其个人存在对公司的经营活动不产生任何影响。公司完全脱离个人色彩成为独立的资本团体,公司的发展不会因股东个人而受影响。

(7)股份有限公司实行每股一票行使表决权的原则。这样就能增加公司经营活动决策的民主程度。但同时也带来了一些弊病,公司大权容易落入少数大股东的控制中,使小股东对公司事务的干预受到排挤,从而使小股东的利益受到损害。股份有限公司股东为数众多,其社会关系和内部机构复杂,使得公司发展缓慢,既不容易组建,又不容易管理。

(8)股份有限公司有助于调动公司职工的积极性和主动性。股份有限公司的股票一般分为三部分:一部分由公司发起人掌握,以便控制公司经营权;一部分向社会出售,以便吸收社会闲散资金,获得社会支持;一部分向本公司职工出售,使本公司职工入股,从而使公司的经营成败与职工的切身利益联系起来,有助于公司的内部管理,调动职工的积极性。

(9)由于股票可以自由买卖,而且股票价格随公司的经营情况、社会经济政治背景、国际

经济动态而起伏不定,因此股份有限公司容易助长人们的投机心理,给经济生活带来某些混乱。

5. 股份两合公司

股份两合公司是两合公司的一种,是由无限责任股东和有限责任股东共同出资设立(有限责任股东的出资是以股票形式出现,且这种股票可以在社会上自由买卖)的公司。

在股份两合公司中,无限责任股东对公司债务负连带无限清偿责任;有限责任部分则划分为股票,可以发行股票,其股东仅以认购的股份对公司债务负责。由于股票的自由流动性,使得股份两合公司的股东变动较无限公司、有限公司大,而较股份有限公司小。这种公司形式在公司实践中比较少,在许多国家已因数量少而在法律上不予规定。

(二)按信用基础分类

按公司的信用基础划分,公司可分为人合公司、资合公司和人资两合公司。这种公司的划分,以公司的设立和经营是依据股东之间的信任关系还是纯粹依据公司资本为标准。

1. 人合公司

人合公司是指以股东个人有限的财产和其良好的社会信誉为信用基础而组建的公司。这种公司开展生产经营活动,获得社会信任的基础不是公司本身的财产及其他状况,而是股东个人的信誉。同时股东相互之间也往往存在特殊的信任关系,公司事务由股东共同协商、共同执行、共担风险、共享利益,在公司对外对内关系上,股东成员的个性占有突出地位。在国外,某些社会名流甚至完全以个人在社会上的声望为出资内容,充当无限责任股东,他们完全以个人在社会上的信誉作为公司信用基础。一些公营的无限公司则以政府的信用为公司信用基础,这也是人合公司。

2. 资合公司

资合公司是指以公司自身的条件,即公司资本是否雄厚、经营是否成功等为公司信用基础而建立起来的公司。这种公司的信用基础与股东个人的信誉无直接关系。因此,法律对资合公司的设立有较严格的限制。为防止由于资本缺乏损害债权人利益,法律一般都对资合公司的最低注册资本加以明文规定;同时还要求设立资合公司必须符合公示原则,即应将法律规定的财务报告或表册以法定方式公之于众,使公司债权人及其他利害关系人能及时、准确了解公司财产及经营情况。一般的股份有限公司都属于资合公司,因它的股东多而分散,股票又可以自由转让,股东处于经常变动之中。因此,股份有限公司不能以股东的个人信用为信用基础,而只能以所发行股票的资产额为信用基础。

3. 人资两合公司

人资两合公司是指以股东的个人信用和公司的资产为共同信用基础而组建的公司。这种公司兼有人合公司和资合公司的性质,最为典型的是两合公司(包括股份两合公司)。有限公司因其股份人数较少(一般有法定的最高人数限制),而且固定(有限公司的股东不能随意转让股份),公司信用除了以公司资本为基础之外,多少要与股东的个人信用有关,因此,有限公司多少带有人合公司的色彩。

（三）按资本的经济性质分类

以构成公司资本的经济性质划分，公司可分为全民所有制公司、集体所有制公司、私营公司和混合所有制公司。这种公司分类法在我国现行立法和实践中被广泛采用。

1. 全民所有制公司

全民所有制公司是由国家或全民所有制企事业单位投资设立的公司。其中有的是由国家财政拨款或由某一个全民所有制企事业单位投资设立，有的是由国家和其他全民所有制企事业单位共同投资设立，也有的是由若干全民所有制企事业单位共同投资设立，但无论何种情况，公司资金属全民所有制性质。

2. 集体所有制公司

集体所有制公司包括由原集体所有制企业转化而来的，或由集体所有制企事业单位单独或共同投资设立的，或由一定数量的公民个人投资入股而设立的公司。由全民所有制企事业单位扶植设立的劳动服务公司也属集体所有制公司。

3. 私营公司

私营公司是由公民个人投资设立的公司。在我国，公有制经济占主导地位，私营企业特别是私营公司不多，并且按照我国颁布的《私营企业暂行条例》的规定，只允许公民个人投资设立私营有限公司。

4. 混合所有制公司

混合所有制公司是由若干不同经济性质的单位和公民个人依法投资共同设立的公司。它包括全民与集体联营公司，全民与集体、私营、个人联营公司，全民与私营联营公司，全民与个人联营公司，集体与私营联营公司。这是随着我国经济体制改革的深入和横向联合的加强而发展起来的公司，具有投资联合或资金联合的特点。

（四）按国家在资本构成中所占份额分类

以国家在公司资本构成中所占份额来划分，公司可分为国营公司、民营公司和公营公司。这种公司分类法一般为西方国家法律所采用。

1. 国营公司

国营公司是公司资本完全来源于国家财政预算，并由国家承担亏损的公司，是国家独资公司。在西方，这类公司不受公司法约束，而由国家依照特定法令予以规定。

2. 民营公司

民营公司是由国家和其他组织或个人共同出资，国家出资占资本总额50%以下的公司。在这类公司中，虽然国家控股低于50%，但不等于说国家没有实际控制权。

3. 公营公司

公营公司是由国家和其他组织或个人共同出资，国家出资占资本总额50%以上的公司。公营公司受公司法约束，其设立条件和程序要符合公司法的规定。

(五)按控制关系、依附关系来划分

依据公司间的控制关系、依附关系来划分,公司可分为母公司、子公司。

母公司是指拥有另一公司一定比例以上的股份并直接掌握其经营的公司。被控制公司则被称为子公司。母公司和子公司之间的控制关系是以股权的占有为基础的,母公司通过行使其股权而不是直接依靠行政命令控制子公司。母公司和子公司在法律上互相独立、各为独立的法人,但在经济上实际一体。子公司不得收买母公司的股份。母公司的监事不得兼任子公司的董事或经理,但对子公司的财产状况有调查权。

(六)按国籍分类

公司按国籍分类,可分为本国公司和外国公司。对于公司的国籍的认定有多种学说和理论。有的以公司的设立许可地的国籍为公司国籍,有的以公司多数股东或出资占多数的股东的国籍为公司国籍,有的以公司住所所在地的国籍为公司国籍。但大多数的国家采用一公司注册或登记所在地的国籍为公司国籍,在我国也是如此。

本国公司是指依照本国法律、在本国批准设立的公司。因此在我国,凡依我国的法律、法规设立的公司即为我国的本国公司,它包括中外合资公司、中外合作经营公司和外商独资公司。

外国的公司是指依外国法律设立、登记的公司。各国一般都允许外国公司在本国开展业务活动,享有与本国公司相同的权利能力和行为能力,但对其业务范围往往有所限制,如某些关系国计民生的重大或特殊行业,一般禁止或限制外国公司经营。

(七)按所属行业性质分类

按公司所属行业性质为标准划分,公司可分为工业公司、商业公司、咨询服务公司、运输公司、建筑公司、房地产开发公司、金融和信托投资公司、保险公司,以及跨行业综合经营公司。这种公司分类方法是我国现在的行业管理制度的反映,也是我国公司实务中较为重要的一种分类。通过这种分类研究能较好地反映出我国的产业结构,为产业结构的调整、控制提供数据参考。

(八)按内部生产技术联系的区域分类

按公司内部生产技术联系的区域划分,公司可分为地区性公司、全国性公司和跨国公司。

地区性公司是在一定区域内,把生产技术和经营上有联系的经济单位联合起来的公司。这种公司一般都带有地方特色,主要是为了发挥区域的优势而组建的。

全国性公司是在全国范围内,把生产技术和经营上相同、相关和近似的经济单位联合起来而组建的公司。

跨国公司又称多国公司,是指以本国为基础,通过对外直接投资,在其他国家和地区设立分支机构或子公司,从事国际化生产和经营活动的国际垄断组织。跨国公司绝大多数是由一国的垄断资本建立的,也有极少数公司是由两个或更多国家的垄断资本联合建立的,它一般由母公司和分布在各国的一定数量的子公司组成。母公司是在本国政府登记的法人团

体。子公司受母公司领导,子公司的所有权由母公司掌握,并服从母公司的全球策略。跨国公司的活动相当大一部分在母公司与子公司之间进行。

思考与练习

1. 什么是现代企业制度？现代企业制度的基本特征有哪些？

2. 简述现代企业制度的内容。建立现代企业制度需要哪些配套措施？

3. 简述我国《公司法》规定设立有限责任公司应具备的条件。

4. 试述有限责任公司设立的程序。

5. 简述我国《公司法》规定设立股份有限公司应具备的条件。

6. 试述股份有限公司设立的程序。

第三章　现代企业经营战略

在现代企业经营活动中,企业不仅要研究当前如何生存的问题,还必须要研究未来如何发展的问题。

内容提要

由于企业的各种环境因素在剧烈地变化,企业的整体环境也处在瞬息万变之中。因此,企业战略已经成为现代企业经营管理的重要内容。本章介绍了企业战略的含义和特征,分析了战略管理过程,重点研究了企业总体战略和企业经营战略。

案例引导

福特汽车公司的战略选择

福特汽车公司是 1903 年由亨利·福特先生创办于美国底特律市。现在的福特汽车公司是世界上超级跨国公司,总部设在美国密歇根州迪尔伯恩市。1908 年福特汽车公司生产出世界上的第一辆属于普通百姓的汽车——T 型车,世界汽车工业革命就此开始。1913 年,福特汽车公司又开发出了世界上第一条流水线,福特先生为此被尊为"为世界装上轮子"的人。1999 年,《财富》杂志将他评为"二十世纪商业巨人",以表彰他和福特汽车公司对人类工业发展所做出的杰出贡献。

一、通过集中生产单一产品的早期的集中重点发展战略

在早期,福特公司的发展是通过不断改进它的单一产品—轿车。在 1908 年制造的 T 型轿车比以前所有的车型有相当大的改进。在它生产的第一年,就销售了 10000 辆。1927 年,T 型轿车开始将市场丢给了它的竞争对手。福特公司又推出了 A 型轿车,该型车流行于几种车体款式和富于变化的颜色。当 A 型轿车开始失去市场,输给它的竞争对手的时候,在 1932 年,福特汽车公司又推出了 V—8 型汽车。6 年后,在 1938 年,Mercury 型车成为福特汽车公司发展中档汽车市场的突破口。福特汽车公司也通过扩大地区范围进行发展。福特公司采用了同心多样化战略,在 1917 年,开始生产卡车和拖拉机,并且在 1922 年收购了林肯汽车公司。

二、纵向一体化战略

福特汽车公司的多样化生产集团是后向一体化战略的杰出实例。塑料生产部门—供应福特公司 30％的塑料需求量和 50％的乙烯需求量。福特玻璃生产部门—供给福特北美公司的轿车和卡车所需的全部玻璃,同时也向其他汽车制造商供应玻璃。电工和燃油处理部门—为福特公司供应点火器、交流发电机、小型电机、燃油输送器和其他部件。

三、福特新荷兰有限公司的同心多样化战略

在 1917 年,福特公司通过生产拖拉机开始了同心多样化战略。福特新荷兰有限公司现在是世界上最大的拖拉机和农用设备制造商之一,它于 1978 年 1 月 1 日成立。福特新荷兰有限公司是由福特公司的拖拉机业务和新荷兰有限公司联合组成的,后者是从 Sperry 公司收购来的农用设备制造商。福特新荷兰有限公司随后兼并了万能设备有限公司,它是北美最大的四轮驱动拖拉机制造商。这两项交易是福特公司通过收购实行它同心多样化战略的最好例证。

四、金融服务集团—跨行业的复合多样化战略

福特汽车信贷公司的成立初衷是向经销商和零售汽车顾客提供贷款,这可以说是实行同心多样化战略。不过,在 20 世纪 80 年代,福特公司利用这个部门积极从事复合多样化经营。在 1985 年它收购了国家第一金融有限公司,该公司涉及企业和商业设备融资,杠杆租赁融资,商业车队租赁,运输设备,公司融资和不动产融资。福特汽车土地开发有限公司是一个经营多样化产品的部门,也是跨行业多种经营的典型实例。到 1920 年,这个部门围绕着密歇根福特世界总部建立了 59 个商用建筑。由这个部门所拥有和由他管理的设备及土地的市场价值估计有十多亿美元。福特太空有限公司和赫兹有限公司也是复合多样化战略的良好典范。

五、调整战略

在发展历史上,福特公司曾经被迫实行了几次战略调整。在第二次世界大战后,福特公司以每月几百万美元的速度亏损。亨利·福特重组了公司并实行分权制,这使公司迅速恢复了元气。被许多美国公司采用的最富戏剧性的调整战略是由福特公司在 20 世纪 80 年代早期所完成的。从 1979 年到 1982 年,福特公司的利润亏损总额达 5.11 亿美元。销售额由 1978 年的 420 亿美元下降到 1981 年的 380 亿美元。福特公司陷入了严重的危机。亏损的原因之一是激烈的国际竞争。另一个亏损的原因是福特公司运营的方式,如新车的款式看起来跟许多年前一样;在部门之间很少沟通;管理层的工作状况很不如意;很少向上级部门传达情况等。

福特公司的管理层做了些什么来转变这种情况呢?首先,他们显著地减少了运营成本。在 1979 年到 1983 年期间,从运营支出中就节省了 4.5 亿美元。其次,质量成为头等大事。管理层也改变了福特公司设计小汽车的程序。以前,每一个工作单位是独立工作的。现在,设计、工程、装配等部门都在这个过程中一起协调工作。不过,福特公司实行的最重要的改变是一种新的企业文化。从首席执行官和总裁开始,改变了公司的优先秩序。一种新型管理风格建立起来了,该管理风格强调联合行动和在工作中所有雇员向着共同的目标的参与。在福特公司,人们建立起了更加亲密的关系,并且更加强调雇员、经销商和供应商之间的关系,呈现了一种新的集体工作精神。

六、放弃战略

多年来,福特公司多次被迫放弃它的某些经营单位。例如,在 1989 年 10 月,福特公司和一伙投资商签署了卖掉它的钢铁公司的谅解备忘录。福特之所以卖掉这家公司是因为不想支付实现其现代化的成本。据其估算,在这家公司实现现代化的几年中,每年的现代化费

用达 1 亿美元。福特公司做出的其他放弃决策包括：在 1987 年和 1986 年,分别把化工业务和漆料业务卖给了杜邦公司。

七、收购和合资经营战略

1989 年 11 月 2 日,福特公司以 25 亿美元收购了美洲豹私人有限公司,以作为消除它在汽车市场上的一个庞大对手的手段:即产品缺乏在豪华轿车市场上的竞争力。豪华类别的一些竞争轿车有丰田公司的凌志,本田阿库拉·传奇和宝马三个系列。在 1989 年,豪华轿车的销售额是 250 亿美元,预测到 1994 年能增长到 400 亿美元,这个增长速度比整个汽车市场的增长速度要大得多。福特公司把收购美洲豹轿车看做是进入美国和欧洲豪华轿车市场的机遇。

福特公司也采用了合资经营的战略—具有较重大意义的两项合资经营是和马自达及日产公司实现的。福特公司和马自达公司一起合作生产五种汽车。例如,在马自达生产车间生产的 Probe 汽车,外部和内部的设计由福特公司进行,细节性的工程技术由马自达公司完成。日产公司和福特公司正在合作开发前轮驱动的微型货车,福特公司将在俄亥俄州的卡车厂制造该车,并将由两个公司销售。在澳大利亚,福特公司的 Maverick 汽车是日产四轮驱动车的一种车型,它由福特公司的经销商销售,而日产公司经销商销售福特公司的 Falcon 客货两用车和运货车。

从这些例子中可以看出,福特公司采用了战略的组合。显而易见,公司采用了比在此所讨论的还要多的其他战略。不过,在这里介绍的战略实例说明了本章讨论的许多战略选择。

问题

福特公司是一个什么类型的企业？ 在它发展的不同阶段都采取了什么战略？

第一节　　战略管理概述

一、战略的起源

战略,原用于军事领域。在我国古代,“战”即战争、战斗,表示对抗双方的争斗,“略”即谋划,谋划出奇制胜的良策。在西方,“战略”一词源于希腊语“strategos”,后进而变为“stragia”。前者为“统帅”“将领”和“指挥官”,后者为“战役”“谋略”。从 19 世纪起,西方的战略理论逐渐形成不同派别。德国著名军事战略家毛奇说过:战略是一位统帅为达到赋予他的预定目的而对自己手中拿着的工具所进行的实际运用。无论东方、西方,“战略”总是起源于军事,意指“为将之道”,其本意是对战争全局的谋划和指导。

随着人类社会的发展,“战略”一词被引申到政治领域,作为各个政党、集团政策规定在一定时期内的全局性方针。包括政治斗争中预期达到的主要目标和为达到目标所做的力量部署、采取的手段等。随后“战略”这个词汇广泛出现在社会经济领域,特别是在 20 世纪 50年代以来,社会经济活动日益复杂,对全局性的、长远的发展方向和指导思想的研究显得越

来越重要,因而社会经济发展战略也逐步引起人们的重视。

企业战略是在第二次世界大战以后特别是 20 世纪 50 年代以后发展起来的。20 世纪 50 年代以后,社会形势发生了变化,社会经济的发展需要现代企业研究战略管理。进入 20 世纪 70 年代,随着战略理论的研究和管理实践的发展,美国的霍福尔与舒恩德尔两人率先提出了战略管理的概念,并建立了战略管理模式。

现代企业面临的问题是:企业规模不断扩大,管理层次越来越多,管理幅度也越来越大;企业的发展方向从专业为主向多元化经营转变;企业竞争从本土化、国内化过渡到国际化、全球化;企业面临的环境更加复杂多变,需求结构由增加消费转向生活质量的提高。

企业为了争夺市场和生存发展的需要,在经营管理中将眼光由短期目标转向长期目标;由日常生产经营的专业职能化经营管理转向综合的全局性决策和管理;将战略思想运用于现代企业经营管理当中,形成了企业战略的概念。

二、企业战略的含义与特性

(一)企业战略的含义

企业战略有广义和狭义之分。广义的企业战略包括企业的宗旨、企业的目标、企业的政策。广义的企业战略强调企业战略的计划性、全局性和整体性,所以也被称为战略的传统观念。

从狭义的角度看,企业战略仅仅是指企业实现其宗旨和一系列长期目标的基本方法和具体计划。企业战略的这一概念更强调企业对环境的适应性,突出了企业战略应变性、竞争性和风险性。所以,狭义的企业战略又被称为战略的现代观念。

因此,企业战略是指企业在确保实现企业使命的前提下,在充分分析各种环境机会和威胁的基础上,进一步规定企业拟从事的经营范围、成长方向和竞争策略,并据此合理地配置企业资源,从而使企业获得某种竞争优势的一种长远性的发展谋划。

(二)企业战略的特征

1. 全局性

企业战略管理以企业全局为研究对象,来确定企业的总体目标,规定企业的总体行动,追求企业发展的总体效果。战略目标和发展方向是一种原则性和总体性的规定,是对企业未来的一种粗线条、框架性设计,是指导整个企业生产经营活动的总谋划。

2. 长远性

企业战略既是企业谋求长远发展意愿的反映,也是企业规划未来较长时期生存与发展的设想。因此,企业战略管理要立足于现在,着眼于未来,谋求企业的长远利益,而不应仅仅追求眼前利益。管理者对未来的生存环境和自身状况应有足够的预见性。只有具有长远的预见性,企业战略才可能适应未来变化,才可能立于不败之地。

3. 竞争性

企业战略是直接与竞争对手和各种竞争压力相联系的。企业战略是企业在竞争中为战

胜竞争对手、迎接环境的挑战而制定的总体规划,主要研究在激烈的市场竞争中如何强化本企业的竞争力量,如何与竞争对手抗衡,以使得本企业立于不败之地。同时在对未来进行预测的基础上,为避开和减轻来自各方面的环境威胁,迎接未来的挑战制定行为规范。企业只有战胜了竞争对手,才可能获得生存和发展。

4. 稳定性

企业发展战略的全局性和长远性决定了经营战略的相对稳定性。经营战略必须具有相对稳定性,才会对企业的生产经营活动有指导作用。如果经营战略朝令夕改、变化无常,不仅难以保证战略目标和战略方案的具体落实,而且也失掉了战略的意义,还可能引起企业经营的混乱,给企业带来不应有的损失。

三、企业战略的层次结构

如果一个企业生产单一产品或者提供单一服务,那么它只需制定单一的战略计划。事实上,绝大多数企业的业务都是多元化的,分成多个事业部或者子企业,而且这些多元化企业都拥有多种职能部门,如生产设计和质量监督,这些部门为企业的所有业务提供支持。因此,往往需要开发三个层次的战略,即企业层战略、业务层战略和职能层战略。这三个层次的战略构成了企业的战略体系。

1. 企业层战略

企业层战略也称企业总体战略,是指导整个企业生产经营活动的总谋划。它可以分为增长型战略、稳定型战略和紧缩型战略三种形态。

2. 业务层战略

业务层战略也称企业经营战略,或者是分企业战略。这个层次的战略和主要内容是针对不断变化的外部环境,在各自经营的领域里有效地竞争。它要在企业总体战略的制约下,指导和管理具体经营单位的计划与行动。

3. 职能层战略

职能层战略是企业的各个职能部门为支持经营层战略而制定的战略。它主要解决的问题是如何使企业的不同职能部门,如市场营销、财务管理、研究与开发、人力资源、采购和生产等,能更好地为各级战略服务,从而提高企业的效率。职能层战略是针对范围较狭窄而又密切关联的活动而制定的。例如,市场营销战略包括产品策略、定价策略、分销渠道策略和促销策略等,财务管理战略包括编制预算、会计记账和筹资投资决策等。

企业层战略、业务层战略以及职能层战略构成了一个企业的战略层次,它们之间相互作用,紧密联系。如果企业或者企业整体想获得成功,必须将三者有机地结合起来。

四、企业战略管理过程

(一)企业战略管理的概念

企业战略管理,是指对企业战略进行设计、选择、控制和实施,直到达到企业战略总目标

的全过程。战略管理是涉及企业发展的全局性、长远性的重大课题,如企业的经营方向、市场开拓、产品开发、科技发展、机制改革、组织机构改组、重人技术改造和筹资融资等等。战略管理的决定权通常由总经理、厂长直接掌握。现代企业经营管理是在战略管理的指导下,有效利用企业资源,组织企业全体成员努力实现战略目标的全过程。

(二)企业战略管理的任务

企业战略管理过程主要是战略制定和战略实施的过程,包括五项相互联系的管理任务。

(1)提出企业的战略展望,明晰企业的未来业务和企业前进的目的地,从而为企业提出一个长期的发展方向,清晰地描绘企业将竭尽全力所要进入的事业,使整个企业对一切行动有一种明确的目标。

(2)建立目标体系,将企业的战略展望转换成企业要达到的具体业绩标准。

(3)制定战略所期望达到的效果。

(4)高效地实施和执行企业战略。

(5)评价企业的经营业绩,采取完整性措施,参照实际的经营事实、变化的经营环境、新的思维和新的机会,调整企业的战略展望、企业的长期发展方向、企业的目标体系,明确企业战略的执行。

(三)企业战略管理过程

从总体上看,战略管理过程包括战略制定、战略实施和战略评估三个阶段,将三个阶段进行分解,可得到七个步骤,如图 3-1 所示。

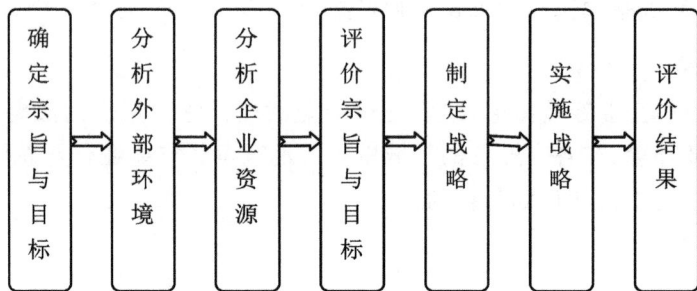

图 3-1　战略管理过程

1.确定企业当前的宗旨、目标

每个企业都有自己的宗旨或使命,它规定了企业的经营目的,也是企业经营哲学的一种体现。确定企业的宗旨与目标,可以促使管理层仔细研究企业的产品和服务范围。

2.分析外部环境,发现机会和威胁

环境是管理行动的主要制约因素,环境分析是战略管理过程的关键阶段。每个企业在进行战略管理时,必须分析企业外部环境,如了解消费者需求有何变化、市场上竞争对手的动向以及新出台的相关行政法规对企业有什么影响等等,这些都在很大程度上制约了管理层的选择。管理层需要根据自己所控制的资源,评估有哪些机会可以利用,以及企业可能面

临哪些威胁。

3.分析企业的资源,识别优势和劣势

任何企业的资源都是有限的,所以企业在利用外部环境机会之前,必须分析企业的资源与能力问题,必须使自身资源与外部机会达到优化组合,从而能够识别出什么是企业与众不同的竞争能力,也就是企业的优势。

4.重新评价企业的宗旨和目标

根据环境和企业资源分析,对企业的宗旨和目标进行再评价,看他们是否实事求是,是否需要调整。如果需要改变企业的宗旨和目标,战略管理的过程就要从头开始;如果不需要改变企业的宗旨和目标,管理层就应当着手制定战略。

5.制定战略

对企业的宗旨和目标重新评价后,接下来的工作就是如何实现战略目标。而要实现战略目标就得制定相应对策,即为实现战略目标应采取相应的措施和手段,从而使企业获得最有利的竞争优势,并使这种优势能长期保持下去。

6.实施战略

实施战略是战略管理十分重要的步骤,无论战略计划制定得多么有效,如果不付诸实施,或者实施不当,还是不能实现企业的宗旨和目标。战略实施要遵循三个原则:适度合理、统一指挥、权变。为贯彻实施战略,就要建立贯彻实施战略的企业机构,配置资源;建立内部支持系统,发挥好领导作用,使企业机构、企业文化均能与企业战略相匹配;处理好企业内部各方面的关系,动员全体员工投入到战略实施中来,以保证战略计划的实现。

7.评价结果

战略管理过程的最后一个步骤是评价结果,包括战略实施的效果怎么样,需要做哪些调整。这一阶段主要做以下工作:衡量实际绩效、将实际绩效与标准进行比较、评价战略实施结果。

五、企业战略目标

(一)企业战略目标的概念与特点

企业战略目标是对企业经营管理活动中预期取得的主要成果的期望值。战略目标的设定,同时也是企业宗旨的展开和具体化,是企业宗旨中确认的企业经营目的、社会使命的进一步阐明和界定,也是企业在既定的战略领域展开战略经营活动所要达到水平的具体规定。与其他目标相比,企业战略目标具有以下一些特点。

1.宏观性

战略目标是一种宏观目标,是对企业全局的一种总体设想,是从宏观角度对企业未来的一种较为理想的设定。它所提出的是企业整体发展的总任务和总需求;它所规定的是企业整体发展的根本方向。因此,人们所提出的企业战略目标总是高度概括的。

2. 长期性

战略目标是一种长期目标,它的着眼点是未来和长远。战略目标是关于未来的设想,它所设定的,是企业职工通过自己的长期努力奋斗而达到的对现实的一种根本性的改造。

3. 相对稳定性

战略目标既然是一种长期目标,那么它在其所规定的时间内就应该是相对稳定的。战略目标既然是总方向、总任务,那么它就应该是相对不变的。这样,企业职工的行动才会有一个明确的方向,大家对目标的实现才会树立起坚定的信念。当然,强调战略目标的稳定性并不排斥根据客观需要和情况的发展,对战略目标做必要的修正。

4. 全面性

战略目标是一种整体性要求。它虽着眼于未来,却没有抛弃现在;它虽着眼于全局,却又不排斥局部。科学的战略目标,总是对现实利益与长远利益、局部利益与整体利益的综合反映。科学的战略目标虽然总是概括的,但它对人们行动的要求,却又总是全面的,甚至是相对具体的。

5. 可分性

战略目标具有宏观性、全面性的特点,本身就说明它是可分的。战略目标作为一种总目标、总任务和总要求,总是可以分解成具体目标、具体任务和具体要求。这种分解既可以在空间上把总目标分解成一个方面又一个方面的具体目标和具体任务,又可以在时间上把长期目标分解成一个阶段又一个阶段的具体目标和具体任务。人们只有把战略目标分解,才能使其成为可操作的东西。可以这样说,因为战略目标是可分的,因此才是可实现的。

6. 可接受性

企业战略的实施和评价主要是通过企业内部人员和外部公众来实现的。因此,战略目标必须被他们理解并符合他们的利益。但是,不同的利益集团有着不同的,甚至是互相冲突的目标。因此,现代企业在制定战略时一定要注意协调。一般地,能反映企业使命和功能的战略易于为企业成员所接受。另外,企业的战略表述必须明确,有实际的含义,不至于产生误解。

7. 可检验性

为了对企业管理的活动进行准确地衡量,战略目标应该是具体的和可以检验的。目标的定量化,是使目标具有可检验性的最有效的方法。但是,由于许多目标难以数量化,时间跨度越长、战略层次越高的目标越具有模糊性。此时,应当用定性化的术语来表达所达到的程度,要求一方面明确战略目标实现的时间,另一方面必须详细说明工作的特点。

8. 可挑战性

目标本身是一种激励力量,特别是当企业目标充分地体现了企业成员的共同利益,使战略大目标和个人小目标很好地结合在一起的时候,就会极大地激发组织成员的工作热情和献身精神。

(二)企业战略目标的内容

在企业使命和企业准确定位的基础上,企业战略目标可以分为四大内容,即市场目标、

创新目标、盈利目标和社会目标。

1. 市场目标

一个企业在制定战略目标时,最重要的决策是企业在市场上的相对地位,它反映了企业的竞争地位,包括产品目标、价格目标、渠道目标和促销目标。

2. 创新目标

在环境变化加剧、市场竞争激烈的社会里,创新受到重视是必然的。创新作为企业的战略目标之一,是使企业获得生存和发展的动力源泉。在每一个企业中,基本上存在三种创新,即技术创新、制度创新和管理创新。

3. 盈利目标

这是企业的一个基本目标。作为企业生存和发展的必要条件和限制因素的利润,既是对企业经营成果的检验又是企业的风险报酬,也是整个企业乃至整个社会发展的资金来源。盈利目标的达成,取决于企业的资源配置效率及利用效率,包括人力资源、生产资源、资源的投入与产出目标。

4. 社会目标

现代企业越来越多地认识到自己对用户及社会的责任。一方面,企业必须对本企业造成的社会影响负责;另一方面,企业必须承担解决社会问题的相应责任。企业日益关心并注意良好的社会形象,既为自己的产品或服务赢得信誉,又促进企业本身获得认同。企业的社会目标反映企业对社会的贡献程度,如环境保护、节约能源,参与社会活动、支持社会福利事业和地区性建设等。

在实践中,由于企业性质的不同,企业发展阶段的不同,目标体系中的重点目标也大相径庭。同一层次的战略目标之间必然有优先导向目标。

第二节 企业战略环境分析

战略是在一定的环境下制定和实施的。审时度势才能做出正确的战略决策和完成有效的实施。环境分析包括宏观环境、行业环境和企业内部环境。

一、企业宏观环境分析

企业宏观环境是指那些来自企业外部并对企业战略产生影响、发生作用的所有不可控因素的总和。企业宏观环境分析可以大体概括为四类:政治环境、经济环境、社会环境和技术环境。

1. 政治环境

政治环境是指那些制约和影响企业的政治要素的总和。政治是一种十分重要的社会现象,政治因素及其运用状况是企业宏观环境中的重要组成部分。政治环境中对企业起决定、制约和影响作用的因素主要有:政治局势,政党、政治性团体和地方政府的方针政

策等。

此外,政治环境中也包括政府制定的一些法律、法规,它们也直接影响着某些商品的生产和销售,对企业的影响具有刚性约束的特征,主要有政府的政策和规定、税率和税法、企业法、关税、专利法、环保法、反垄断法、进出口政策、政府预算和货币政策等。比如在我国已经出台的经济法律、法规有:《中华人民共和国食品卫生法》《中华人民共和国烟草专卖法实施条例》《中华人民共和国药品管理法》《中华人民共和国经济合同法》《中华人民共和国专利法》和《中华人民共和国公司登记管理条例》等近 400 项。这些有关的经济法律、法规对市场消贷需求的形成和实现起着重要的调节作用。

2. 经济环境

经济环境是指构成企业生存和发展的社会经济状况及国家经济政策的多维动态系统。主要由社会经济结构、经济发展水平、经济体制和宏观经济政策四个要素构成。一个企业经营的成功与否在很大程度上取决于整个经济运行状况。对于经济环境的分析,关键是要考察以下几点:

(1)国民经济总体运行情况,即经济周期当前处于哪个阶段,国民生产总值的各项指标变动情况。

(2)某国或某地区的通货膨胀率、银行利率、外汇汇率等经济指标,这些是影响市场和消费水平的重要指标。

(3)经济体制、就业率、失业率、市场机制的完善程度、能源供给与成本等。

3. 社会环境

社会环境是指企业所处环境中诸多社会现象的集合。企业在保持一定发展水平的基础上,能否长期地获得高增长和高利润,取决于企业所处环境中的社会、文化和人口等方面的变化与企业的产品、服务、市场和所属顾客的相关程度。在社会环境中,社会阶层的形成和变动、社会中的权力结构、人们的生活方式和工作方式、社会风尚与民族构成、人口的地区流动性、人口年龄结构等方面的变化,都会影响社会对企业产品或劳务的需求。

社会环境中还包括一个重要的因素就是物质资源(物质环境)。社会生产离不开物质资源,无论生产创造的财富属于哪一个门类,其起始点都必定是物质资源。物质资源包括土地、森林、河流、海洋、生物、矿产、能源和水资源等自然资源以及环境保护、生态平衡等方面的发展变化对企业的影响。

4. 技术环境

技术环境是指一个国家和地区的技术水平、技术政策、新产品开发能力以及技术发展动向等。在衡量技术环境的诸多指标中,整个国家的研究开发经费总额、企业所在产业的研发支出状况、技术开发力量集中的焦点、知识产权与专利保护、实验室技术向市场转移的最新发展趋势、信息与自动化技术发展可能带来的生产率提高前景等,都可以作为关键战略要素进行分析。

二、企业行业环境分析

1. 行业性质

行业状况是企业需要面对的最直接、最重要的环境,也可以称为任务环境。企业首先要判断自己所处行业是否存在发展的机会,根据行业寿命周期来判断行业所处的发展阶段,进而判断该行业是朝阳产业还是夕阳产业。

行业的寿命周期是一个行业从出现直到完全退出社会经济领域所经历的时间。行业寿命周期主要包括四个阶段:导入期、成长期、成熟期和衰退期。行业寿命周期曲线的形状是由社会对该行业的产品需求状况决定的。行业是随着社会某种需求的产生而产生,又随着社会对这种需求的发展而发展,最后,当这种需求消失时,整个行业也就随之消失,行业的寿命即告终止。行业的寿命周期长则数百年,短则几十年。行业的寿命周期是在忽略产品型号、质量、规格等差异的基础上对行业整体发展水平予以考察和分析得出的。判断行业处于寿命周期的哪个阶段,可以用市场增长率、需求增长率、产品品种、竞争者数量、进入(或退出)行业的障碍、技术变革和客户购买行为等作为分析指标。

2. 行业能力分析

行业能力是指某个行业中每个竞争者所具有的能力的总和。行业能力分析主要是对行业规模结构和行业技术状况的分析。

(1)行业规模结构分析。行业规模结构分析是为弄清行业的发展与社会需求之间的关系,这对于确定企业的经营范围具有重要意义。进行行业规模结构分析的内容有:行业生产产品或提供服务的总量与社会需求之间的关系;行业产品结构与该产品发展趋势之间的关系;行业目前的实际生产能力与设计能力之间的关系;行业内规模能力悬殊型企业和规模能力均衡型企业各自所占的比重;本企业规模与行业规模的发展趋势之间的关系等。

(2)行业技术状况分析。在科学技术高速发展的当代,技术状况对行业发展的影响越来越重要,只有对行业技术状况进行全面的分析,才能正确地判断行业的发展前景和行业能力的发展水平。进行行业技术状况分析的内容有:行业目前的技术位于技术寿命周期的哪个阶段;行业的总体技术水平如何;行业技术的变化节奏如何;行业技术的发展方向是什么;本企业的技术水平在行业中处于什么地位等等。

3. 行业竞争结构分析

在某个具体的行业内,企业与企业之间的力量对比构成了行业竞争环境。一个行业的竞争激烈程度取决于行业内的经济结构,行业的经济结构状况又对竞争战略的制定和实施起制约作用。所以,要根据行业内影响企业竞争的经济力量及其发展变化来确定企业的竞争战略,进行良好的行业竞争结构分析是制定优秀的企业战略的基础。

行业竞争结构和竞争强度分析是在行业分析的基础上,进一步回答行业中竞争压力的来源和强度,进而做好对竞争的防范。在对行业中的竞争进行分析时,通常采用的方法是波特的五种竞争力模型,如图3-2所示。

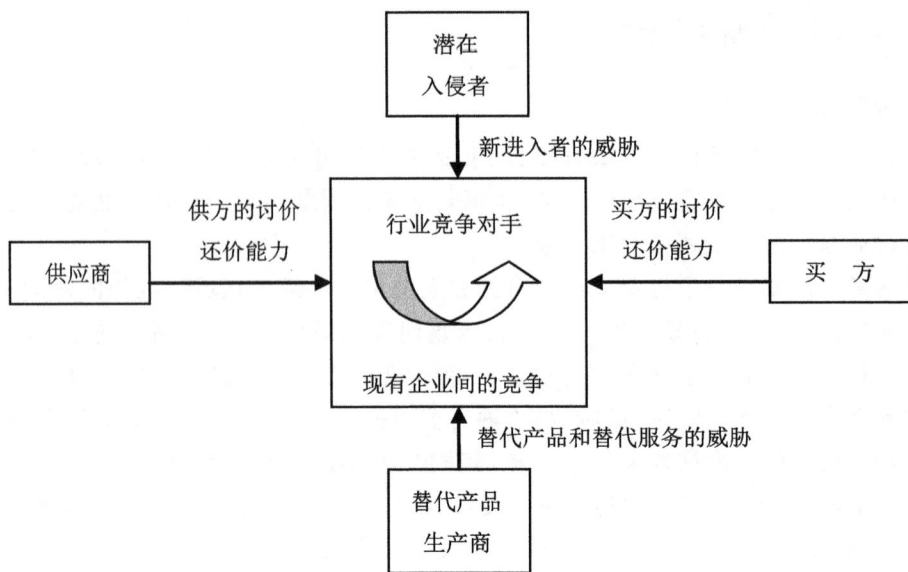

图 3-2　波特五种竞争力模型

（1）供应商的议价能力。供方主要通过其提高投入要素价格与降低单位价值质量的能力,来影响行业中现有企业的盈利能力与产品竞争力。供方力量的强弱主要取决于他们所提供给买主的是什么投入要素。当供方所提供的投入要素其价值构成了买主产品总成本的较大比例、对买主产品生产过程非常重要、或者严重影响买主产品的质量时,供方对于买主的潜在讨价还价力量就大大增强。一般来说,满足如下条件的供方集团会具有比较强的讨价还价力量:

①供方行业为一些具有比较稳固市场地位而不受市场激烈竞争困扰的企业所控制,其产品的买主很多,以至于每一单个买主都不可能成为供方的重要客户。

②供方各企业的产品各具特色,以至于买主难以转换或转换成本太高,或者很难找到可与供方企业产品相竞争的替代品。

③供方能够方便地实行前向联合或一体化,而买主难以进行后向联合或一体化。

（2）购买者的议价能力。购买者主要通过其压价与要求提供较高的产品或服务质量的能力,来影响行业中现有企业的盈利能力。一般来说,满足如下条件的购买者可能具有较强的讨价还价能力:

①购买者的总数较少,而每个购买者的购买量较大,占了卖方销售量的很大比例。

②卖方行业由大量相对来说规模较小的企业所组成。

③购买者所购买的基本上是一种标准化产品,同时向多个卖主购买产品在经济上也完全可行。

④购买者有能力实现后向一体化,而卖主不可能前向一体化。

（3）新进入者的威胁。新进入者在给行业带来新的生产能力、新的资源的同时,希望在已被现有企业瓜分完毕的市场中赢得一席之地。这就有可能会与现有企业发生原材料与市

场份额的竞争,最终导致行业中现有企业盈利水平降低,严重的还有可能危及这些企业的生存。竞争性进入所带来威胁的严重程度取决于两方面的因素,这就是进入新领域的障碍大小与预期现有企业对于进入者的反应情况。

进入障碍主要包括规模经济、产品差异、资本需要、转换成本、销售渠道开拓、政府行为与政策、自然资源和地理环境等方面,这其中有些障碍是很难借助复制或仿造的方式来突破的。预期现有企业对进入者的反应情况,主要是采取报复行动的可能性大小,则取决于有关厂商的财力情况、报复记录、固定资产规模、行业增长速度等。总之,新企业进入一个行业的可能性大小,取决于进入者主观估计进入所能带来的潜在利益、所需花费的代价与所要承担的风险这三者的相对大小情况。

(4)替代品的威胁。两个处于同行业或不同行业中的企业,可能会由于所生产的产品是互为替代品,从而在它们之间产生相互竞争行为,这种源自于替代品的竞争会以各种形式影响行业中现有企业的竞争战略。首先,现有企业产品售价以及获利潜力的提高,将由于存在着能被用户方便接受的替代品而受到限制;第二,由于替代品生产者的侵入,使得现有企业必须提高产品质量,或者通过降低成本来降低售价,或者使其产品具有特色,否则其销量与利润增长的目标就有可能受挫;第三,源自替代品生产者的竞争强度,受产品买主转换成本高低的影响。总之,替代品价格越低、质量越好,用户转换成本越低,其所能产生的竞争压力就强。而这种来自替代品生产者的竞争压力的强度,可以具体通过考察替代品销售增长率、替代品厂家生产能力与盈利扩张情况来加以描述。

(5)同业竞争者的竞争程度。大部分行业中的企业,相互之间的利益都是紧密联系在一起的。作为企业整体战略一部分的各企业竞争战略,其目标都在于使得自己的企业获得相对于竞争对手的优势。所以,在实施中就必然会产生冲突与对抗现象,这些冲突与对抗就构成了现有企业之间的竞争。现有企业之间的竞争常常表现在价格、广告、产品和售后服务等方面,其竞争强度与许多因素有关。

一般来说,出现下述情况将意味着行业中现有企业之间竞争的加剧,这就是:行业进入障碍较低,势均力敌竞争对手较多,竞争参与者范围广泛;市场趋于成熟,产品需求增长缓慢;竞争者企图采用降价等手段促销;竞争者提供几乎相同的产品或服务,用户转换成本很低;一个战略行动如果取得成功,其收入相当可观;行业外部实力强大的企业在接收了行业中实力薄弱企业后,发起进攻性行动,结果使得刚被接收的企业成为市场的主要竞争者;退出障碍较高,即退出竞争要比继续参与竞争代价更高。在这里,退出障碍主要受对经济、战略、感情以及社会政治关系等方面考虑的影响,具体包括:资产的专用性、退出的固定费用、战略上的相互牵制、情绪上的难以接受、政府和社会的各种限制等。

行业中的每一个企业或多或少都必须应对以上各种力量构成的威胁,而且必须面对行业中的每一个竞争者的举动而有所反应。除非认为正面交锋有必要而且有益处,例如要求得到很大的市场份额,否则企业可以通过设置进入壁垒,包括差异化和转换成本来保护自己。当一个企业确定了其优势和劣势时,则必须进行定位,以便因势利导,而不是被没预料到的环境因素变化所损害,如产品生命周期、行业增长速度等等。

三、企业内部环境分析

1. 企业内部环境概述

企业内部环境分析也就是企业内部条件分析,其目的在于掌握企业的内部条件的现状,找出影响企业战略形成与成败的关键因素,辨别企业的优势和劣势,适应环境的变化,创造和获得成功的机会,避免或减少可能遇到的风险。

企业内部环境因素,也称企业内部条件,是指构成企业内部生产经营过程的各种要素,并且体现为企业总体的经营能力,如企业的领导指挥能力、协调能力、应变能力、竞争能力、获利能力、开发创新能力等。企业内部环境因素是可控因素,可以经过努力,创造和提高企业能力;但也可能由于管理不善而失控和削弱。

2. 企业内部环境因素的分类

企业内部环境因素可从不同的角度分为两大类:

(1)按构成要素划分。可分为人、财、物、技术和信息等五个方面。

①人力资源因素。这是构成企业内部环境中最基本和最具活力的因素。它包括领导人员的素质、管理人员和工程技术人员的素质以及生产工人的素质。这些人员的素质包含人员的数量、质量,如人员的文化技术水平、学历、资历、经验等以及人员构成的状况,既包括个人的素质,也包括群体的素质。

②资金因素。它反映企业的财力状况,包括所拥有的资本金和公积金、资产负债状况、固定资产和营运资金的状况、企业信贷能力和筹资的能力等。

③物资因素。它包括两个方面:一是技术装备的素质。这是企业进行生产经营活动的技术基础,包括现有技术装备的数量、技术性能、技术先进程度、技术磨损程度以及它们之间的构成和配套状况、生产效率等等。二是劳动对象的素质。它包括各种主要原材料、关键零部件和配套件、燃力和动力类物资供应的来源和供应的质量,以及企业本身所拥有的资源状况。

④技术工艺因素。这是指企业人员所拥有的工艺技术方法,他们的技术水平和先进程度,以及拥有的专利、专有技术和配方等。

⑤信息因素。它包括企业所拥有的科技情报资料、技术档案、销售及用户的资料、市场信息等等,以及信息网络的构成状况。

(2)按能力划分。可分为经营管理能力、应变能力、竞争能力、创新开发能力、生产能力和销售能力等六个方面。

①经营管理能力,包括企业的领导能力、协同能力和内部的企业管理能力等,反映企业整个经营机制是否充满生机和活力。

②应变能力,是指产品能否适应市场需求变化的能力,包括多角化经营,产品多样化,产品的质量、价格、信誉、产品寿命周期等等。

③竞争能力,是指同竞争对手相比较所处的优势和劣势。如市场占有率,产品、成本、服务、销售渠道是否具有比竞争对手更为优越的地位和特色。

④创新开发能力,是指开发新产品,采用新技术、新工艺的能力和所拥有的条件,如新产品开发的数量、质量和速度,投入市场的时机,新技术采用的程度以及科技开发人员、机构及装备水平等。

⑤生产能力,包括原有设计的生产规模、生产率、生产技术条件以及可能采取变更生产能力的策略等等。

⑥销售能力,包括销售网络、销售人员的数量和质量、储运能力、信息反馈以及所应用的促销策略,反映企业是否具有较强大的营销力量。

四、企业战略的 SWOT 分析

SWOT 分析又称为态势分析法,它是由旧金山大学的管理学教授于 20 世纪 80 年代初提出的。SWOT 分析法就是系统地确认企业所面临的优势 S(Strengths)和劣势 W(Weakness)、机会 O(Opportunities)和威胁 T(Threats),从而将公司内部资源外部环境与企业战略结合起来,据此构思、评价和选择企业战略方案,并提出企业战略的一种有效方法。SWOT 方法的优点在于考虑问题全面,是一种系统思维,常常被用于制定企业集团发展战略和分析竞争对手情况。在战略分析中,它是最常用的方法之一。SWOT 分析模型如图 3-3 所示。

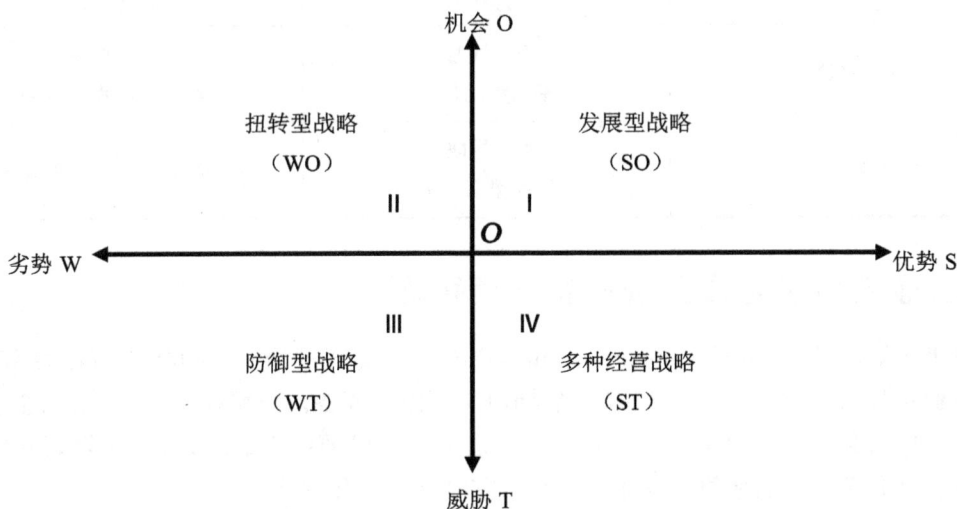

图 3-3　SWOT 分析模型

进行 SWOT 分析时,主要有以下几个方面的内容。

1.分析环境因素

运用各种调查研究方法,分析出企业所处的各种环境因素,即外部环境因素和内部能力因素。外部环境因素包括机会因素和威胁因素,它们是外部环境对企业的发展直接有影响的有利和不利因素,属于客观因素;内部环境因素包括优势因素和弱势因素,它们是企业在其发展中自身存在的积极和消极因素,属主动因素,在调查分析这些因素时,不仅要考虑到历史与现状,而且更要考虑未来发展问题。

优势,是企业机构的内部因素,具体包括:有利的竞争态势,充足的财政来源,良好的企业形象,技术力量,规模经济,产品质量,市场份额,成本优势,广告攻势等。

劣势,也是企业机构的内部因素,具体包括:设备老化,管理混乱,缺少关键技术,研究开发落后,资金短缺,经营不善,产品积压,竞争力差等。

机会,是企业机构的外部因素,具体包括:新产品,新市场,新需求,外国市场壁垒解除,竞争对手失误等。

威胁,也是企业机构的外部因素,具体包括:新的竞争对手,替代产品增多,市场紧缩,行业政策变化,经济衰退,客户偏好改变,突发事件等。

2.构造 SWOT 矩阵

在完成环境因素分析和 SWOT 矩阵的构造后,便可以制订出相应的行动计划。制订计划的基本思路是:发挥优势因素,克服弱势因素,利用机会因素,化解威胁因素;考虑过去,立足当前,着眼未来。运用系统分析的综合分析方法,将排列与考虑的各种环境因素相互匹配起来加以组合,得出一系列企业未来发展的可选择对策,如表 3-1 所示。

表 3-1 SWOT 组合分析法

	优势(S)	劣势(W)
机会(O)	SO 战略 发挥优势利用机会	WO 战略 利用机会克服弱点
威胁(T)	ST 战略 利用优势回避威胁	WT 战略减小弱点回避威胁

五、企业业务组合分析—波士顿矩阵

波士顿矩阵(Boston Consulting Group,BCG),又称市场增长—市场占有率矩阵,或成长—份额矩阵,它是在 20 世纪 60 年代后期由美国波士顿咨询公司提出的,后来在企业营销战略规划中得到了广泛的应用和发展。它特别适用于多种经营的大公司,在规划其多种业务时分析其各种业务的地位及其相互关系。其具体图形如图 3-4 所示。

1.波士顿矩阵法的前提

波士顿矩阵法的前提是建立战略业务单位。一般地,战略业务单位应具备以下三个特征:①是一项独立的业务,或是相关业务的集合体,计划工作能与公司其他业务分开;②具有自己的竞争者;③有一位专职经理,负责战略计划和利润业绩考核。

2.波士顿矩阵图的绘制

以 BCG 市场的需求增长率和市场相对占有率为坐标,分析企业现行各业务在所在行业的地位和发展潜力,并从相关角度分析各项业务对企业发展的贡献程度。考察企业目前业务结构及其变动趋势的合理性,从而对未来的业务组合做必要调整。战略的一项基本任务是配置企业的资源。BCG 为分析企业各业务的市场特点提供了方法,分析的结果则是企业

确定资源投向的依据。图 3-4 中纵坐标为市场需求增长率,从 0～20％,10％以上为高增长率。具体操作时尺寸可大可小,需根据不同行业的特征决定。市场增长率根据历史资料计算。市场增长率所代表的是某项业务所处的行业在市场上的吸引力,它与该公司该业务所处的地位无关。横坐标为相对市场占有率,表示企业该项业务的市场份额与市场最大竞争者的市场份额之比。

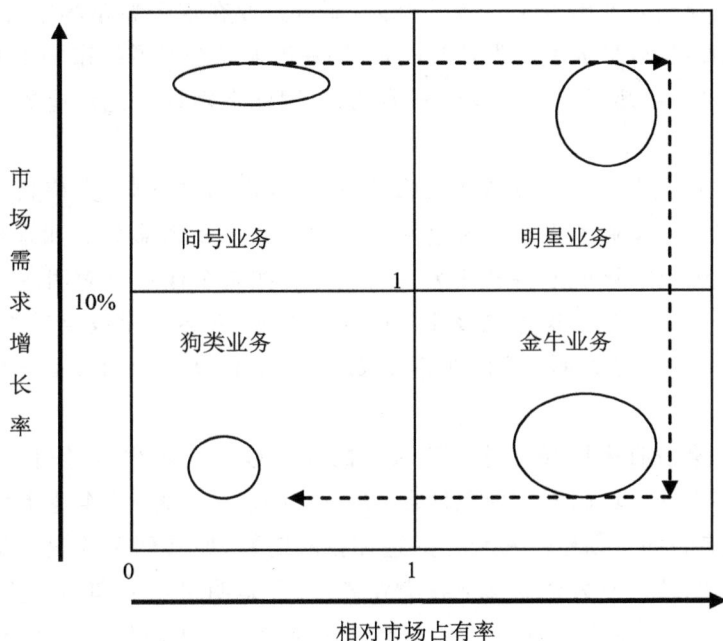

图 3-4　波士顿矩阵(BCG)

由于一个市场上参与竞争的企业很多,直接计算一个企业某项业务的市场占有率是比较困难的,因为它需要收集大量的资料。用相对市场占有率来代表企业某项业务的市场地位,实施比较可行。市场相对占有率用倍数而不以百分数表示。其计算如下:

1 为相对市场份额,表明该项业务的销售额仅为市场领导者市场份额的10％;10 的相对市场份额则表示该项业务在市场上是领先者,并且是居市场第二位企业销售量的10 倍。以1.0 为分界,大于1.0 为相对高份额,因为此时本企业该项业务的销售额超过了最大竞争对手;小于1.0 则为相对低份额。

在波士顿矩阵(BCG)中第三个参数是各项业务的销售收入规模,它以圆圈的面积来表示,说明该业务在公司所有业务中的相对低位和对公司的贡献。用来说明各项业务对公司的贡献的指标不只是销售额,其他的指标如利润额等也可以起类似的作用。但该企业和竞争对手的准确的销售额数据往往是现成的,而要取得竞争对手的利润资料确实很困难,因此,销售额是常用指标。

3.波士顿矩阵的分析

BCG 由四个区域组成,不同区域内业务具有不同的市场性质。

(1)高增长—高占有率的区域。该区域中的业务被称为明星业务,具有市场发展迅速,企业市场占有率最高的特点(图 3-4 中右上角区域)。明星业务是企业业务组合矩阵中最具有长期发展机会和获利能力的业务,代表企业的前景。明星业务中,目前经营较成熟的那些业务所需要的资源追加量较少,甚至能自我提供发展用资源,因此不需要从其他业务部分筹集资源。但是,明星业务中较年轻的那些业务,从目前的销售情况看,他们的销售量可能并不大,但市场已明显地表现出未来发展的潜力,而且企业在这个新市场中处于领先地位,它们需要大量的投资,用以扩大生产设备规模,维持并扩大其在发展的市场中的主导地位。而他们所需的投资量一般超过了其自身的积累能力,因此在短期内他们应成为企业资源的优先使用者。

对明星业务,企业需要采用发展性战略,以扩大其市场占有率,支持其进一步发展。当市场发展率降低后,明星业务将转变为金牛业务,成为企业的现金源。如果企业不能维持明星业务的相对市场份额,该业务将转化为狗类业务。如果企业过早对明星业务的主导地位进行资本化,如采用高价政策来榨取该业务的获利能力,就会加速该业务的寿命发展过程,提前恶化其市场地位。明星业务的发展趋势取决于是否能从企业内部或外部取得所需的扩展资源。

(2)低增长—高占有率区域。这一区域中的业务被称为金牛业务(图 3-4 的右下角区域)。金牛业务所在的市场已进入成熟阶段,因而发展速度较低,但企业市场上的占有率较高。金牛业务较有力的市场地位和较低的追加投资需要,使其创造的现金量高于自身对现金的需要量。因此,他们能为企业其他各类业务(主要是明星业务和问号业务)的发展提供所需的财力资源。金牛业务曾是企业过去的明星业务,现在仍是企业业务组合中的基础部分。

对实力不同的金牛业务应该采取不同的态度:对较弱的金牛业务,即市场发展已到尽头,或企业的市场地位在逐渐衰弱的金牛业务(处于该区域的左下方),企业应采取榨取性战略,争取在较短的时间内尽量多地获取该业务能提供的收益,逐渐退出该业务;对于金牛业务中较强的那些业务,即市场刚刚开始饱和,企业在市场上处于支配地位的金牛业务(处于该区域的右上方),企业应采取维持性战略,有效利用这些业务提供的过剩资源发展其他的业务能力。

(3)低增长—低份额区域。属于这一区域中的业务被称为狗类业务(图 3-4 左下角区域)。狗类业务所处市场已经饱和,因而竞争激烈,产业平均利润率很低。从内部能力来看,狗类业务由于成本高或是质量差,或是促销工作不尽如人意等原因,造成在市场中的竞争地位较弱。在 20 世纪 70 年代之前,战略管理人员一直认为狗类业务是没有价值的,企业应该尽快退出狗类业务。但进入 70 年代后,人们对狗类业务的认识发生了变化。这是因为许多国家先后出现了整个经济发展速度降低、高通货膨胀、消费方式迅速变化等状况,导致许多业务进入狗类业务,这样大范围的退出会引起经济的迅速衰退。另外,一些企业也确实在狗类业务中取得了成功。

狗类业务应该分为两类:第一类狗类业务距市场领导地位的竞争对手比较接近,内部

管理也比较好,在市场平衡状态较稳定时,可以同时采取维持性战略和榨取式战略,使其在一段时间内成为企业可靠的资源提供者。当然,其资源供应能力一般不如金牛业务。对这部分的管理重点是缩小业务范围,强调高质量和低价格,进行成本控制或削减广告开支等。第二类狗类业务所处的竞争地位很弱,易受到对手的直接打击,而且没有机会开发其他细分市场。在对企业其他业务的正常运行不产生威胁的情况下,企业对这类业务应同时采取榨取性战略和撤退性战略,尽快地从业务中抽回资源,以满足其他业务对资源的需要。

(4)高增长率—低占有率的区域。处于该区域的业务被称为问号业务(图 3-4 左上角区域)。问号业务所面临的市场发展率较高,所以有可能成为能为企业做出贡献的业务。但是问号业务目前的市场占有率较低,因此获利能力不明确,先进创造力较低。然而,市场发展率高的业务获得市场份额的可能性比市场发展率低的业务一般要高些。为了扩大问号业务的市场占有率,需要进一步投入资金。从整个企业看,找出那些通过追加资源的支持便能提高市场占有率,从而发展成为明星业务的问号业务(处于该区域右上方的区域)具有重要意义。如果经过分析,发现问号业务不可能进一步发展成为明星业务(处于该区域左下方的业务),企业就有必要采取撤退性战略,退出这些产业,重新分配资源,以形成更有效的业务组合。必须注意的是,企业对需要现金支持的问号业务量应有所控制,因为问号业务转变为明星业务不仅需要有现金的支持,还需要业务具有一定的竞争力,拥有能满足市场要求的产品、足够的合格职工等。

六、价值链分析

价值链分析原理是由美国哈佛商学院著名战略管理专家波特提出的。他认为企业每项生产经营活动都是其创造价值的经济活动,企业所有的互不相同但互相联系的生产经营活动,便构成了创造价值的一个动态过程,即价值链。

价值链反映出企业生产经营活动的历史、重点、战略以及实施战略的发展,还有生产经营活动本身所体现的经济学观念。更具体地说,如果企业所创造的价值超过其成本,企业便有盈利;如果盈利超过竞争对手的话,企业便有更多的价值优势。

企业的生产经营活动可以分成主体活动和支持活动两大类。主体活动是指生产经营的实质性活动,一般可以分为原料供应、生产加工、成品储运、市场营销和销售服务五种活动,这些活动与商品实体的加工流转直接相关,是企业的基本增值活动;支持活动是用以支持主体活动而且内部之间又相互支持的活动,包括企业投入的采购管理、技术开发、人力资源管理和企业基础结构。

采购管理、技术开发、人力资源管理是三种支持活动,既支持整个价值链的活动,又分别与每项具体的主体活动有着紧密的联系。企业的基本职能活动支持整个价值链的运行,而不与每项主体直接发生联系。企业要分析自己的内部条件,判断由此产生的竞争优势,首先要确定自己的价值活动,然后识别价值活动的类型,最后构成具有自身特色的价值链。

第三节　企业总体战略

一、企业增长型战略

企业增长型战略是指企业扩大原有主要经营领域的规模,或向新的经营领域开拓的战略。其核心是,通过企业竞争优势谋求企业的发展和壮大。增长型战略是一种使企业在现有的战略基础水平上,向更高一级的目标发展的战略。它是以发展作为战略的核心内容,引导企业不断地开发新产品、开拓新市场、采用新的生产方式和管理方式,以便扩大企业的生产规模,提高其竞争地位。

1. 密集型增长战略

密集型增长是指企业在现有业务领域里充分利用在产品和市场方面的潜力来求得成长发展,制定发展战略。制定战略时,首先应审视一下,现有产品和市场是否还有可开发的机会。主要有以下三种形式:

(1)市场渗透。市场渗透是指企业在现有的市场上扩大现有产品的销路,促进企业的发展。办法主要有三个:①千方百计使现有顾客增加购买数量,如增设销售网点、拓宽销售渠道等。②夺走竞争对手的顾客,这就要求自己的产品质量好,价格便宜,服务周到,以及广告做得好等。③努力发掘潜在的顾客,如采取各种促销活动,激发他们购买产品的兴趣。

这需要企业在现有产品的质量、价格、包装、服务、品牌、商标等方面下工夫,提高企业信誉,并有效地运用各种促销手段,刺激需求,从而求得发展。虽然市场渗透可能给企业带来增加市场份额的机会,但能否采取这一战略不仅取决于企业的相对竞争地位,也取决于市场的特性。

(2)市场开发。市场开发是指用现有产品去开发新市场,从而增加销售额。市场开发包括进入新的细分市场,为产品开发新的用途,或者将产品推广到新的地理区域等。

能否采取市场开发战略来获得增长,不仅与所涉及的市场特征有关,而且与产品的技术特性有关。在资本密集型行业,企业往往有专业化程度很高的固定资产和有关的服务技术,但这些资产和技术很难用来转产其他产品,在这种情况下企业有特色的核心能力主要来源于产品,而不是市场。因而,不断地通过市场开发来挖掘产品的潜力就是企业首选的方案。一些拥有技术诀窍和特殊生产配方的企业也比较适合采用市场开发战略,如"可口可乐""百事可乐"以及"肯德基"等。

(3)产品开发。产品开发是指企业向现有市场提供新产品,满足现有顾客的潜在需求,增加销售额。这就要求增加产品的规格、式样,使产品具有新的功能和用途等,以满足目标顾客不断变化的要求。

一般说来,技术和生产导向型的企业更乐于通过产品开发来寻求增长,这些企业或者具有较强的研究和开发能力,或者其市场开拓能力较弱。但无论出于何种原因,一旦产品开发获得成功,往往可以给企业带来较丰厚的利润。

　　然而，成功地进行产品开发并非易事，它往往伴有很高的投资风险。有研究表明，新产品开发的失败率：消费品约为40％，工业品为20％，服务为18％。新产品开发失败的原因固然很多，如市场环境的急剧变化，新技术的出现，以及国际上发生重大政治事件等，但企业在整个开发过程中没有坚持正确的路线和原则也是非常重要的原因。

　　2.一体化增长战略

　　一体化增长战略是指企业充分利用自己在产品、技术、市场上的优势，根据物资流动的方向，使企业不断地向深度和广度发展的一种战略。根据这种战略，企业把自己的经营活动伸展到供、产、销不同环节，而使自身得到发展，从而拓展业务，扩大规模。一体化包括三种形式：

　　（1）后向一体化战略。后向一体化战略是一种按销、产、供为序实现一体化经营而获得增长的策略。它是指企业产品在市场上拥有明显的优势，可以继续扩大生产，打开销路，但是由于协作供应企业的材料、外购供应跟不上或成本过高，影响企业的进一步发展。在这种情况下，企业可以依靠自己的力量，扩大经营规模，由自己来生产材料或配套零部件，也可以向后兼并供应商或与供应商合资兴办企业，组成联合体，统一规划和发展。例如，一家服装店过去一直从服装厂进货，现在决定兼并一个服装加工厂；一家钢铁企业过去一直购买铁矿石，现在决定自购矿山，自行开采等，这都是实行后向一体化策略。

　　（2）前向一体化战略。前向一体化战略，从物资的移动角度看，就是朝与后向一体化相反的方向发展，即按供、产、销的顺序实现一体化经营，使企业得到发展。一般是指生产原材料或半成品的企业，根据市场需要和生产技术可能的条件，充分利用自己在原材料、半成品上的优势和潜力，决定由企业自己制造成品或与成品企业合并，组建经济联合体，以促进企业的不断成长和发展。例如，一个过去只生产原油的油田现在决定开办炼油厂；一家大型养鸡场决定自办鸡肉销售店等，这都是实行前向一体化策略。

　　（3）水平一体化战略。水平一体化战略是指企业以兼并处于同一生产经营阶段的企业或与同类企业进行合资经营，以促进企业实现更高程度的规模经济和迅速发展的一种战略。例如，日本资生堂与北京日用化学四厂合资生产化妆品就属于这种形式。

　　3.多样化增长战略

　　多样化经营又叫多元化经营或多角化经营，是指企业通过增加产品种类，跨行业生产经营多种产品和业务，扩大企业的生产范围和市场范围，以实现企业业务的增长。主要有以下几种形式：

　　（1）同心多样化增长战略。同心多样化增长战略是指以企业现有的设备和技术能力为基础，开发新产品，增加产品的门类和品种，犹如从同一圆心向外扩大业务范围，以寻求新的增长。例如，一家生产收音机的无线电厂，决定利用现有的设备和技术增加收录音机、电视机的生产。美国先锋电子企业在1984年即采用这种战略，他们先后生产出家庭音响设备、激光唱片、激光音响、电话录音和自动回答机、收录机、双向有线电视机等家庭电子产品。随后，日本的索尼企业、夏普企业、松下电器企业等也都采取了这种战略。

　　这种多样化经营有利于企业充分利用生产技术、原材料、生产设备的类似性，获得生产

技术上的协同效果,风险比较小,易于取得成功。这种战略的缺点是:由于新产品在销售渠道、促销等方面与原产品有所不同,在营销竞争中有时会处于不利地位。

(2)水平多样化增长战略。水平多样化增长战略即企业针对现有市场(顾客)的其他需要,增添新的物质技术力量开发新产品,以扩大业务经营范围,寻求新的增长。这就意味着,企业向现有产品的顾客提供他们所需要的其他产品。例如,一家农机制造企业,是为农民的农业生产服务的,现在决定增设一个化肥厂,实行跨行业经营,但仍然是为农民的农业生产服务;以生产运动饮料知名的健力宝集团利用其在体育界和爱好运动的消费者中的影响,邀请退役的"体操王子"李宁加盟,建立了李宁体育用品企业,生产和销售包括运动服等在内的一系列体育用品,开辟了全新的领域。

实行这种多样化经营,可以利用原来的分销渠道、促销方法、企业形象及知名度等方面的优势,在市场营销方面获得协同作战的效果。但使用这种战略的企业应具有相当实力,因为在不同产品之间存在研究开发、原材料、生产技术、生产设备等方面的差异,不易适应环境的变化,有一定风险。

(3)集团式多样化增长战略。集团式多样化增长战略是指企业通过投资或兼并等形式,把经营范围扩展到多个新兴部门或其他部门,组成混合型企业集团,开展与现有技术、现有产品、现有市场无联系的多样化经营活动,以寻求新的增长机会。如美国通用汽车企业除主要从事汽车产品生产外,还生产电冰箱、洗衣机、飞机发动机、潜水艇、洲际导弹等;柯达照相器材企业除生产照相器材外,还兼营医疗设备、录像器材、动物饲料、抗衰老产品等;美国国际电话电报企业,主营业务原是电话电报,但它却收购了一家庞大的旅馆集团。这种战略通常适合于规模庞大、资金雄厚、市场开拓能力强的大型企业。发达国家的许多大企业,如美国的通用汽车企业、通用电气企业、杜邦企业、AT&T 企业和柯达企业,日本的三菱商社、三井物产、伊藤忠商社和住友商社等等,早就开始实行多样化经营。

集团式多样化增长战略的优点是:通过向不同的行业渗透和向不同的市场提供服务,可以分散企业经营的风险,增加利润,使企业更加稳定地发展;有利于企业迅速地利用各种市场机会,逐步向具有更大市场潜力的行业转移,从而提高企业的应变能力;有利于发挥企业的优势,综合利用各种资源。

二、企业稳定型战略

1. 稳定型战略的概念

稳定型战略是在企业的内外部环境约束下,企业准备在战略规划期使企业的资源分配和经营状况基本保持在目前状态和水平上的战略。即企业通过投入少量或中等程度的资源,维持现有生产规模,维持现有的销售额和市场占有率,保持现有的竞争地位。其特点是:巩固成果,维持现状;经营安全,不冒太大的风险;企业采用各种措施来防御竞争对手,但不主动出击。

稳定型战略的优点:采用稳定型战略时,企业的经营风险相对较小;由于经营主要与过去大致相同,因而能避免因改变战略而改变资源分配的困难;同时也能给企业一个较好的修

正期,使企业集聚更多的能量,避免因发展过快而导致的弊端。但是实施稳定型战略是以企业的内外部环境相对稳定为前提的,一旦环境发生变化,而企业没有准确预测的话,会承担很大风险;另外该战略的实施也容易使企业的风险意识减弱,甚至惧怕和回避风险,这也同样会影响企业的经营活动。

采取稳定型战略的企业,一般处在市场需求及行业结构稳定或者较小动荡的外部环境中,因而企业所面临的竞争挑战和发展机会都会相对较少。但是,在市场需求以较大幅度增长或是外部环境提供了较多发展机遇的情况下,有些企业也会采取稳定型战略。这些企业一般来说是由于资源状况不足以使其抓住新的发展机会,而不得不采用相对保守的稳定战略。

2. 稳定型战略的类型

(1)无变化战略。实行这种战略的企业不进行重大的战略调整,保持原有的战略不变,可能基于以下两个原因:一是企业过去的经营相当成功,并且企业内外环境没有发生重大的变化。二是企业并不存在重大的经营问题或隐患,因而企业战略管理者没有必要进行战略调整,或者避免由于战略调整给企业带来利益分配和资源分配的困难。采用这种战略的企业除了每年按通货膨胀率调整其目标以外,其他都暂时保持不变。

(2)维持利润战略。维持利润战略是指维持过去的经营状况和效益,实现稳定发展。这是一种以牺牲企业未来发展维持目前利润的战略。维持利润战略注重短期效果而忽略长期利益,其根本意图是渡过暂时性的难关,因而往往在经济形势不太景气时被采用。但如果用得不当,维持利润战略可能会使企业的元气受到伤害,影响长期发展。例如,美国铁路行业在 20 世纪 60 年代处于十分困难的状况,许多铁路企业通过减少铁路维修和保养来减少开支,实行稳定型战略,维持分红。然而不幸的是,这一困难时期延续到了 20 世纪 70 年代,铁路的状况愈加恶化,最终使得这些铁路企业的经营受到了影响。

(3)暂停战略。暂停战略是指在一段时期内降低企业的目标和发展速度。例如,在采用并购发展的企业中,往往会在新收购的企业尚未与原来的企业很好地融合在一起时,先采用一段时间的暂停战略,以便有充分的时间重新实现资源的优化配置。在一段较长时间的快速发展后,企业有可能会遇到一些问题使得效率下降,这时就可采用暂停战略。从这一点来说,暂停战略具有让企业积累能量,为今后的发展做准备的功能。

(4)谨慎实施战略。谨慎实施战略是指企业对某一战略决策有意识地降低实施进度,步步为营,保持经营的稳定性。如果企业外部环境中的某一重要因素难以预测或变化趋势不明显,如某些受国家政策影响比较严重的行业中的企业,在面临国家的一项可能的法规公布之前,就很有必要采用谨慎实施战略,一步步稳固地向前发展,而不是不问青红皂白地大干快上,置未来政策于不顾。实施这种战略可以降低经营风险,使企业持续、稳定地向前发展。

三、企业紧缩型战略

1. 紧缩型战略的概念

随着企业经营环境的不断变化,原本有利的环境在经过一段时间后会变得不那么有吸引力了,原来能容纳许多企业发展的产业会因进入衰退阶段而无法为所有企业提供最低的

经营报酬，或是企业为了进入某个新业务领域需要大量的投资和资源的转移，以及当企业处在一种十分险恶的经营环境之中，或者由于决策失误等原因造成经营状况不佳时，企业不得不面对现实，减少经营领域，缩小经营范围，关闭亏损的工厂，紧缩财务开支。这时就需要采用紧缩型战略来维持企业的生产经营活动。

紧缩型战略是指企业从目前的战略经营领域和基础水平撤退和收缩，且偏离战略起点较大的一种经营战略。紧缩型战略能帮助企业在外部环境恶劣的情况下，节约开支和费用，能在企业经营不善的情况下最大限度地降低损失；能帮助企业更好地实行资产的最优组合。但紧缩型战略也有可能为企业带来一些不利之处。如实行紧缩战略的尺度较难把握，若操作有误可能会扼杀具有发展前途的业务和市场，使企业总体利益受到伤害；此外，由于紧缩战略常常引起不同程度的裁员和减薪，因此，实施紧缩战略会引起企业内部人员的不满，从而引起员工情绪的低落。这些紧缩战略潜在的弊端往往较难避免，在实施过程中应加以考虑。

2. 紧缩型战略的类别

根据紧缩的方式和程度不同，紧缩型战略又可以分为以下几种类型：抽资转向战略、放弃战略、依附战略和清算战略。

（1）抽资转向战略。抽资转向战略是企业在现有的经营领域不能维持原有的产销规模和市场面，不得不采取缩小产销规模和市场占有率，或者企业在存在新的更好的发展机遇的情况下，对原有的业务领域进行压缩投资、控制成本，以改善现金流为其他业务领域提供资金的战略方案。另外，在企业财务状况下降时也有必要采取抽资转向战略，这一般发生在物价上涨导致成本上升或需求降低使财务周转不灵的情况下。因此，企业通常采取调整企业产品、降低成本和投资、减少资产、加速收回企业资产等措施。

抽资转向战略会使企业经营主方向转移，有时会涉及经营的基本宗旨的变化，其成功的关键是管理者要有明晰的战略管理概念，即必须决断是对现存的企业业务给予关注还是重新确定企业的基本宗旨。

（2）放弃战略。放弃战略是指将企业的一个或几个主要部门转让、出售或者停止经营。这个部门可以是一个经营单位、一条生产线或者一个事业部。由于放弃战略的目的是要找到肯出高于企业固定资产时价的买主，所以企业管理人员应说服买主，认识到购买企业所获得的技术或资源，能使对方利润增加。

采用放弃战略是一件痛苦的事情，也是一个非常困难的决策，有许多问题需要认真思考：①技术或经济结构上的问题，即一个企业的技术特征及其固定和流动资本妨碍其退出。例如，卖掉某个下属单位，就会影响企业技术上的成套性和经济结构的合理性，对生产经营不利。②企业战略上的问题，即企业内部各单位之间的紧密联系和战略依存关系，可能不允许放弃某个经营单位。③管理上的问题。例如，企业管理人员往往会对放弃战略持反对意见，因为这对他们可能会有威胁。

为了解决好上述问题，企业负责人就要选好、选准拟放弃的单位，使对企业技术、经济、战略上的负面影响减少到最低限度；改进工资奖励制度，使之不与放弃方案相冲突；还要同

放弃单位的购买者充分协商,妥善安排该单位员工及管理者,使他们能各得其所。

（3）依附战略。当企业处于困境又想维持自身的生存时,有一种办法就是去寻找一个较大的用户,成为用户的依附者,用以维持企业的生存,这就是依附战略。在20世纪80年代,美国的汽车零部件和电子元器件的生产厂商（一般都是小型企业）经受不住经济衰退的冲击,就纷纷采取此战略,投靠到大汽车企业和电子装置企业的门下。这些依附者本身还是独立存在的,但已同其依附的用户签约,规定将其产品的绝大部分供应给他们,在生产技术上也接受他们的指导和监督。

我国鼓励优势企业兼并劣势企业。有些劣势企业被兼并后仍然继续存在,只不过成为优势企业的下属战略经营单位或该集团的一个成员。对这些被兼并而又继续存在的企业来说,也可视为在执行依附战略。

（4）清算战略。清算战略是指卖掉其资产或停止整个企业的运行而终止一个企业的存在。该战略就是企业按照《破产法》的规定,通过拍卖资产、停止全部经营业务来结束自己的生命。显然这是一个对任何企业都无吸引力的战略,通常只有在其他战略全部失灵时才被迫采用。然而,如企业已符合破产条件,则应及时进行破产清算,相比顽固地坚持无法挽回的事业来讲,这是较适当的战略。如果不宣布破产,时间越久可清算的资产将越少,员工们的损失将越大。

第四节　企业经营战略

一、企业成本领先战略

企业成本领先战略又称低成本战略,是指企业的全部成本水平低于竞争对手。成本领先战略在20世纪70年代得到日益普遍的应用。成本领先要求全力以赴降低成本,抓好成本与管理费用的控制,以及最大限度地减少研究开发、服务、推销、广告等方面的成本费用。为了达到这些目标,有必要在管理方面对成本控制给予高度重视。尽管质量、服务以及其他方面也不容忽视,但贯穿于整个战略中的主题是使成本低于竞争对手。

采用成本领先战略的企业,首先,可以抵挡住行业内现有竞争对手的对抗,通过压低价格来阻止竞争对手的进入,保持较高的市场占有率,即通过规模经济或成本优势建立起进入壁垒,使潜在进入者望而却步;其次,当面对强有力的购买商要求降低产品价格的压力时,处于低成本地位的企业在进行交易时握有更大的主动权;再次,当强有力的供应商抬高企业所需资源的价格时,采用低成本战略的企业可以有更多的灵活性来摆脱困境。

赢得总成本最低的地位,通常要求企业具备较高的相对市场份额或其他优势,诸如良好的原材料供应等。也可能要求产品的设计要便于制造生产,保持一个较宽的相关产品系列以分散成本,以及为达到批量规模化生产而对所有主要客户群服务。由此,实行低成本战略就有可能有大量的购买先进设备的前期投资,激进的定价和承受初始亏损,以摄取市场份额。高市场份额又进而引起采购经济性,而使成本进一步降低。一旦赢得了成本领先地位,

所获得的较高利润又可对新设备、现代化设施进行再投资，以维护成本上的领先地位。这种再投资往往是保持低成本地位的先决条件。

成本降低的主要渠道有两条：一是对已有的成本支出进行控制，控制成本的重点应放在总成本中所占份额较大的成本项目上，或与标准成本偏差较大的成本项目上；二是采用先进的专用设备，提高劳动生产率，实行大批量规模化生产，降低产品平均成本。这不仅需要具有领先于竞争对手的先进专用设备，并且需要具备足够资金的支持和足够的市场需求支持。

应该注意的是，在追求总成本最低时，一定要用系统的思维全盘考虑整个经营过程。有些企业为了赢得总成本最低，往往要求每个部门、每个环节都以同样比例降低成本。事实上，有的部门或环节增加投入反而会引起总成本的下降，而有些部门或环节减少投入反而会造成总成本上升。

二、企业差异化战略

企业差异化战略是指在一定的行业范围内，企业向顾客提供的产品或服务与其他竞争者相比独具特色、别具一格，使企业建立起独特的竞争优势。企业实现差异化战略可以有很多方式，如产品设计或品牌形象的差异化、产品技术的差异化、顾客服务上的差异化和销售分配渠道上的差异化等，最理想的情况是企业使自己在几个方面都标新立异，树立自己的特色。

这种特色使得消费者对该企业的产品情有独钟，由此对产品价格的敏感程度下降，愿意为其支付较高的价格。这样，企业可以抵御现有竞争者的攻击，消费者不因竞争者的较低价格而去选购他们的产品。由于产品的独一无二使其难以被替代，也使新进入者很难对其构成威胁。另外，在与经销商和供应商的讨价还价中，由于它的某种特色能帮助其从消费者那里获得较高的利润，企业也处于比较有利的地位，并具有较大的回旋余地。当然，差异化战略并不意味着企业可以忽略成本，但此时低成本不是企业的首要战略目标。

为保证差异化战略的有效性，企业必须注意：第一，充分了解自己拥有的资源和能力，能否创造出独特的产品或服务；第二，必须深入、细致地了解顾客的需求和偏好，及时满足它们。特别应该注意的是，产品或服务差异化是暂时的，某种产品在一个时期内是差异化产品，经过一段时间，就会逐渐变为标准产品，企业需要不断开发新的差异化产品，靠不断挖掘新的差异化优势来占领市场。

但是，实现产品差异化有时会与争取占领更大的市场份额相矛盾。它往往要求企业对于这一战略的排他性有思想准备，即这一战略与提高市场份额两者不可兼得。较为普遍的情况是：如果建立差异化的活动总是成本高昂，如广泛的研究、产品设计、高质量的材料或周密的顾客服务等，那么实现产品差异化将意味着以成本地位为代价。然而，即便全产业范围内的顾客都了解企业的独特优点，也并不是所有顾客都愿意或有能力支付企业所要求的较高价格。

三、企业集中战略

企业集中战略也称为企业重点战略，是通过满足特定消费者群体的特殊需要，或者服务

于某一有限的区域市场,来建立企业的竞争优势及其市场地位的策略。这种战略最突出的特征是企业专门服务于总体市场的一部分,即对某一类型的顾客或某一地区性市场做密集型的经营。集中战略的核心是细分市场,即该企业所确定的目标市场与行业中其他细分市场之间具有明显的差异性。

集中战略是主攻某个特定的顾客群、某产品系列的一个细分区段或某一个地区市场。正如差异化战略一样,集中战略可以具有许多形式。低成本与产品差异化战略都是要在全产业范围内实现其目标,集中战略的整体却是围绕着很好地为某一特定目标服务这一中心建立的,它所制定的每一项方针都要考虑这一目标。这一战略的前提是:企业能够以更高的效率、更好的效果为某一狭窄的战略对象服务,从而超过竞争对手。

企业实行集中战略的优点是:由于经营目标和范围集中,管理简单、方便,可以集中使用企业的各项资源;能够深入研究与本企业产品有关的各项技术,深入了解市场用户的具体需要;可以在一定程度上提高企业的实力,从而提高企业的经济效益。此外,实行集中战略,企业还可以通过目标市场的选择,寻找现有竞争者的最薄弱环节切入,避免与实力强大的竞争者正面冲突,因此,这种战略特别适合实力相对较弱的中小企业。

思考与练习

1. 什么是企业战略? 企业战略的特点是什么?

2. 简述企业战略管理的过程和战略层次的划分。

3. 试述企业战略环境分析的主要内容和方法。

4. 试述企业总体战略的类型和主要内容。

5. 什么是企业差异化战略? 如何实施差异化战略?

第四章 现代企业人力资源管理

人力资源是企业的第一资源,人力资源管理是现代企业经营管理的重要组成部分。

内容提要

人力资源管理就是对企业人力资源的有效开发、合理利用和科学的管理,以便更好地实现企业的工作目标。本章介绍了企业人力资源管理的特点和职能,介绍了人力资源管理的基本原则,重点研究了企业的组织设计和人事政策等人力资源管理方法,分析了员工招聘、教育培训、绩效考核和劳动保护等人力资源管理过程的特征。

案例引导

纽约联合印刷公司的择人之道

纽约联合印刷公司的销售经理——皮尔森先生,此时正在审核瑞·约翰逊(R. Johnson)先生的档案材料,这位约翰逊先生申请担任地区销售代表的职务。纽约联合印刷公司是同行业中的最大厂家,经营印刷初级教育直至大学教育的教材用书和系统、完整的商贸性出版物,以及其他非教育类的出版物。

该公司目前正考虑让约翰逊手下的销售成员同大学教授们打交道。约翰逊是由杰丽·纽菲尔德介绍给这家公司的,而纽菲尔德是眼下公司负责西部地区的销售商中非常成功的一位。虽然他到公司仅两年,但他的工作表现已清楚地表明其前途无量。在他到公司的短时期内,就将在自己负责区域内的销售额增加了三倍。他与约翰逊从少年时代就是好朋友,而且一起就读于伊利诺伊州立大学。

从档案上看,这位约翰逊先生似乎是一个爱瞎折腾的人。很明显的一点是在其大学毕业后的 10 年中,他没有一项固定的工作。在其工作中,持续时间最长的是在芝加哥做了八个月的招待员。他在 Riviera 待了两年,所做的一切仅够维持生活,而今他刚回来。

由于没有足够的钞票,所以不管在哪儿,他都想方设法谋生,既然他以往是这种情况,在多数情况下公司就会自动取消考虑他的资格。但皮尔森先生还是决定对约翰逊的申请给予进一步考虑。这主要是因为公司的一个主要销售力量推荐他,尽管这个人很清楚约翰逊的既往。

皮尔森先生在亚利桑那州的菲尼克斯花了两天时间,同纽菲尔德及其一位顾问,一道会见了约翰逊先生。三人一致认为问题关键在于:约翰逊先生能否安顿下来,为生活而认真工作。

约翰逊对这个问题抱诚恳的态度,并承认自己没料到会有这种答复,他清楚自己以前的

工作情况，可他似乎又觉得会得到这份预想的工作。约翰逊先生似乎有优越的素质来胜任，他的父母是东部一所具有相当规模的大学教授，他在学术氛围中成长起来，因而，充分了解向教授们推销教材过程中所需解决的各种问题。他是一个有能力、知进取的人。

在会见后，皮尔森先生和顾问都认为，如果约翰逊能安顿下来投入工作，他会成为一名杰出的销售人员。但是二人也意识到还有危险存在：那就是约翰逊先生可能会再次变得不耐烦而离开这个工作去某个更好的地方。不过，皮尔森决定暂时雇佣约翰逊。

公司招聘程序的一部分要求在决定对人员雇佣之前对每一位应聘者进行一系列心理测试。一些测试表明：约翰逊先生充满智慧且具有相当熟练的社会技能。然而，其余几项关于个性和兴趣的测试，则呈现出了令公司难以接受的一个侧面。

测试报告说：约翰逊先生有高度的个人创造力，这将使他不可能接受权威，不可能安顿下来投入一个大的部门所要求的工作中去。关于他的个性评估了许多，但是所有一切都归于一个事实：他不是公司想雇佣的那类人。依据测试结果，皮尔森先生仍拿不定主意是否向总裁建议公司雇佣约翰逊先生。

问题

1. 如果你是皮尔森先生，是否可录用约翰逊先生？皮尔森先生将向总裁建议什么？

2. 假如皮尔森先生雇佣了约翰逊先生，那么你认为约翰逊先生会不会"这山望着那山高"，在皮尔森的公司干一段时间后又跳槽呢？

第一节　企业人力资源管理的特点与职能

一、现代企业人力资源管理的特点

1. 企业人力资源管理的重要性

在构成企业的诸要素中，人是最重要的、最活跃的要素。企业的任何一项活动，都必须由人来进行，由人来完成。企业中"人"这一要素的状况、素质与行为，从根本上讲，决定着企业的经营成败，决定着企业的生死存亡。市场上不同企业之间的竞争，实际上就是人的竞争。一般来说，当代市场竞争中各个企业的物资、技术设备条件总是相差无几的。竞争企业之间绩效的差别，主要是由不同企业之间人员素质的差别造成的。即使是同一家企业，在物资、技术设备条件不变的情况下，人员素质的变化也会引起企业经营状况的变化。

在企业经营管理中，通常为人们所重视的是生产管理和销售管理。从传统观念出发，企业通常总是将主要的精力用于生产管理，力图以最充足的资金、最强的技术设备、最低的成本、最大的数量来生产最好的产品。这就是企业经营管理中的所谓"生产观念"。现代企业经营管理已趋向于由"生产观念"向"销售观念"或"市场观念"转化，也就是人们常提到的企业管理观念中的"生产中心论"和"销售中心论"。受这种观念的影响，人们常常是就生产谈生产，或者是就销售谈销售，往往忽略了生产问题或销售问题后面所隐藏的人的因素，忽视

了人力资源管理所带来的巨大潜力。在企业的高级管理层中,最为引人注目的通常是生产经理与销售经理,人力资源经理常常被置于次要的位置。

无论是以生产为中心,还是以销售为中心,企业的成功与否都取决于企业中的"人"。企业要成功地进行生产经营活动,首先要招聘员工,以保证生产经营中对劳动力的需要;要在分工和协作的基础上把劳动力合理地组织起来,以协调生产经营活动。随着科学技术的发展,需要不断地对劳动者进行培训,使其具备一定的科学技术知识与技能,以适应生产经营活动的需要;要制定集体劳动中需要劳动者共同遵守的劳动纪律,以保证生产经营活动的顺利进行;要对劳动者进行督促与激励,维持劳动者的士气和对企业的向心力,以提高生产经营活动的效率;要合理地确定劳动者的报酬,改善劳动条件和劳动保护,实现劳动力再生产的良性循环等等。这些工作,就是人力资源管理的基本内容。

人力资源管理工作做得不好,就不能充分发挥"人"的因素的积极作用,整个企业的效率就必然会受到不利的影响,从而导致企业在竞争中失利。如果企业充分重视人力资源管理工作,正确地激励员工,使员工能够充分发挥自己的积极性与潜能,就能给企业资源的利用带来倍增效应,甚至可以将不利因素转化为有利因素,使企业在市场竞争中立于不败之地。因此,现代企业必须在重视生产管理和销售管理的同时,充分重视人力资源管理工作的重要作用。

2. 企业人力资源管理的复杂性和艰巨性

人力资源管理的管理对象是"人",而生产管理、销售管理以及其他管理的管理对象则是"物"。与"物"相比较,"人"更具有独特的复杂性,从而使人力资源管理也具有特殊的复杂性。人力资源管理的社会属性表现得特别明显。企业员工并不是生活在真空之中。一名企业员工既是企业中特定的某一个人,又是企业和社会中具有广泛的社会联系及深刻的社会关系的一名社会成员。企业内部社会环境和外部社会环境中各种因素的作用和影响,必然会直接或间接地反映到企业的人力资源管理中来;而对某一名企业员工所采取的管理措施,又必然会在社会中引起相应的反响。这就使得企业的人力资源管理问题复杂化。在人力资源管理中,需要了解有哪些社会环境因素可能会影响到员工的思想、态度和行为,需要了解社会思潮、文化风俗、生活标准、消费方式等各方面因素的动态变化对员工带来的影响,从而相应地采取和调整人力资源管理的手段、策略与措施。

人力资源管理的复杂性源于人类感情因素的影响。人们也常说,"人类是感情的动物"。在企业的人力资源管理中,不能简单地把人看成是机器,而应当时刻牢记,每一个员工都是有思想、有感情的活生生的人。首先,在现代企业人力资源管理中必须尊重员工的人格与感情,而绝不能伤害员工的感情。如果伤害了员工的感情,员工就会与企业离心离德,也就不可能为企业利益而积极工作了,结果是企业的利益受到损害。而且,一旦人的感情受到伤害,就不易得到恢复,企业为此而付出的代价将是长期的。其次,在人力资源管理中应当积极地培养员工对企业的感情,加深员工与企业之间的感情联系。当员工对企业有了感情时,就会将企业看做是自己的企业,将企业的事业看做是自己的事业,从而为企业的利益而努力地工作。因此,现代企业的人力资源管理部门应当重视对员工的感情投资,增加企业的凝聚

力。企业对员工的感情投资可以采用多种方式。但是归纳起来,无非是采用精神的方式与物质的方式这两大类,以收到"动之以情,晓之以理,诱之以利"的效果。企业的人力资源管理包括员工的聘用、培训、报酬、考核、晋升和奖惩等多方面,必然涉及员工的切身利益。只要企业能够公正、平等地对待员工,能够真正地关心员工的利益,员工与企业之间就有了感情的基础。然而值得注意的是,忽略员工的精神需要而片面关注员工的物质需要,"好施小惠,言不及义",其效果往往适得其反。

人力资源管理的复杂性决定了人力资源管理方法的复杂性,也决定了这项工作任务的艰巨性。它涉及的范围广、问题多,影响因素复杂。就人力资源管理涉及的专业知识而言,它包括管理学、社会学、法学、经济学、工程学、心理学和医学等方面的内容。现代企业人力资源管理的任务,不但要将员工作为企业的生产力要素来合理组织和有效使用,而且要将他们作为企业的宝贵资源来充分开发与培养。

3. 企业人力资源管理的灵活性

作为活生生的人,员工的思想、感情、态度和行为总是变化的,且有一定的可塑性。因此,企业的人力资源管理也必然要具有灵活性。一方面,企业的人力资源管理应当随着员工情况的变化而变化,不断调整人力资源管理的方针、策略和手段,以适应新的情况。另一方面,企业的人力资源管理应当从"员工是具有个性的个体"这一观念出发,针对不同个人的情况,灵活地处理人力资源管理中遇到的问题,绝不能搞"一刀切"。当然,强调人力资源管理中的灵活性,并不意味着放弃原则性。不顾原则片面地强调灵活性,人力资源管理就会失去应有的威信。企业的人力资源管理原则总是为企业的人服务,为企业的利益服务的。企业的人是活的,企业人力资源管理原则也应当是活的,或者说,应当具有一定的灵活性。

4. 企业人力资源管理的长远性

企业的人力资源管理是直接为企业的生产经营服务的,具有很强的现实性。没有合格的劳动力,机器就不能正常运转,生产经营就会陷于停顿。人力资源管理的一个容易被人忽视的特点,是它的长远性。人力资源管理的功能绝不是局限于维持企业目前的运行,而应当着重为企业的长远战略目标服务。"十年树木,百年树人"。相对来说,企业的产品生命周期通常是短暂的,而企业的人力资源开发与利用则是长期的。现代企业的人力资源管理,应当着眼于企业的长远战略目标,为企业的长期盈利能力提供人力资源保证。从企业的长远战略目标出发,人力资源管理部门在努力满足企业的日常经营管理对劳动力和专业技术人才、专业管理人才的需要的同时,还有两项十分重要的工作。首先,企业需要挖掘员工的潜能,提高劳动力的素质及其现实的工作能力,使企业在人力资源方面的投资得到充分的利用和回报。其次,现代企业需要为企业的长远发展进行战略性的人才准备,满足企业在不同发展阶段在各个方面、各个层次的人才需要。

二、企业人力资源管理的职能

人力资源管理是现代企业经营管理中最基本的管理职能。人力资源管理的职能就是对企业的人员进行恰当而有效地选择、考核和培养,其目的是为了以适当的人员充实企业组织

结构中所规定的各项职务。人力资源管理不仅是企业人力资源部门的业务，而且企业从上至下和各级管理层次都具有人力资源管理的职能。企业的董事会是通过选拔、培养和考核总经理来行使其人力资源管理职能的。厂长和事业经理在选拔、培养和考核他们的下级主管人员时，也是在行使人力资源管理职能。甚至企业基层的主管人员也具有相当程度的人力资源管理的职能。在各个不同的管理层次，人力资源管理的具体内容互不相同，各有复杂性和侧重，但是其基本职能是大体相同的，那就是有计划地培养和选拔人才，以适应企业未来发展的需要。

在企业人力资源管理的实践中，人力资源管理不但涉及企业当前人力资源的合理使用，而且还涉及企业未来职务空缺的补充问题，涉及企业未来对人力资源的需要。如果一家企业的人员不断流动，那么它现在培养和选拔的人员就不断处于变动之中，企业就始终存在着补充人员以充实未来空缺岗位的问题。这样，企业人力资源管理中关于未来组织机构的工作计划，就成为其首要的工作。由于组织工作的任务就是要建立一个有利于实现企业目标的内部工作环境，因此，组织工作计划必然取决于企业的总体计划。

在人力资源管理的组织计划与企业的总体计划的协调方面，组织工作计划或人员配备计划的计划期长短是一个经常引起探讨的问题。究竟以多长期限为宜，它取决于企业对人力资源部门的要求与该部门计划所承担任务的性质，以及其具有的灵活程度。例如，如果一家企业像大多数企业通常所做的那样，希望主要从本企业内部培养出未来的企业主管人员，而不是在需要时从外部招聘，那么这家企业人力资源管理的组织计划就需要一个相当长的计划期，有时甚至可能长达数十年之久。如果企业认为可以在需要时随时从企业外部聘请所需要的人员，随时解雇那些不能适应自己岗位需要的人员，企业的人力资源管理组织工作计划就可能具有较大的灵活性，计划期就可能短一些。特别是在一些较大的企业里，企业内部的各种职位比较多，聘用的人员也比较多，人员流动更为频繁，人力资源管理就更具有灵活性。一旦企业有需要，企业就可以从自己丰富的人力资源中选拔调配合适的人员充实急需人才的岗位。

归根结底，企业的人力资源管理方面的组织工作计划是受企业的总体计划制约，并为其服务的。一旦确定了企业的总体计划，就可以明确企业未来所需要的各种职务，也就可以在此基础上了解企业未来对人力资源的需求情况。这样，人力资源部门的职责就是储存和考核现有的和潜在的人力资源，并与未来需要的预测数相比较，以求得人力需求与供给的平衡。在一般的情况下，人员需求量与实际可供量之间总是存在着明显的缺口。考虑到人员流动、员工退休、离职、死亡等因素，企业发展变化越快，人员供求短缺的情况越严重。在正常情况下，几乎没有一个发展中的企业不会发生合格人员短缺问题。很少听说有哪一家企业可以宣称拥有足够数量的可以胜任的人员以满足未来的需要。可以肯定地说，凡是人员过剩的企业，过剩的都不是合格的人员。正是没有足够的合格人员推进企业的发展，才会出现人员的过剩。积极向上的企业总体计划，通常都会对人力资源管理的组织工作计划提出对未来的人力资源需求。

人力资源管理计划工作中接下来的一项重要内容，是根据未来对人力资源的需要安排

人力供给。如上所述,企业的人力资源供给可以有企业内部和企业外部这两个来源。内部来源是指在企业内部培养那些有潜力的现有人员,使其可以胜任企业未来的工作。外部来源是指从企业以外聘用合适的人才。如果确定在企业内部培养人才以满足企业未来的需要,而不是仓促提拔或从外部聘用,企业的人力资源管理计划工作中就必须包含编制人才培养规划的内容。

现代企业人才培养规划的出发点当然是企业未来发展对人力资源的需要。但是也不应该忘记,培养规划应当落实在企业现有人员状况的基础之上。通常,企业人力资源部门在制定培养规划时,总是假定培养对象具有相同的条件,都需要同样的培训,因而总是制定一种似乎能够满足每一个人的需要的通用的培养规划。为了达到预计的培养效果,应当根据有关人员的具体情况和特点,有针对性地制定培养规划。这首先需要按照企业未来发展对人才规格的需求对有关人员进行认真地评估和考核,具体地分析有关人员的优势和缺点,然后逐个为他们编制培养规划,以发挥其长处,克服其缺点。

人力资源计划的落实常常是一个敏感而又复杂的问题。从企业最高管理层的高度来看,制定和实施其他系列的计划是一件相对较为明确的工作。在顺利的情况下,那些计划一旦形成,其实施常常是一个自动的过程,企业最高管理层只需在执行过程中做一些间歇性的监督工作就可以了。人力资源计划的落实有时是一个痛苦的过程。人们常常设想,企业的成员可以随着企业的发展而发展。但是在实际工作中,情况远非如此。为了实现使现职人员能够满足企业未来的需要和拥有能够适应企业未来职务的合格人员这一双重目标,企业最高管理层在企业人力资源计划的实施过程中,常常不得不更换那些过去能够胜任职务,而现在已经不适应职务要求的忠心耿耿的企业成员。在此过程中常遇到的问题是,工作职务总是与企业成员的经济待遇、社会地位和名誉等因素紧密联系在一起的。人们在长期共同工作中形成的感情因素,也使得高级管理层很难做出不利于老同事、老部下的决定。

从理论上讲,企业各级管理人员都承担着人力资源管理的责任。然而许多企业管理人员在实践中总是有意无意地忽略这一项责任,在有关人力资源管理的决策与行动中往往表现出一种迟延推诿的倾向。越是高层管理人员,在实践中忽视人力资源管理职责重要性的现象就越普遍。为了弥补企业高层对人力资源管理的不重视,许多企业将人力资源管理中的大部分工作交给企业的人力资源部门来处理。业务繁忙的总经理们认为这是一个合理的解决办法,甚至还可以用充分授权来作为这样做的借口。

企业人力资源管理是决定企业未来命运的重要工作。因此,承担人力资源管理责任最适合的人选既不是企业人力资源部门,也不是任何其他部门,它需要企业最高一级决策者的指导和参与。在一家对自己的前途负责的现代企业里,人力资源管理通常应当是企业董事长或总经理,以及其直接助手组成的企业内部决策班子所承担的职责。这个班子负责根据企业总体发展计划来制定企业的人力资源政策,授权有关职能部门实施政策,以及落实企业人力资源政策所需要的恰当措施。现代企业人力资源政策的内容包括用人规划的制定,明确是以企业内部还是以企业外部作为企业人力资源的主要来源,确定企业人力资源管理中有关招聘、选拔、考核、晋升、工资和退休等具体工作的工作程序与规范等。

调查表明,现代企业最高一级管理阶层处理人力资源政策以及实施人力资源政策的工作范围与职责有越来越扩大的趋势。总经理们认识到,有效地为企业组织机构进行人力资源安排是企业经营管理和发展取得成就的最好保证。许多总经理宣称他们通常要把一半的时间用于人力资源管理的各项工作之上。他们不仅需要花很多时间与其下级打交道,而且要花时间用于检查企业所制定的人力资源政策和各项选拔、考评、培养制定及其执行情况。此外,他们还要对企业人力资源的有关情况进行专门的分析和研究,并且还要注意自身素质的不断提高。

第二节　企业人力资源管理的基本原则

一、公平竞争原则

在市场经济中,为了企业自身的利益,企业人力资源管理的一条重要原则就是公平竞争。没有公平,就没有一个良好的企业环境,就不可能吸引人才,鼓舞士气。没有竞争,就不可能选拔出优秀的人才。只有通过公平竞争,才能促进劳动力要素的合理流动,促进人力资源的合理配置,从而促进企业效率的提高。

1. 公平是竞争的条件

市场经济的一条基本原则,是商品的生产者和经营者在经济上具有独立的地位,在社会经济生活中具有与他人平等和自由活动的权利,具有商品的自愿让渡和等价交换的权利。这就是公平和平等原则。这条原则体现在企业的人力资源管理中,就是员工在企业中的机会均等,得到企业的平等对待,使员工的个性得到全面、充分地发展。

就整个企业来看,员工个体之间的年龄、性别、体力、性格、教育、经验、能力和服务年限等各方面都存在着差异,因此,他们在企业的分工、工作岗位、贡献、报酬和待遇等方面也存在着差异。因此,就劳动报酬而言,所谓平等,不是平均,而是指企业员工的等量工作和等量贡献应该得到等量的报酬。公平合理的劳动报酬可以对员工产生积极的影响。从更深层次来看,公平应当是企业员工人格的平等。在企业内部,员工应当有进行选择的自由和得到平等的发展机会。没有这种平等,就没有员工的心情舒畅和高昂的士气。没有这种平等,也就不可能从企业员工中最广泛地发现和网罗优秀人才。唯有机会面前人人平等,让大家都有选择和尝试的机会,才能不拘一格地选拔人才。如果不给企业的每一个员工以尝试的机会,企业也就失去了从员工中发现人才的机会。机会本身也是一个激励因素,当员工认识到自己面临着平等的机会时,通常就会鼓励自己不要放过机会。因此,为了抓住机会他必然要奋力拼搏,不断提高自己的素质和能力。

2. 竞争是市场经济的基本规则

在市场经济条件下,竞争是一种客观存在,是市场经济运行的基本规则。商品在市场的竞争具有极为丰富的表现形式。一般地,人们通常将商品的市场竞争形式分为价格竞争与非价格竞争。简单地讲,商品的价格竞争是指通过提高劳动生产率、降低生产经营成本,以

求降低商品的价格来与市场上的同类商品竞争,达到扩大商品销售量、增加企业利润的目的。商品的非价格竞争是指在维持商品一定的市场价格不变的前提下,运用包括广告在内的市场信息等手段,通过向消费者提供较好的商品质量和服务,达到扩大销售、增加利润的目的。严格地讲,所谓非价格竞争实际上也是一种隐性的价格竞争。企业中人才的竞争也表现在各个不同的方面,其中最主要的是员工在工作态度、工作能力、创造能力和工作贡献等方面的竞争。

一般来说,态度不是天生的,而是在后天环境中产生的。人的态度,总是包含着一定的情感成分,并且具有持续性。个人的态度一旦形成,就不会轻易改变,成为个人性格的一部分。如果员工喜欢自己所从事的工作,对企业抱有积极态度,则较有可能表现出较高的工作效率。

人力资源最重要的指标,集中体现为员工个人的智力水平,即广义的能力。所谓能力,是指企业员工个人直接影响其工作完成情况与效果的个性心理特征。这种个性心理特征总是与员工所要完成的工作任务联系在一起的。因此,企业经理们也总是以员工的工作效果来考察一个员工的工作能力。能力是影响员工工作成果的最重要的主观条件。例如,从事某些工作需要具备一定的辨别力与观察力;还有的工作需要有一定的记忆力与自制力。此外,如思维过程的敏捷性、记忆的精确性、思考的批判性和意志的果断性等,也都是员工完成本职工作所需要的一些不同的能力。能力的高低会影响一个人掌握工作或操作的速度、难易和巩固程度。能力水平高的人之所以能够取得较好的效果,是因为他的心理特征与工作的要求相符合。一些人之所以不能胜任某些工作,可能是由于他的能力发展水平过低,或者是各种能力的综合与工作的要求不相符合。实际上,员工完成一项工作任务绝不是仅凭某一种能力就可以胜任的,而是需要若干种能力共同发生作用。企业中的每个员工都有自己的一份特定的工作,并运用一定的特殊能力与一定的特殊工作方法操作。因此,企业对其员工的能力既有一般的要求,又有针对某一工作或个人的特殊要求。

一名优秀的企业员工,还应当具有一定的创造能力。一些人认为,在当前高技术空前发展的情况下,只依靠电子计算机、自动化设备就能够提高企业的效率。他们忽略了人的能动作用,看不到在自动化的生产经营管理过程中发挥人的创造性的重要意义。更有一些短视的经营管理者,他们不能容忍具有独立见解和首创精神的员工,习惯于将人视为机器,只喜欢循规蹈矩的部下,总是一味地压制员工的创造性。

所谓创造能力,也就是适应变化、打破常规进行思维的能力。在现实经济生活中,每一家企业都面临着未来和变化的挑战,需要不断解决新的问题。没有创造能力,不进行创造性的思维,企业就不可能在瞬息万变的市场中生存和发展,就不可能把握自己的前途和未来。一家企业的创造能力,是其员工创造能力的综合。具有高度创造性的企业,能够及时适应市场的变化,不断向市场推出新的产品、新的服务以及新的经营管理方法,始终在市场上领先一步。

企业员工之间在能力上总是存在着差异。从企业的立场出发,当然需要选择能力较高的员工。但是,在择优选拔员工时,只考虑员工的能力是不够的,还必须同时考虑员工对企

业的工作贡献。如果员工之间存在竞争,也必须是从企业利益出发的竞争。

3.公平竞争需要科学的标准和方法

企业通过公平竞争从员工中选拔人才,需要有一整套科学的人才标准和完善的选拔方法。没有一整套科学的标准和方法,就不可能保证竞争的公平,也不可能选拔出真正合格的人才。企业考核人才的标准可以有一系列的科学指标,用以对员工的能力进行定性与定量的分析。如审查员工的学历、经验和绩效,对员工进行心理测验、体能和运动能力测验、机械能力测验、艺术能力测验、社交能力测验、创造能力鉴别、气质个性鉴别等。在进行这一系列测验时,企业可以运用观察法、测验法等不同的方法。但企业人力资源管理部门绝不能用一套僵化的模式来看待自己的员工。在人才的选拔上,现代企业必须不拘一格,大胆选拔和使用实用的合格人才。

二、责任制原则

责任制是指通过一定的程序,按照工作岗位明确员工的职权范围及其相应的义务与工作标准,委派专人负责的一种管理制度。各在其位,各司其职,各谋其政,是企业人力资源管理责任制的中心内容。实际上责任制是分工协作发展的产物,是分工协作制度化的结果。随着企业的发展,企业内部专业分工越来越细。企业内部各个单位、各个环节、各个员工之间的职责权限划分得越清楚,就越能充分地发挥各自的积极性,协调各方面的关系,取得较好的管理效果。

承担责任本身就是调动积极性的一个重要手段。积极向上的企业员工总会谋求在企业里承担较多的责任。人才的竞争,既是企业员工对企业贡献的竞争,也是企业员工承担责任的竞争。只有多承担责任,才能多做贡献。较多的责任,意味着较强的能力、较高的职位、较多的报酬,更意味着企业对员工较多的信任。责任在身,就会有压力,不能掉以轻心。如果不能很好地承担责任,就意味着失职,就会给企业带来损失。

三、激励原则

激励是企业人力资源管理的核心问题。企业员工既需要自我激励,也需要得到企业主管、同事群体的激励。企业作为一个群体,企业主管也应当激励全体员工为了实现企业的既定目标而共同努力。

管理的职能是充分、有效地利用企业的人力、物力和财力资源,以实现企业的宗旨和目标。对人力资源的管理是最重要的管理,也是人力资源管理的任务,同时也要认识到对员工的激励是其关键和核心。企业主管能够精确地计算、预算和控制企业的财力和物力,而对于人力资源特别是对于员工的内在潜力,却无法进行精确地计算、预算及控制。

在市场竞争日益激烈,对员工素质的要求日益提高的情况下,员工的激励问题在企业人力资源管理中越来越复杂,也越来越重要。第一,在国内外市场竞争日益激烈的情况下,为了生存和发展,就需要不断提高自己的竞争力。从企业的内在资源出发,就必须尽可能地激励自己的员工,充分发挥员工的内在潜力。第二,企业员工的素质和绩效总是参差不齐的。

人力资源管理的任务之一,就是通过各种不同的激励方法,使优秀的员工继续保持其积极行为,使表现一般或较差的员工逐步向积极主动方面转化,使全体员工都能保持高昂的士气,自觉地为实现企业的目标而奋斗。第三,随着企业员工素质的提高,员工需求的内容发生了巨大的变化,使得激励的手段也必须随之变化。过去对激励员工行之有效的东西,可能已经失去了激励的作用,而需要代之以新的东西。第四,作为激励的对象,员工的需要是多方面的。要满足员工多方面的需要,就必须采用不同的激励方法。例如,随着整个社会生活水平的提高,员工生活需要的重点逐渐从物质需要转向精神需要。因此,企业对员工的激励手段也要相应地改为以精神激励为主。最后,作为不同的个体,每一个企业员工的需要都是不同的。为了充分发挥每一个员工的潜力,企业管理者应当对不同的人采取适合其需求的激励因素和激励方法。

四、流动性与稳定性相结合原则

在市场经济条件下,企业的人力资源作为一种生产力要素,必然具有一定的流动性。没有这种流动性,劳动力要素的最佳配置就成了一句空话。企业人力资源的流动包含两个方面的内容。首先,是企业与企业外部之间的劳动力流动。企业与企业外部之间的劳动力流动是人力资源流动的主要形式。从企业员工个人的角度来看,这种劳动力流动的积极意义在于可以通过流动实现员工的择业自由,保证员工有机会尽最大的可能发挥自己的才智和潜力。从企业的角度来看,这种流动的积极意义在于可以使企业通过流动从企业外部获得必需的人才,以满足企业发展的需要。从企业外部输入新鲜血液,可以防止观念和思想的僵化,为企业带来新思想、新技术,乃至新市场。这种劳动力流动还允许不适宜继续在企业工作的员工离开企业,以减少企业与员工之间可能发生的冲突。劳动力流动对企业也存在着不利影响。由于劳动力可以自由流动,某些优秀员工可能会以种种理由离开企业,从而造成企业在人力资源上的损失。其次,是企业员工在企业内部的流动。员工在企业内部的流动则表现为工作轮换,即员工在不同工作岗位之间进行轮换。工作轮换使得员工的操作多样化,能够减少工作中的单调感。对员工来说,学习新工作、熟悉整个工作流程所带来的挑战感无疑也具有极大的激励作用。而且,员工进行工作轮换并不会增加企业的开支,却可以使企业得到一支在技术上具有较大灵活性的员工队伍。

当然,企业员工的流动必须控制在一定的范围之内,并非流动率越高越好。从企业与企业外部之间的流动来看,如果企业的员工流动率过高,说明企业缺乏凝聚力,并将会影响员工队伍的士气和对工作的熟练程度,不利于企业生产率的提高。从企业内部的流动来看,过于频繁的工作轮换将减少员工对工作的责任心,给工作带来混乱,也不利于员工熟练地掌握和巩固操作技能。而且,总会有不少员工对工作轮换并不感兴趣,他们更愿意长期在一个固定的岗位上工作,成为自己工作中的"超级专家"。因此,必须适当地把握员工流动性与稳定性的关系,使员工队伍既有一定的流动性,又保持相对的稳定性。

五、民主管理原则

现代企业人力资源管理的民主化,是管理科学化的基础。民主管理原则反映了企业员

工要求参与管理的意识,是现代企业员工素质提高的结果。在现代企业管理中,人的因素越是重要,民主管理的原则就越是受到重视。

现代经营管理是集中指挥与民主管理的统一。企业是现代社会化大生产的主要组织形式。单独一个人进行生产经营活动,是自己指挥自己。在社会化大生产过程中,人们集中起来进行分工协作的共同劳动,就必然需要有一个权威性的指挥中心对人们的活动进行指挥和协调,使整个生产经营过程如同一架机器,按照统一的意志,以统一的步伐向着统一的目标迈进。没有这种集中指挥,企业内部就不会有统一的意志,在企业的生产经营过程中就会出现混乱和内耗,最终导致企业的目标无法实现。但是,又不能简单地将人尤其是现代人看做是机器。人是一种具有主观能动性的动物,每一个人都会在不同的程度上具有自己的独立意志,并按照自己的意志行事。在企业的生产经营活动等这一类集体生活中,员工按照自己的独立意志行事的内在需要必然会在一定的程度上与企业的统一指挥发生矛盾与冲突。如果这种矛盾与冲突得不到解决,势必会影响员工的士气和工作积极性,从而影响企业的整体效率。解决个人意志与集体意志之间的矛盾与冲突的方法,是将集中指挥与民主管理有机地结合起来。实际上,现代企业生产经营中的集中指挥与民主管理并不是互相排斥的,二者的正确结合,可以提高集中指挥的效能。一方面,加强民主管理可以使企业决策过程民主化,使企业的集中指挥在集思广益的基础上提高决策的科学性与正确性;另一方面,建立在民主管理基础上的集中指挥,可以使企业全体员工形成共识,减少员工对企业决策的异议和抵触情绪,更有利于企业决策的贯彻执行。

现代企业民主管理的形式有很多,如职工代表大会、管理委员会、员工股份制、质量管理小组和合理化建议活动等等。从企业人力资源管理的角度来看,这些民主管理的不同具体形式都是为了激发员工的参与意识,满足员工自主意识的需要,以调动员工的积极性。

1. 职工代表大会

职工代表大会通常是企业员工表达自己的意志、参与企业经营管理的最高形式,其对企业决策的影响力也最大。职工代表大会通常是决定与全体员工的根本利益有关、与企业的决策有关的问题。职工代表大会可以定期召开,也可以不定期召开。一般地,企业内的工会组织是职工代表大会的常设机构。在企业中,职工代表大会或工会组织的职责主要是代表企业员工与企业的管理当局谈判,以维护企业员工的利益。在许多情况下,其可能会与企业管理当局呈现一种对立的关系。

2. 管理委员会

在一些企业里,为了保证企业员工能够真正参与企业管理,特别设立了管理委员会作为一种常设机构。管理委员会的成员主要是职工代表大会代表或工会代表。管理委员会委员们可以定期或不定期地参加企业董事会会议,也可以参与企业的日常管理,并随时向企业的管理当局提出自己的意见和建议。有的企业甚至会接纳管理委员会的代表进入企业董事会。

3. 员工股份制

员工股份制即由企业员工控制企业的一部分或全部股份,使员工成为企业的股东。员

工股份制最初是由一家濒临破产的美国企业施行的,由于该企业的员工担心企业破产之后失业,于是大家联合起来集资买下企业的全部股份。这样,每一位员工都成为了企业的主人,企业的命运与每一位员工有了直接的利益关系,使得每一位员工都必须关心企业的经营管理状况,为扭转企业的命运尽心尽力。结果,这家濒临破产的企业终于起死回生,重新发展起来。现在,企业员工拥有企业股份已经成为一种普遍现象。

4. 质量管理小组

质量管理小组是指在企业的生产经营过程中将员工组织起来,成立质量管理小组,由员工自己对上一道工序的产品及自己的产品进行质量控制。这种质量管理形式,避免了专职质量管理人员与操作工人之间的对立,强化了员工在工作中的自主意识和负责精神,调动了员工进行自我管理的积极性。由质量管理小组对自己的产品进行质量控制,在经济上的最大好处是员工不仅能够对产品进行事后的检验,而且能够促使员工对生产过程进行控制,改进工艺流程和操作方法,减少不合格产品的产生,降低消耗,提高生产的效率与质量。

5. 合理化建议活动

在企业员工中开展合理化建议活动,是调动员工积极性的一个重要手段。通过合理化建议活动,员工更为关心自己的企业和自己的工作。如果员工提出的建议能够为企业管理当局所接受和重视,无疑会使其受到巨大的鼓励。在一般情况下,员工当然会关心自己提出建议是否会得到物质奖励。但他更为关心的是,自己提出建议这一行为本身是否为他人、为企业管理当局所承认。因此,企业从开展合理化建议活动中得到的好处也是双重的:一方面,合理化建议活动可以为企业带来可观的经济收益和物质财富;另一方面,合理化建议活动又为企业员工队伍素质的改善和士气的提高创造了条件。

第三节　企业人力资源的管理过程

一、员工的招聘

招聘员工是企业人力资源管理中的一项重要工作。企业所招聘的员工的质量,直接关系到企业未来的发展。因此,企业员工的招聘又是一项要求极高的工作。在正式开始招聘新员工之前,企业的人力资源部门必须确认是否有招聘的必要,即企业中是否真正出现了缺额。企业中缺额的产生可能有多种原因。可能是由于企业业务的扩大导致人手不足,也可能是企业中出现了正常或不正常的减员或其他原因。即使企业中真正出现了缺额,也不一定必须立即招聘员工。人力资源部门可以与企业的其他部门协商,寻找别的解决办法。如对企业的工作重新进行安排,使其更为合理化,不必增加员工就能完成工作任务;加班加点;采用新技术、新设备;调整工时;用兼职人员代替全日制人员填补缺额;增加工作定额;等等。如果真正确认有招聘的需要,则企业人力资源部门的招聘工作可分为以下五个步骤。

1. 发布招聘信息

发布招聘信息包括发布招聘广告,与有关就业管理和服务机构进行联系,与有关大专院

校进行联系等。随着劳动力市场的发展,企业发布招聘广告将会越来越普遍。企业人力资源部门在发布招聘广告时,应当注意广告媒介的选择,力争以最低的广告费用实现最好的广告效果。这就是说,应当选择采用招聘对象最可能接触到的媒介。招聘员工的企业应当在广告中标明企业的名称、简明扼要地说明企业的情况、准确地描述工作的性质与特征,清楚地介绍企业对招聘对象的具体要求,并实事求是地说明工资、其他福利条件和工作条件等情况。

2. 了解招聘对象

了解招聘对象的途径主要有阅读招聘对象提供的自我介绍材料和推荐材料,查阅档案,对对象进行面谈、口试和笔试等。

3. 筛选招聘对象

根据工作的要求,应为招聘设置一定的标准。如健康标准、道德品质标准、心理因素标准、教育程度标准、个性气质标准、知识结构标准、能力标准、年龄标准、性别标准和工作经验标准等,每项标准又可以包括一定的指标。

4. 签订招聘合同

招聘合同的签订必须遵守政府的有关法律和规定,平等、公正地对待企业和员工双方的利益。一旦签约,双方必须严格执行招聘合同的各项条款,不得违约。

5. 对员工进行岗前培训

对员工进行岗前培训包括岗前教育培训与试用。无论新进员工是否拥有工作经验,企业都应当要求他们经过一定的岗前培训之后再上岗。即使是具有一定工作经验的人,由于他们不一定熟悉本企业的情况,适当的岗前培训对他们自己和企业都会有好处。同时,企业应当对新招聘的员工规定适当的试用期。如果在试用期内发现新招聘的人不符合企业的要求,企业有权解除招聘合同。

二、员工的教育培训

企业对员工进行培训的目的,是为了提高员工队伍的素质,以满足企业经营与发展对人力资源的需要。企业在员工培训方面的开支,是企业在人力资源方面的直接投资,这种人力资源投资具有深远的战略意义。一方面,员工培训不是一件一劳永逸的工作,企业必须根据员工的素质状况、企业的经营目标以及技术水平的不断发展,及时地、不断地对员工进行培训。另一方面,企业在员工培训方面的投资收益也是长期的。培训在收到立竿见影的效果的同时,也可使员工和企业终身受益。

企业人力资源部门在制定员工培训计划之前,应当确定企业的培训需求。为此,在制定培训计划时回答如下四个问题将有助于此任务的完成:①企业的目标是什么? ②为了实现企业的这些目标,应当完成哪些任务? ③为了完成所分配的任务,每一个员工应当做哪些必要的工作? ④为了从事这些必要的工作,员工在知识、技能或工作态度方面有哪些缺陷? 其中,第四个是关键性的问题。为了回答这个问题,企业人力资源部门必须与企业的生产经营

部门相配合,对员工的劳动生产率进行调查研究。这种调查研究既可以通过与企业的竞争对手的相互比较来发现问题,也可以通过企业内部员工之间的相互比较来发现问题。此外,还可以通过了解生产经营过程中的废品率、事故率、缺勤率、员工情绪和顾客意见等,来回答上述四个问题。

当然,有些问题不是通过培训就可以解决的。有时候,问题的根源并不在于员工缺乏培训,而可能是由于企业的设备过时或老化,或者是由于员工的报酬过低及其他的原因。所以,在发现这些问题之后,人力资源部门还应当与有关管理部门和员工进行深入地讨论,以确认培训的必要性。即使员工真正需要培训,有时候也并不一定非要进行培训。常常有这样的情况,与其费时费钱费力对现有员工进行培训,让他们掌握一种新的技能,不如干脆招聘一批拥有企业所需要技能的新员工划算。一般来说,上至企业的总经理,下至普通员工,每一个人都会需要一定的培训,这就是所谓的全员培训。但是,就企业内从事直接生产员工的不同层次而言,对培训的需求层次也是不同的。从事直接生产操作的员工通常需要的是高度专业化的操作技能培训,以使其能够安全、高效率地进行操作;对包括行政管理人员和专业技术人员在内的专业人员的培训需求则复杂得多,他们不仅需要专业化的技术培训,还需要内容较为广泛的知识性培训。此外,有关部门、行业或学会对从事一定专业工作的人员的学术水平常常有一定的要求。因此,有时候企业还需要为他们提供提高学术水平的机会,如送往大专院校进行学习,以获得一定的学位或职称。总之,员工工作的需要决定其培训的需要。一旦确定了企业员工的培训需要,还应当确定培训的形式与方法。根据培训的需要与可能,以及培训费用和预算的情况,企业可以采用以下方法进行员工培训。

1. 岗位培训

岗位培训的特点是干什么,学什么,同时也是学什么,干什么。这种形式的培训投资少、见效快,主要通过以师带徒、互教互学、经验交流、技术讲座和表演、岗位练兵及操作竞赛等方式进行。

2. 业余学习

对企业来说,员工进行业余学习所花费的企业投资最少。不过如果员工的业余学习是采用自发的形式,则这种业余学习很可能会缺少计划性,不一定能够与企业的目标相一致。所以,有远见的企业总是积极引导和组织员工的业余学习,使之符合企业的利益。

3. 半脱产学习

企业可以为员工组织半脱产的培训班,也可以将员工送往有关的机构或培训中心进行半脱产学习。半脱产学习可以是短期的,也可以时间略长。

4. 脱产轮训

为了对员工进行一定的专题培训,企业可以组织员工进行脱产的短期轮训。由于脱产学习的时间不长,脱产员工的离岗对工作的影响较小,而培训的面则可以较宽。

5. 长期培训

由于员工离岗时间较长,而且送去学习的员工大多是企业在某一方面的骨干,因此这种

形式的培训对企业的日常业务影响较大,培训成本也较高,一般只适用于少数对企业未来的发展起至关重要作用的员工。为了防止员工学成后跳槽使企业遭受损失,企业人力资源部门可以在派员进行长期培训之前与其签订劳务合同,明确双方的权利与义务。

三、员工的考核与评估

企业人力资源管理的一项日常工作,是运用管理的监督职能,对企业员工的工作成果进行考核与评估。通过考核与评估,企业不但有了对员工进行奖励与惩罚的依据,还可以借助信息反馈,帮助员工改善自己的工作。

考核的依据通常应当是企业的计划指标,即考核企业计划指标的落实情况。如果员工未能如期完成计划指标,企业就需要根据具体情况采取适当的措施。如果是计划指标与实际条件相脱节,企业计划部门就应及时地调整计划指标;如果计划指标是可行的,而员工在工作中努力不够,企业就应责令员工改进工作。企业计划指标的一个重要组成部分是企业规定的工作定额。因此,企业对员工的考核与评估可以将工作定额作为直接依据。

所谓工作定额,是指一名企业员工在一定的时间内,在保证工作质量的前提下,以一定的劳动技术条件所应该达到的平均工作量标准。制定科学的工作定额标准是企业管理工作中的一项基础工作。首先,工作定额指标应当合理,且具有一定的先进性。同时,又应当是具备平均操作能力水平的员工经过一定的努力可以达到的指标。如果定额指标太高,使得大多数员工都不能完成定额,势必挫伤员工的积极性。如果定额指标过低,员工不需经过努力即可完成,定额指标也就起不到激励作用。其次,工作定额指标要保持一定的稳定性和严肃性。一方面,在科学、合理的基础上制定工作定额指标之后,需要在相当的时期内保证定额的稳定性,使其成为一个权威性的客观标准。另一方面,在执行工作定额标准时要客观公正,对员工一视同仁。最后,工作定额标准也要有一定的灵活性。一旦客观情况发生了变化,工作定额标准也需要随之加以调整,以适应变化了的情况,保持其科学合理性。

对员工工作的考核与评估可以采取不同的形式。常用的形式有:一是从上而下的考核与评估,即由企业的各级主管部门逐层对各自的下级进行考核与评估;二是同级之间互相考核与评估;三是由员工进行自我考核与评估;四是从下而上的考核与评估。后两种考核与评估形式能够充分调动员工的参与意识和积极性,起到一种特殊的激励作用。因此,目前已经有越来越多的企业尝试采用这两种考核与评估形式。另外,也可以请企业以外的人员或机构对企业及企业的员工进行考核与评估。如邀请管理专家、咨询顾问、会计师事务所、审计事务所等考核与评估企业及其员工的工作。

四、维持企业工作秩序

为了保证企业的正常运转,人力资源管理部门需要正确处理员工的意见与不满,执行企业的制度与纪律,进行必要的惩罚与奖励,以维持企业正常的工作秩序。

对于为企业做出贡献的员工,企业应当及时地给予奖励,以树立榜样,调动全体员工的积极性。常用的奖励手段有:口头表彰、书面表彰、晋职晋级、发给奖金和奖品、带薪休假

等等。

在企业的员工队伍中,难免会有员工产生不满情绪。员工不满情绪的产生有各种原因。一般来说,当员工的个人目标与企业目标发生冲突时,员工就会对企业产生不满情绪。员工产生不满情绪的诱因有:员工认为自己所得的报酬太低,晋升太慢,受到上级或同事的不公正对待,企业福利不好,劳动条件恶劣,反映意见或提出的合理化建议得不到上级的重视,目前从事的工作不能充分发挥自己的潜能、实现自己的价值,工作太单调枯燥,人际关系不协调,加班太多,工时太长,工作太累,工具不好使,工作场所照明不足,企业管理机构官僚主义习气太重,员工餐厅伙食太糟糕,冷气或暖气供应不足等。这些诱因可以分为几种情况:①员工的抱怨理由确实是合理的;②员工产生抱怨是因为员工对企业的要求过高,脱离了现实可能性;③员工对企业、上级或同事产生了误解。

如果说员工产生不满情绪的原因很多,那么员工产生不满情绪的后果却只有一个,那就是劳动生产率的下降。一旦员工对企业产生了不满情绪,员工就必然会通过一定的方式发泄自己的不满。如抱怨、消极怠工、损坏产品或工具、迟到早退或无故缺勤等等。有的人甚至以各种借口跳槽离开企业。所有这些现象的发生都会给企业带来损失。所以,在处理企业里发生的违反纪律现象或劳动生产率下降现象之前,应当先深入调查研究,找到员工产生不满情绪的真正原因,消除员工的不满。这需要认真倾听员工的意见和抱怨,允许员工畅所欲言。在了解了员工的意见之后,应当对员工的误解做出澄清,以消除误会;对员工过高的要求做出合理的解释,以求得双方的相互理解和支持;对员工的正确意见则应当诚恳地接受并表示感谢,允诺并在今后加以改进。如果企业方面能够以认真负责、公正平等的态度对待员工的抱怨和意见,在大多数情况下,员工的不满就可以在开诚布公的交流之中解决。

当有必要对员工违反企业纪律的现象采取纪律措施时,企业的有关部门绝不能心慈手软,一味姑息。否则,企业的制度就会如同虚设,企业的管理就会失去权威,使违反纪律的现象蔓延起来,甚至达到不可收拾的后果。通常企业有权根据企业的规章制度对违反纪律的员工采取下列纪律处罚措施:口头警告、书面警告、记过、调整工作岗位、降级、罚款、提前退休,直至除名。当员工的违纪行为同时触犯刑律时,应移交有关司法部门处理。

五、劳动保护和劳动保险

1. 劳动保护

员工是企业最宝贵的财产,企业对其进行劳动保护就是保护自己的投资。所谓劳动保护,就是改善员工劳动操作条件,减少或避免操作过程中发生的对员工的生理和心理的伤害。尽管有政府制定的劳动保护法规与条例,各企业也制定了相应的规章与制度,但是劳动伤害的事件仍然时有发生。新技术、新材料、新工艺的使用,也可能给员工带来新的伤害,而且这种新的安全威胁可能是已有的法规和制度所没有涉及的。根据劳动保护法规的要求,企业应当采取一系列必要的措施对员工进行妥善的劳动保护。第一,企业有责任向员工提供安全的工作条件,生产设备、工艺与操作规程在设计时就应将安全置于头等重要的地位。如果生产过程中可能出现不安全的因素,则需要在设计中采取必要而可靠的安全保护措施,

如防护装置、逃生装置和救护装置等。第二,企业有责任使员工能够安全地操作。企业应当为员工制定必要的安全操作规程和制度,对员工进行安全教育和培训,并对员工是否严格地遵守安全操作规程进行经常的监督,消除事故的苗头和隐患。第三,企业应当有专人或专设机构负责劳动保护方面的工作。最后,万一发生了事故,企业应当尽快采取积极救护措施,努力使事故对员工的伤害和损失降到最低。

2. 劳动保险

劳动保险就是使员工在暂时或永久丧失劳动能力时能得到一定的物质帮助的制度。劳动保险在企业的人事管理中处于重要的地位,它能够保证员工在丧失劳动能力的情况下仍然可以维持一定的生活水平。因此,劳动保险有利于解除员工的后顾之忧,使员工能够安心工作,不必为疾病等问题担心。

第四节　企业人力资源的管理方法

一、企业的人力资源政策

企业的政策是企业未来行动的方向。制定企业政策的目的有四个:第一,明确企业的行动方向。第二,一旦企业将自己的未来行动以政策的方式明确下来,企业的行动就不会过于依赖某一个或某一些个人,就不会在大问题上因人而异。第三,企业政策有助于保持企业行动的持续性和连续性。第四,企业政策有助于使企业内部各个部门在整体上协调一致。

企业人力资源政策的主要目的是确定企业人力资源管理目标。由于不同企业的成立时间、规模、员工特征以及经营业务性质不同,其人力资源政策也各不相同。但是,不同企业的人力资源政策也有若干主要的共同点。第一,是企业人力资源政策所遵循的原则。企业人力资源政策的基本原则主要包括公平、创新、团结、员工参与管理、安全等。第二,是人员配备与发展。企业必须将合适的人选安置在合适的岗位上,并使其在企业得到发展的同时不断提高自己的技术与能力,在工作中不断得到晋升的机会。这包括如何确定企业中出现的空缺,如何寻找和选择接替人选,如何确定晋升,如何确定培训的需要与机会,以及如何对员工的表现进行评估等。第三,是管理控制。企业的人力资源政策必须处理好企业与员工之间的雇佣关系,解决好工作中的有关劳动纪律的问题,如缺勤、怠工等。第四,是就业条件。与员工个人签订就业合同的企业越来越多,这种合同中有关就业条件的问题涉及员工的报酬、病假工资、保险计划、退休金、带薪假期以及工作工时等。

为了贯彻实施企业的人力资源政策,通常可以采取四个步骤。

1. 宣传企业的人力资源政策

如果要实施一项政策,首要的工作是必须让受到政策影响的人们知道它、了解它,并且接受它。仅仅向有关人员散发一份政策的文本是远远不够的。企业还需向有关人员解释,有时还得进行必要的培训。由于会影响到某些人的利益,企业人力资源政策的某些方面可能不为某些人所欢迎。在这种情况下,更需要对企业的人力资源政策进行必要的宣传、解释

工作。

2.制定企业人力资源政策的工作程序

企业的人力资源工作总是离不开一定的工作程序。例如,为了将有关个人的信息存入电子计算机,人们至少得填写一些表格,为了有效地贯彻一项政策,有关的工作程序必须简单、有效。

3.监督企业人力资源政策实施过程

如果不对企业政策的实施进行监督,任何一项政策都会偏离原来预计的方向。一方面,无论一项政策是多么明确,总会有一些人忘记政策所规定的内容,还有些人甚至会有意回避政策的某些内容。另一方面,无论在制定政策时多么认真和小心,总会有一些事先估计不到的因素影响政策的执行。而且,情况总是在不断的变化,既定的政策不可能绝对正确地反映变化着的情况。如果能够及时地发现和解决这些问题,政策就能够得到充分的落实,增强政策的有效性。因此,对企业人力资源政策实施过程的监督有着不可忽视的重要意义。

4.调整企业人力资源政策

对企业人力资源政策实施过程的监督并不能保证企业人力资源政策的正确性。为了保证企业人力资源政策的正确性,需要对其进行不断地调整、纠正。

二、企业的组织设计

从组织行为研究的角度来看,企业是由一系列的工作职位以一定的结构组合而成的组织体。一个企业应该具有一些什么样的工作职位,这些职位应该以什么样的结构进行组合,需要依企业的性质、任务与宗旨以及其所处的环境而定。例如,制造业企业的组织结构的特点是强调对上级的服从,明确的工作任务以及专业化。而那些经常面临新问题和不可预见因素的工作,如市场营销工作,就需要经常重新明确工作任务,强调工作的灵活性和高度的自我约束。因此,在企业的人力资源管理中,企业的组织设计是一项极为重要的工作。

1.进行工作分析

工作分析是指在确定企业的组织体制和确定实施人力资源政策之前,对企业内部各项工作或职务的性质、责任以及对员工的要求等加以分析和研究,以此作为实施人力资源政策的依据。由于企业及其工作或职位的性质与环境不同,工作分析的具体内容可以有很大的差别。通常工作分析有以下具体内容:

(1)确定工作职位的要素。如工作职位的名称,工作操作的步骤与方法,工作的物理环境,工作的社会环境,工作的报酬情况,工作的责任等等。

(2)制定工作规范。工作规范是对工作的说明,主要包括对员工教育程度、生活与工作经验的要求等。工作规范强调的是从事某项工作的员工的能力。然而在管理实践中,很难找到十全十美的人来从事某项工作。

(3)确定工作分析的方法。常见的有观察法和面谈法。观察法,即对某一工作岗位的操作进行实际观察,是明确工作岗位及其职责的常用方法。观察法比较直观,简便易行,但是

也存在着一些不易克服的缺点。例如,观察易受观察者主观态度的影响;被观察对象可能因为紧张或炫耀自己而在被观察时表现异常;大量的非体力劳动不宜进行观察;需要较长操作时间的工作不宜进行观察等。

面谈法可以克服观察法的某些缺点。面谈法是由分析人员分别访问工作人员本人或其主管,以了解工作说明中原来填写的各项目的正确性,或是原填写事项有所疑问,以面谈形式加以澄清的方法。操作者能够进行自我观察,监督自己的心理活动,并能够用简明扼要的语言陈述自己的工作感受,这是运用观察法无法观察到的。但是,运用面谈法对分析人员的要求较高,必须受过面谈的基本训练;分析人员应当与被研究的人员之间建立起和谐的关系及相互信任;被分析的对象必须实事求是,要防止被分析对象在面谈时有意或无意地对自己进行不真实的描述。

2.确定组织结构

在不同的企业中,尽管各个工作职位之间的相互关系各不相同,但企业组织的设计者需要决定如何将这些不同工作职位联系在一起。确定企业组织结构的方式有四种:

(1)按照职能将不同的工作及相关人员组合在一起的组织结构。如将企业的销售人员组合在一起,形成一个组合,公共关系人员则形成另一个组合等。按照职能确定组织结构,可以使同一部门的人分享经验,加深相互间的了解、帮助和支持。这种组织结构形式,有利于企业工作的专业化,促进工作经验的积累,因此是一种运用最为广泛的组织结构。它的缺点是容易使企业工作人员局限于本专业的工作,使不同职能部门之间的沟通出现问题。

(2)按照业务地区的不同而设置企业组织结构。这种组织结构有利于各单位内部不同专业人员之间的交流,使企业员工更接近自己的顾客。其缺点是同一专业人员之间的交流范围有限,不利于积累专业经验。

(3)以企业产品为中心设置组织机构。这种组织形式可以围绕同一产品将具有不同经验和专业技能的人组织在一起。

(4)按照工作的时间分隔设置组织机构。随着工作的进展,逐步调整人员组合。

企业的组织结构建立起来后,最重要的工作就是在企业内部不同部门之间进行协调,使整个企业成为一个有活力的整体。这种协调工作主要包括三个方面的内容。首先是通过建立制度进行协调。这意味着使企业的组织结构制度化,以明确企业内部的等级,使全体员工纳入一定的上下级关系之中,分享企业从最高层向最低层垂直分布的权力和责任。其次是通过计划进行协调。在明确授权的基础上,企业计划可以为每一位员工规定各自在未来的任务,使大家分工协作,为实现企业的整体目标而共同奋斗。最后是通过会议进行协调。企业各级负责人可以根据需要,在自己的职权范围内召集必要的会议,沟通信息,交换意见,协调行动。

3.企业组织结构的不同形式

企业组织结构的形式是由企业内外部不同条件和环境因素共同作用所决定的。由于这些条件和因素的复杂性,企业组织结构的形式也是千差万别的,没有一种单一形式的组织结构,也没有一种称得上是最佳形式的组织结构。

（1）家庭式组织结构。在这种企业里，由一个或几个人形成一个中心，由中心对企业在所有权、专业技术和经营管理上进行严格的控制。这种企业组织结构形式适合于那些规模不大，技术简单，或者专业技术在企业经营管理中占重要地位的企业，以及经营环境不确定或环境发展变化太快的企业。

（2）行政机构式组织结构。那些拥有实力和专业技术的综合性企业常采用这种企业组织形式。它适用于在稳定的环境中经营的大型企业，具有综合技术和不同专业技术的企业。

（3）矩阵式组织结构。那些行政机构式的综合性企业可以采用矩阵式结构，以加强企业内部各部门的责任，更好地对顾客的需要做出反应。

（4）独立式组织结构。采用独立式组织结构的企业内部分为若干个独立的单位，企业对每一个单位提供必要的支持，而每个独立部门则分别从事自己的业务，相互之间很少协调。这适合于那些同时从事若干不同专业化业务，并且强调各单位及个人责任的企业。

三、企业的工作设计

为了充分利用企业的人力资源，需要正确地设计员工的工作。工作设计直接影响到企业员工的工作效率、工作成果及其考核。在进行工作设计时，需要考虑到企业所需员工的数量、操作任务、技术水平、能力高低，以及每个工作岗位的权责范围和控制幅度等因素。

1. 工作专业化

工作专业化是指对企业员工进行专业化分工，每一名员工都固定在一定的工作岗位上操作，一个人只承担整个工作操作流程中的一小块任务。员工工作专业化以后，可以将复杂的工作分解为许多简单的高度专业化的操作，这样对每一个人所要求掌握的操作技术标准下降了，可以在很大的程度上降低劳动力成本。员工由于从事较为简单的重复性操作，可以较容易地提高操作的熟练程度和工作流程的机械化与自动化程度，也有利于对员工的控制。但是，长期重复单一的操作会使员工产生厌烦和不满，导致员工士气和效率下降。而且员工终日在操作中接触的只是产品的一部分，不容易了解自己的工作对整个企业的意义，不利于培养员工的成就感和自豪感。

2. 工作轮换

工作轮换是指在一定的时期内使员工轮换工作岗位，在不同的工作岗位上进行操作。进行工作轮换可以为企业员工提供全面地观察和了解整个工作流程的机会，以及提供全面发展技术的机会，减少长期从事重复单一的操作带来的厌烦和不满。由于员工参与了整个工作流程的操作，亲眼见到了产品生产的全过程，对自己工作的意义就会有更为深刻的理解，从而产生成就感和自豪感，有利于提高员工的士气和工作效率。但工作轮换并不可能完全消除员工在工作中的重复单一感，员工在一定的时期内仍然不得不从事简单重复的操作。因此，工作轮换只能在有限的程度上发挥作用。

3. 工作扩大化

工作扩大化是指扩大员工的工作范围，使员工从事的操作多样化。进行工作扩大化后，员工通常仍然以原来从事的操作为主要操作，只是将其操作的范围扩大到原操作的前后工

序,员工的工作性质并没有太大的变化。因此,工作扩大化是员工工作范围的横向增加。通过增加每一个员工所应掌握的操作的种类和扩大员工从事的操作工序的数量,可以减轻员工对原来从事的操作的单调感和厌烦情绪,从而提高员工的劳动生产率。从管理的高度来看,采用工作扩大化可能会增加企业在工具和培训方面的开支。从员工的角度来看,从事新的操作、掌握新技术可能产生激励作用,但是一旦熟悉新技能之后,这种激励作用就会消失。

4. 工作丰富化

工作丰富化是纵向扩大员工的工作范围,增加员工在工作中的责任、自主权和信息反馈,即在一定的程度上使员工承担一部分管理方面的工作。例如,让员工参与工作计划的制定,由员工自行决定工作的速度和进展,由员工自己对工作的成果进行控制和考核,对产品质量进行自我监督等。工作丰富化能够为员工提供更多的激励和满足,从而提高员工的劳动生产率。然而,工作丰富化产生作用的一个条件是员工能够从工作丰富化中受到激励。实践证明,工作丰富化只是对一部分员工具有激励作用。

思考与练习

1. 简述企业人力资源管理的特点及基本职能。

2. 简述企业人力资源管理的各项基本原则。

3. 什么是组织设计? 企业内部组织设计包括哪些内容?

4. 企业员工招聘工作的基本步骤有哪些?

5. 企业员工教育培训的基本方法有哪些?

第五章　现代企业生产管理

生产管理是对企业生产活动的计划、组织、领导与控制等活动的总称。

内容提要

生产管理有广义与狭义之分。广义的生产管理是指针对企业生产活动的全过程进行综合性、系统性的管理,它涉及人、财、物、时间、信息等全部的生产要素。狭义的生产管理是指以产品的生产过程为对象的管理。本章所研究的是狭义的生产管理,主要内容包括生产过程组织、生产计划工作、生产作业计划与控制等。

案例引导

现代企业应该怎样看待 JIT 技术

一、中国企业对 JIT 技术的运用

在中国,JIT 似乎成了某些总装厂压榨零配件供应商利润,降低自己库存的工具。"迟到 1 分,罚款 500 元。"这可不是用来约束员工上班的考勤制度,而是某汽车总装厂用来约束其零配件供应商供货的条款。现在制造企业对其零配件供应商几乎都有类似的要求,为的是实现准时制(Just In Time,JIT)的供货和制造。

JIT 的基本思路就是用最准时、最经济的方法进行生产资料购货、配送,以满足制造要求。"有些总装厂借着 JIT 的理论,把库存压力毫不留情地转嫁到我们头上。"私下里有些零配件厂商很气愤地说道。

零配件厂商之所以将怨气撒在 JIT 身上,是因为:在引入 JIT 模式前,总装厂与零配件企业之间采用的是入库结算方式;而在引入 JIT 模式之后,总装厂又引进了"上线"和"下线"两种新的结算法——零配件上生产线时或在生产线上被装配为合格成品入库时才结算。显然,对总装厂来说,这三种结算方式能使它们的库存资金递减,"下线"结算甚至可以让它们的原材料库存真正变为零。按理说,不同的结算方式零配件的价格应该不一样,但据相当一部分国内零配件厂商透露,即使面对下线结算方式,他们也难有讨价还价的能力,因为这是一个整车为王的时代。一些总装厂在自己内部生产尚缺乏计划和控制时,却偏偏要求与供应商实行下线结算,零配件厂送来的产品在总装厂甚至会被搁置数周。"反正也不是它们的库存,它们一点也不心疼。"一些零配件厂商很无奈地说。总装厂却因为没有库存压力显得颇为轻松。一位总装厂的物流经理说:"现在,我们没有原材料库存的压力了。"在国内的供应链上,JIT 似乎成为了某些总装厂压榨供应商的工具。

二、中国企业的 JIT 技术能长久吗？

"这是危险之举，不仅害人，更重要的是最终会害自己。"一位曾在福特公司从事过多年生产管理工作的专家痛心地说。他认为："中国某些企业在学习先进经验时，只学习了形式，而没有抓住本质，甚至危言耸听。"

从目前国内的一些 JIT 的"成功"案例可以很明显地看出，在那些供应链上，库存并没有减少，反而增多了，且由总装厂向零配件企业转移。这样的转移也许令总装厂感到满意——"反正库存不在我这儿，我的成本降低了。"但是一个产品是供应链的集体结晶，其价值和价格是由供应链的整体价值决定的。如果供应链的整体库存没有降低反而增加，产品的整体成本就不可能降低，只不过由于成本转移，使得利润砝码向总装厂倾斜，给他们造成了成本降低的假象。

供应链的本质是相互配合、共生共赢。如果总装厂执迷不悟地继续榨取供应链上游的利润，那么零配件厂商要么选择退出，要么被压死，或者选择偷工减料。到那时，总装厂还能高枕无忧吗？

中国企业的 JIT 技术带给总装厂的长远灾难还不止于此。一个原材料库存为"零"的"温水池"，会让那些躺在其中的总装厂变成"青蛙"，这种貌似降低的成本会让它们因为没有库存压力而变得忘乎所以。在缺少成本约束的情况下，它们很难自发地改善内部的生产管理。可以想象，一个具有十足优越感、管理不到位的企业的最终结局是什么？只能与被它们榨干的供应商们一同死去。在我国的手机市场、家电市场，这样的例子并不罕见。

三、安徽江淮汽车集团的 JIT 技术

值得庆幸的是，国内一些总装厂已经意识到了这种危险，开始"逆流"而动，把库存压力从供应商那里"拿"回来。安徽江淮汽车集团就经历了一次这样的管理转变。

前几年，安徽江淮汽车集团和其他汽车生产商一样，与供应商之间改为"上线"结算模式，并从中尝到了减少库存的甜头。2002 年，安徽江淮汽车集团瑞风商务车分公司开始开发 ERP 系统。在设计系统方案时，有人提出，把结算方式进一步改为"下线"结算，并希望得到信息系统的支持。对此提议，时任安徽江淮汽车集团 ERP 项目实施顾问的执行总监唐明却提出了不同的思路。他指出："在企业没有练好内功时，进行下线结算，不是降低库存的先进方式，而是慢性毒药——它在给供应链上游加大负担的同时，也会给安徽江淮汽车集团的管理带来严重的负面后果，最终会导致整个供应链和产品竞争能力的下降。"

唐明的看法在当时显然不合潮流，但江淮汽车集团的管理层居然接受了他的意见。江淮集团董事长左延安一直非常看中供应链的整体竞争力。ERP 系统在江淮汽车集团上线后，瑞风商务车分公司"倒退"回去，与供应商重新采用入库结算模式。"这样，我们的库存压力又回来了。ERP 系统的实时成本数据每天都在敲打着我们。"江淮汽车集团物流经理龙凯峰感慨地说，"我们就不得不每天都琢磨如何降低成本。从前可不是这样，那时的浪费惊人，因为总觉得浪费的不是自己的东西。"

其实，龙凯峰每天琢磨如何减少库存的门道就是精益生产的一部分内容。精益生产的精髓就是减少浪费以降低成本，降低偏差以提高质量，提高效率以最终满足客户。通过精益

生产,企业可以实现产品质量优质、成本低、送货及时。显然,JIT 只是精益生产的自然结果之一,并不是降低库存的手段。

通过精益生产,无论是零配件企业,还是总装企业都正在让自己摆脱被动,获得主动。因此,它们与供应链伙伴之间的 JIT 合作是自然形成的。这与那些只想转移库存而不想修炼内功的企业完全不同。

问题

安徽江淮汽车集团 JIT 实施策略的实质是什么?它又能走多远?

第一节　生产过程的组织

生产过程的组织是指从空间和时间两方面对产品生产过程的各个环节做出合理安排。任何一种工业产品的生产,都要经历一定的生产过程。所以合理组织生产过程,使企业生产活动能够协调地、高效率地进行,是企业取得良好经济效益的前提条件,是企业生产管理的首要内容。

一、生产过程组织概述

(一)生产过程及其构成

1.产品生产过程的含义

产品的生产过程,是指从产品生产准备开始,经过投料加工制造,直到把产品生产出来为止的全过程。工业产品的生产过程是社会物质财富生产过程的组成部分,也是工业企业最基本的活动过程,亦即劳动者利用劳动手段作用于劳动对象,使其按预定的目的变成工业产品的过程。在实践中,工业产品的生产过程实际上是劳动过程与自然过程的结合,劳动过程占主导地位,自然过程是在劳动者控制管理下进行的。

产品生产过程有广义和狭义之分。广义的生产过程是指从准备生产该产品开始,直到把产品生产出来为止的全部过程。狭义的生产过程则是指从原材料投入生产开始,直到把产品生产出来为止的全部过程。就其狭义的概念而言,这一过程通常由工艺过程、质量控制与检验过程、运输过程、自然过程和等待间歇过程等五个部分组成。

2.企业生产过程的构成

一般来说,工业企业生产过程可划分为生产技术准备过程、基本生产过程、辅助生产过程和生产服务过程四个部分。由于专业化协作水平、技术条件以及企业生产的性质和特点的不同,生产过程的这些组成部分有很大差别,并且随着生产的发展也会发生变化。

(1)生产技术准备过程。这是指产品投入生产以前所进行的各种生产技术准备工作。如产品设计、工艺设计、工装设计和制造、标准化和定额工作以及产品试制与鉴定等。

(2)基本生产过程。这是指直接使劳动对象变为企业基本产品所进行的生产活动,即产

品加工过程。如纺织企业的纺纱、织布;机械制造企业的铸造、加工、装配;钢铁企业的炼钢、轧钢等。基本生产过程是企业的主要活动,它代表企业的基本特征和专业化水平。

(3)辅助生产过程。这是指为保证基本生产过程的正常进行所必需的各种辅助性生产活动。如机械制造企业的动力生产、工具制造和设备维修等。

(4)生产服务过程。这是指为基本生产和辅助生产服务的各种生产性服务活动,如原材料、半成品、工具和各种辅助材料的供应、运输和仓库保管等。

工业企业生产过程的各个组成部分之间既相互区别,又紧密联系。其中,基本生产过程是最主要的组成部分,其他各部分都要围绕基本生产过程进行,为基本生产过程提供条件。

基本生产过程按工艺加工的性质划分,可以分为若干相互联系的工艺阶段。如机械制造企业的毛坯准备、机械加工和装配三个工艺阶段。每个工艺阶段又可按劳动分工和使用的设备、工具不同划分为不同的工序。

工序是指一个或一组工人在一个工作地上对同一个(或几个)劳动对象连续进行加工的生产活动。工作地是工人使用劳动工具对劳动对象进行生产活动的地点,它是由一定的场地面积、机电设备和辅助工具组成的。在工艺阶段中,一件或一批相同的劳动对象顺序地经过许多工作地,在每个工作地内连续进行的生产活动就是一道工序。如果劳动对象不移动,固定在工作地上,由不同的工人顺序地对它进行加工,这时,每一个或一组工人在这个工作地上连续进行的生产活动,也是一道工序。

工序是组成生产过程的基本单位。按作用不同,工序通常可分为工艺工序、检验工序、运输工序等。工艺工序,是指使劳动对象发生物理或化学变化的工序。工艺工序是基本生产过程的主要组成部分。检验工序是指对原材料、半成品或成品的质量进行检验的工序。运输工序是指在各工艺工序之间,工艺工序和检验工序之间运送劳动对象的工序。

(二)合理组织生产过程的目的与要求

组织生产过程就是要对生产的各个阶段和各个工序进行合理安排,使它们之间能协调配合,形成一个有机的生产系统。合理组织生产过程的基本目的是使产品在生产过程中行程最短、时间最省、占用和耗费最少,并能按社会需要生产适销对路的产品。为此,生产过程组织必须符合以下基本要求。

1. 生产过程的连续性

生产过程的连续性是指产品在生产过程各个阶段、各道工序之间的流转处于不停的运动之中,且流程尽可能地短。它包括空间上的连续性和时间上的连续性。空间上的连续性要求生产过程各个环节在空间布置上合理、紧凑,使物料的流程尽可能短,没有迂回往返现象。时间上的连续性是指物料在生产过程的各个环节的运动,自始至终处于连续状态,没有或很少有不必要的停顿与等待现象。提高生产过程的连续性,可以缩短产品生命周期,降低在制品库存量,加快流动资金的周转,提高资金利用率,也有利于改善产品质量。为了保证生产过程的连续性,首先要合理布置企业的各个生产单位,使物料流程合理;其次要组织好生产的各个环节,包括投料、运输、检验、工具准备和设备维修等,使物料运动不发生停歇。

2. 生产过程的比例性

生产过程的比例性是指生产过程各环节的生产能力要保持适合产品制造数量和质量的比例关系。比例性是生产过程顺利进行的重要条件。如果破坏了比例性，生产过程必将出现"瓶颈"。"瓶颈"制约了整个生产系统的产出，不仅造成非瓶颈资源的能力浪费和物料阻塞，也破坏了生产过程的连续性。保持生产过程的比例性，首先取决于正确的工厂设计；其次，要加强日常生产的作业计划管理，搞好生产能力的综合平衡，采取有效措施，消除瓶颈环节，保持各生产环节应有的比例关系。

3. 生产过程的均衡性

生产过程的均衡性是指企业及其各个生产环节都能够按计划均衡地进行，在相等的时间间隔内生产相等或递增数量的产品或者完成大体相等的工作量。各个工作地的工作负荷相对稳定，不出现前松后紧、时松时紧的现象，使设备和工时得到充分利用，有利于提高产品质量，保证安全生产，降低生产成本。保持生产过程的均衡性，主要依靠加强计划管理，保持生产过程的比例性，做好生产调度、在制品管理和生产技术准备工作，并切实组织好辅助生产和生产维修工作。

4. 生产过程的准时性

生产过程的准时性是指生产过程的各阶段、各工序都要按后续阶段工序的需要生产。即在需要的时候，按需要的数量生产所需要的零部件。准时性将企业与用户紧密地联系起来。企业所做的一切都是为了让用户满意，用户需要什么产品，企业就生产什么，用户需要多少就生产多少，何时需要就何时提供。要做到让用户满意，企业生产过程必须做到准时，只有各道工序都准时生产，才能准时地向用户提供所需数量的产品。准时性是市场经济对生产过程提出的要求。

从市场角度看，连续性、比例性和均衡性都有一定的局限。现代企业不与市场需求挂钩，追求连续性、均衡性是毫无意义的。在市场环境多变的情况下，比例性只是一种永远达不到的理想状态，出现"瓶颈"永远是正常现象。

（三）生产类型的划分及其对生产管理的影响

生产类型是影响生产过程组织的主要因素。由于各个企业在生产结构、生产条件、生产规模和生产专业化协作程度等方面具有各自的特点，为了研究他们之间的共同特点，寻求生产组织的规律性，可将企业按一定标志划分成不同的生产类型。同一生产类型之间具有基本相同的特点和生产规律性，可选择适应其特点的生产组织形式和管理方法，以便从现代企业实际出发，合理组织生产，提高现代企业的管理水平。

根据产品生产的重复程度和工作地专业化程度，可将工业企业生产划分为三种基本类型，即大量生产类型、成批生产类型和单件生产类型。

1. 大量生产类型

大量生产的特点是：产品品种少，产品数量大，生产条件稳定。由于生产的产品长期重复，大多数工作地只固定完成一两道工序，专业化程度高。大量生产的稳定性和重复性，可

给生产管理带来一些有利的影响。由于分工精细,工作地专业化程度高,企业可购置高效率的专用设备和工装,采用流水线、自动化生产线等高效的生产组织形式,还可使工人操作简化,有利于推行标准化操作方法,提高工效;由于产品品种及数量稳定,原材料、毛坯变化小,易与供应厂家和外协厂家建立长期、稳定的协作关系,供货质量、数量和交货期容易得到保证,有利于提高和稳定产品质量;计划、调度工作简单。

大量生产的产品一般属于社会需求量大、用途广和通用性强的产品,如汽车、农机等。如美国福特汽车公司曾长达19年始终坚持生产"T"型车一种产品,是大量生产的典型例子。

2. 成批生产类型

成批生产类型的特点是:生产的产品产量比大量生产少,产品品种较多,各种产品在计划期内成批轮番地生产,生产具有一定的稳定性和重复性。大多数工作地要承担较多的工序,其专业化程度比大量生产要低。成批生产按其批量大小和工作地承担的工序数目多少,又可分为大批生产、中批生产和小批生产三种。

与大量生产相比,成批生产的产品产量较低,品种较多,不可能采用较多的自动化、半自动化的设备和各种专用设备,因此机械化、自动化程度不如大量生产那样高,而且对工人的技术要求较高,以适应多品种和周期性生产变动的需要。由于成批生产具有一定的稳定性和重复性,因此有条件编制较为详细的工艺规程,制定各种生产指示图表作为编制生产作业计划的依据,组织不同专业化程度的专业化车间和工段。属于成批生产的产品一般有机床、中小型电机、柴油机等。

3. 单件生产类型

单件生产的特点是:产品品种繁多,产量极少,通常只生产一件或少数几件;多属一次性生产的产品,不再重复,即使重复也无固定的重复期;生产的稳定性差,大多数工作的要负担很多道工序,工作的专业化程度较低。

由于产量少,品种多变,单件生产一般不具备采用专用设备和专用工装的条件,多采用应变能力强的适用于多品种生产的通用设备。只有在极特殊的情况下,才采用少量专用设备和专用工装。因此,单件生产的机械化、自动化水平低下,手工操作的比重大,单位产品的劳动消耗增加,产品生产周期较长。而且,要求工人具有较高的技术水平,掌握范围较广的操作技能,以适应单件生产产品多变的特点。

二、生产过程的空间组织

工业企业的生产过程,是在一定的空间,通过许多相互联系的生产单位实现的。所以必须根据企业生产的需要进行总体规划和工厂设计,开辟一定的场所,建立相应的生产单位(车间、工段、小组)和其他设施,并在各生产单位配备相应工种的工人和机器设备,采取一定的生产专业化形式,以便完成所担负的生产任务。生产过程的空间组织,就是根据生产需要和经济合理的原则,研究生产单位的设置以及各生产单位及其设施在空间上的布局,使整个企业的生产过程在空间上形成一个既相互分工又协调一致的有机整体。

（一）生产单位专业化的原则和形式

生产单位专业化的原则和形式，决定着企业内部的生产分工和协作，决定着工艺过程的流向及原材料、在制品在厂内的运输线路和运量，它是生产过程空间组织的一个重要问题。生产单位专业化的原则，主要有工艺专业化原则和对象专业化原则，相应地存在着两种专业化形式。

1.工艺专业化形式

工艺专业化形式又称工艺原则，它按照生产工艺性质的不同来设置生产单位。在工艺专业化的生产单位里，集中着相同类型的工艺设备和同一工种的工人，对企业生产的各种产品进行相同工艺方法的加工。每一生产单位只完成企业产品生产过程的部分工艺阶段或部分工艺工序。例如，机械制造企业中的机械加工车间，把所有机床集中起来，组成车工工段或小组，担负各种产品的车削加工任务。

工艺专业化形式的优点是：对品种的变换具有较好的适应性；有利于充分利用生产设备和工人的工作时间；便于进行工艺管理，有利于同类技术的交流和协作，有利于提高工人的技术水平。其缺点是：由于产品要经过许多生产单位的加工才能完成，所以产品的交叉运输和往返运输多，运输路线长，在制品等待停放时间长、生存周期延长，流动资金占用量大，而且生产单位之间生产联系频繁，管理复杂。

2.对象专业化形式

对象专业化形式又称对象原则，它是以产品（零件、部件）为对象设置生产单位。在对象专业化的生产单位里，集中着为制造某种产品所需要的各种设备和不同工种的工人，对同种产品进行不同工艺方法的加工。每一个生产单位基本上能独立地完成该种产品的全部或大部分工序，所以这类生产单位又称为封闭式的生产单位。如汽车制造厂的发动机分厂、变速箱分厂等。

对象专业化形式的优点是：产品在生产过程中的停放、等待时间短，运输线路短，可缩短生产周期，减少在制品和流动资金的占用量；便于采用先进的生产组织形式，加强生产管理。其缺点是：工人和设备的利用效率低；生产单位内部工艺技术复杂，不便于进行工艺技术指导和管理；适应产品品种变化的能力差。

上述两种组织生产单位的基本形式，各有其优缺点，各适用于不同的条件。企业在组织和调整生产单位时，要认真分析企业的实际情况，根据客观条件选择和应用。

（二）工厂总平面布置的原则和方法

1.工厂总平面布置的基本原则

工厂总平面布置是生产过程空间组织的主要内容，其目的在于保证企业获得较高的生产率和最好的经济效益，保证职工的安全、健康和良好的工作环境，实现文明生产。为此工厂总平面布置应遵循以下基本原则：

（1）工厂的生产厂房、设施和其他建筑物的布置，应满足生产过程的要求，使物料运输路线尽可能短，减少交叉和往返运输，以缩短生产周期，节约运输费用。

（2）生产上联系密切的车间应靠近布置，相互衔接。如辅助生产车间、生产服务部门应布置在其主要服务车间附近，以保证最短的运输距离和联系工作的方便。

（3）要注意安全防护和"三废"处理，贯彻《中华人民共和国环境保护法》和《中华人民共和国消防法》，符合安全技术规定。

（4）节约用地，并考虑生产发展的需要。要充分利用场地，布置应紧凑，提高建筑系数，节约投资和生产费用。同时，要考虑企业生产长远发展的需要，即要考虑企业扩散、改建对厂区面积需要的可能性。

（5）厂区平面布置应当和周围环境相协调，考虑企业环境的美化和绿化，使工厂布置得整齐、美观，为职工创造一个良好的工作环境。

2. 工厂总平面布置的主要方法

根据以上要求，工厂总平面布置可采用以下几种基本方法。

（1）物料流向图法。物料流向图法是按照原材料、在制品以及其他物资在生产过程中的总流动方向来布置工厂的各个车间、仓库和其他设施，并且绘制物料流向图，加以调整和改进的方法。

（2）物料运量图法。物料运量图法是根据各车间（仓库、站场）的物料运量大小来进行工厂总平面布置的方法。相互间运量大的车间应靠近布置；反之，则可布置得远些。为了清楚地表明各车间之间的运量，可以填制物料运量表，如表5-1所示。

表 5-1　物料运量表

单位：吨

从一车间＼至一车间	01	02	03	04	05	06	总　计
01		6		2	2	4	14
02			6	4	3		13
03		6		6	4	4	20
04			6		2	4	12
05				1			1
06		3	4				7
总计	0	15	16	13	11	12	

（3）作业相关图法。作业相关图法是通过图解，判明工厂各组成部分之间的关系，然后根据各部门之间关系的密切程度逐个地布置每一个部门，再通过几个方案的比较，得出最佳布置方案。

（三）车间设备布置的原则和方法

车间设备布置主要是指车间中基本工段的设备的平面布置。

1. 车间设备布置的原则

(1)尽量按工艺顺序布置设备,使生产对象在加工过程中运输线路最短,尽量减少交叉和往返运输。

(2)注意运输方便,充分发挥运输工具的作用。

(3)合理布置工作地,保证生产安全,尽可能为工人创造良好的工作环境。

(4)尽量为工人实行多设备看管创造条件。

(5)要合理地利用生产面积。

(6)要注意维护设备精度,照顾设备工作条件。如精度要求较高的设备应布置在光线充足和受振动影响最小的地方。

2. 车间设备布置的方法

(1)样板或模型布置法。这种布置方法就是把某车间的各组成部分或所布置的设备、通道等,按照它们必须占用的面积,依照平面图形与车间平面的同一比例(如1：100,1：200等)在车间平面图上试行布置,直到安全、满意为止。这种样板或模型可以灵活移动,便于对多个布置方案进行比较。其缺点是不能反映各设备之间复杂的数量关系。

(2)物料运量比较法。这种方法又称从至表法,是对各机器设备间物料运输路线和运输量进行比较来合理布置设备的一种方法。

三、生产过程的时间组织

合理组织生产过程,不仅要求企业各生产单位在空间上合理配置,密切配合,而且要求劳动对象在各生产单位之间、各工作地之间的运动在时间上也相互配合和衔接,最大限度地提高生产过程的连续性和均衡性,以提高劳动生产率和设备利用率,缩短产品生产周期,加速资金周转,降低产品成本。工业产品生产过程的时间组织,包括的内容很多,涉及范围广,它与生产计划的安排,日常生产调度工作等有密切关系。在此主要研究劳动对象在各工序间的移动方式,即在制品从一个工作地到另一个工作地的运送方式。

在制品在工序间的移动方式与加工的在制品数量有关。如果加工的在制品是一件,那就只能在上一道工序完成后,再送到下一个工作地进行下一道工序的加工。如果同时制造的不是一件而是一批在制品,则在制品在工序间的移动方式就有以下三种。

(一)顺序移动方式

一批在制品在上道工序全部加工完毕后才整批地转移到下道工序继续加工,这就是顺序移动方式。采用顺序移动方式,一批在制品的加工周期 $T_{顺}$ 为

$$T_{顺} = n \sum_{i=1}^{m} t_i$$

式中,n——在制品加工批量;

t_i——第 i 工序的单件工序时间;

m——在制品加工的工序数。

【例 5-1】　某在制品加工批量为四件,四道工序,各道工序单件时间分别为 10 分钟、5

分钟、20分钟、15分钟。则该批制品的加工周期 $T_顺$ 为

$$T_顺 = n\sum_{i=1}^{m} t_i = 4 \times (10 + 5 + 20 + 15) = 200(分钟)$$

(二)平行移动方式

每件在制品在上道工序加工完毕后,立即转移到下道工序去继续加工,形成前后工序交叉作业,这就是平行移动方式。采用平行移动方式,一批在制品的加工周期 $T_平$ 为

$$T_平 = n\sum_{i=1}^{m} t_i + (-1)t_i$$

式中,t_i——最长的单件工序时间;其余符号意义同前。

将例【5-1】单件工序时间代入,可求得 $T_平$ 为

$$T_顺 = (10 + 5 + 20 + 15) + 3 \times 20 = 200(分钟)$$

(三)平行顺序移动方式

顺序移动方式在制品运输次数少,设备利用充分,管理简单,但加工周期长;平行移动方式加工周期短,但运输频繁,设备空闲时间多而零碎、不便利用。为了综合两者的优点,可采用平行顺序移动方式。平行顺序移动方式要求每道工序连续进行加工,但又要求各道工序尽可能平行地加工。具体做法是

(1)当 $t_i > t_{i+1}$ 时,零件按平行移动方式转移;

(2)当 $t \geqslant t_{i+1}$ 时,以 i 工序最后一个在制品的完工时间为基准,往前推移 $(n-1) \times t_{i+1}$,作为零件在 $(i+1)$ 工序的开始加工时间。采用平行顺序移动方式,一批在制品的加工周期 $T_{平顺}$ 为

$$T_{平顺} = n\sum_{i=1}^{m} - (n-1)\sum_{i=1}^{m-1} \min(t, t_{i+1})$$

将【例5-1】数值代入,得

$$T_{平顺} = 4 \times (10 + 5 + 20 + 15) - 3 \times (5 + 5 + 15) = 125(分钟)$$

三种移动方式示意图分别如图5-1、图5-2和图5-3所示。

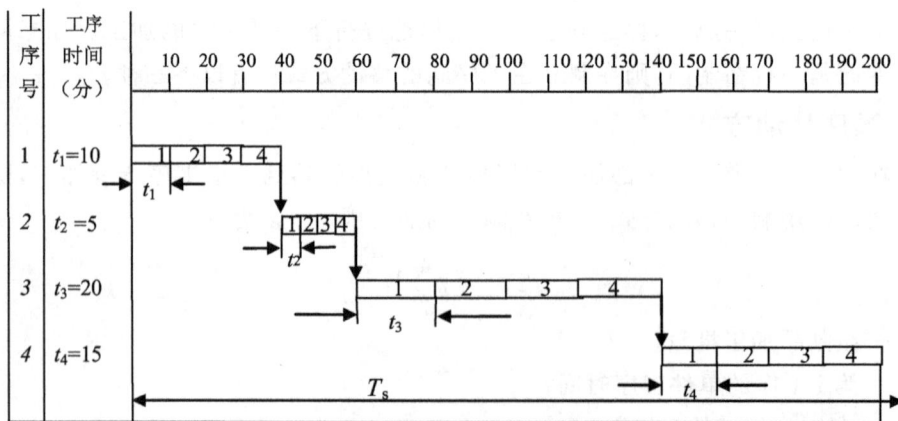

图5-1 顺序移动方式示意图

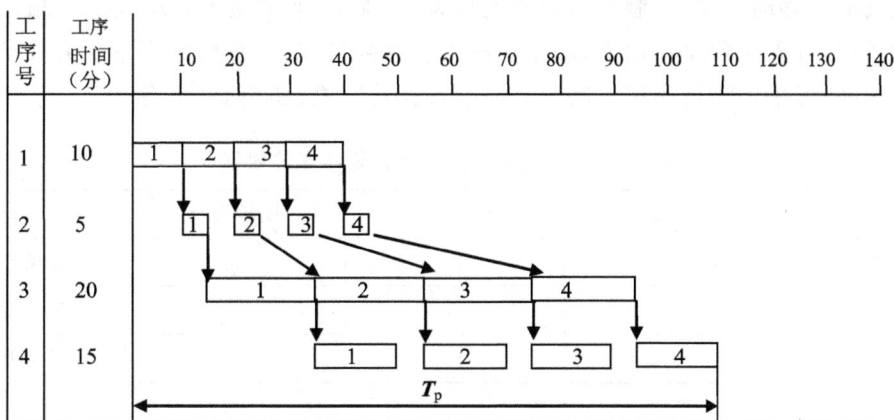

图 5-2 平行移动方式示意图

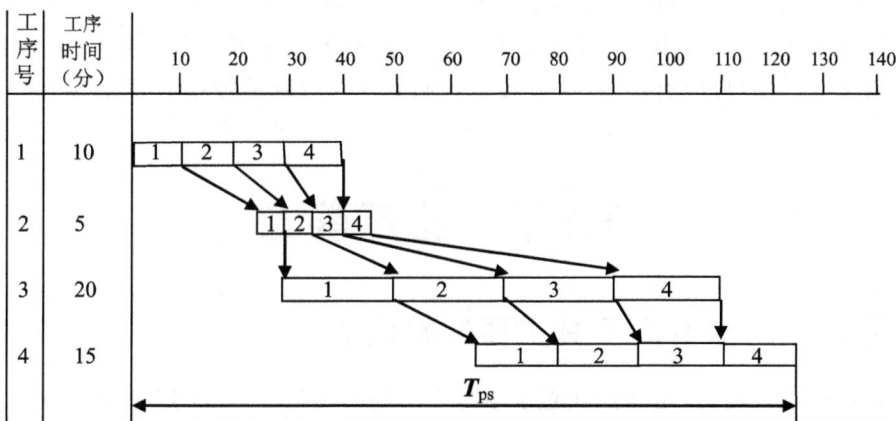

图 5-3 平行顺序移动方式示意图

在实际生产中,选择在制品的移动方式需要考虑在制品的尺寸大小,在制品加工时间长短,批量大小以及生产单位专业化的形式。三种移动方式各有优缺点,在选择采用哪种移动方式时应权衡利弊,结合具体条件来考虑。它们之间的比较如表 5-2 所示。

表 5-2 在制品三种移动方式的比较

比较项目	平行移动	平行顺序移动	顺序移动
生产周期	短	中	长
运输次数	多	中	少
设备利用	差	好	好
组织管理	中	复杂	简单

比较项目平行移动平行顺序移动顺序移动生产周期短中长运输次数多中少设备利用差好好组织管理中复杂简单一般而言,批量小,宜采用顺序移动方式;批量大,宜采用平行顺序

移动方式或平行移动方式;在制品大宜平行移动,在制品小则顺序移动或平行顺序移动;零件加工时间短,可采用顺序移动方式;车间按工艺原则组成,宜采用顺序移动方式;而按对象原则组成车间,可采用平行顺序移动方式或平行移动方式,如表5-3所示。

表5-3 选择在制品移动方式需考虑的因素

移动方式	制品尺寸	加工时间	批量大小	专业化形式
平行移动	大	长	大	对象专业化
顺序移动	小	短	小	工艺专业化
平行顺序移动	小	长	大	对象专业化

移动方式在制品尺寸加工时间批量大小专业化形式平行移动大长大对象专业化顺序移动小短小工艺专业化平行顺序移动小长大对象专业化任何企业的生产都是在一定的空间范围内以一定的组织方式进行的,因此,生产系统的设计和组织是企业生产管理的重要内容。生产系统的设计和组织,应用科学的方法和手段对企业的各组成部分、各种生产要素进行合理的配置和布置,使之形成有机系统,以最经济的方式和较高的效率为企业的生产经营管理服务。

第二节 生产能力

一、生产能力的概念及其主要影响因素

工业企业的生产能力,是指企业直接参与生产的固定资产,在一定时期内,在先进、合理的生产技术组织条件下,经过综合平衡后所能生产的一定种类和一定质量的产品的最大数量。对于流程式生产,生产能力是一个准确而清晰的概念,如水泥厂年产水泥100万吨。对于加工装配式生产,生产能力则是一个模糊的概念,不同的生产类型和产品组合,表现出的生产能力是不同的。大量生产,品种单一,可用具体产品数表示生产能力;对于大批生产,品种数少,可用代表产品表示生产能力;对于多品种、中小批量生产,则只能以假定产品的产量表示生产能力。

(一)生产能力的种类

企业的生产能力,在一定时期内是相对稳定的,但不是固定不变的。随着生产的发展和技术组织条件的变换,生产能力也会相应变化。根据核算生产能力时所依据的条件不同,企业的生产能力可分为设计能力、查定能力和计划能力三种。

1.设计能力

设计能力是企业的设计文件中规定的生产能力,它是企业新建、扩建或改建后应该达到的最大年产量。企业建成投产后,一般要经过一段掌握生产技术的过程,才能达到设计能力水平。

2. 查定能力

查定能力是在企业没有设计能力,或虽有设计能力但由于企业的产品方案、协作关系和技术组织条件发生了很大变化,原有设计能力不能反映实际情况,由企业重新调查核定的生产能力。它是以企业现有固定资产等条件为依据,并考虑采取各种技术组织措施或技术改造后能取得的效果来确定的。

3. 计划能力

计划能力也称现实能力。这是指企业在计划期内实际可能达到的生产能力,是根据企业现有的生产条件和计划期内能够实现的各种技术组织措施效果而计算的。

上述三种能力,反映不同时期、不同生产技术组织条件下,企业生产能力的不同水平。设计能力或查定能力,是确定企业规模、编制企业长远规划、安排基本建设和设计改造计划等的依据;计划能力则是企业编制年度生产计划、确定生产计划、确定生产计划指标和安排生产进度等工作的依据。

(二)影响生产能力的主要因素

影响企业生产能力大小的因素很多,但可以归纳为三个主要因素,即生产中的固定资产的数量,固定资产的工作时间和固定资产的生产效率。

1. 生产中的固定资产的数量

生产中的固定资产的数量,是指企业拥有的全部能够用于生产的机器设备、厂房和其他生产性建筑物的面积。机器设备包括正在运转、正在修理、正在安装调试或者等待修理的机器设备,以及因生产任务不足或其他不正常原因而暂停使用的机器设备。至于已经决定报废的设备,以及企业规定备用的、封存待调的机器设备,则不应计算在内。

2. 固定资产的工作时间

固定资产的工作时间,是指机器设备的全部有效工作时间和生产面积的全部利用时间。设备的有效工作时间一般用日历时间扣除节假日时间和设备的停工修理时间,并考虑设备的工作班次及轮班工作时间来确定。生产面积的利用时间除不扣除停工修理时间外,其他与设备有效工作时间相同。

3. 固定资产的生产效率

固定资产的生产效率,是指单位机器设备的产量定额或单位产品的台时定额、单位时间单位面积的产量定额或单位产品生产的面积占有额。固定资产的生产效率,与前两项因素相比,它是最难确定的因素,也是决定生产能力的最重要的因素。计算生产能力所采用的生产效率定额应当是平均先进的计划定额,以使生产能力保持在先进、合理的水平。

二、生产能力的核定

核定生产能力是企业管理的一项基础性工作。这一工作必须与确立企业生产方向和专业化方向结合起来进行。核定生产能力前,要做好各项准备工作,包括组织核定小组,收集有关统计,定额和技术经济资料。核定的程序是由下而上,逐级核定。先计算设备组的生产

能力,再确定小组、工段的生产能力,最后确定车间及整个企业的综合生产能力。

在各生产环节处于大量生产条件时,小组中同类设备组的生产能力,可用下列公式计算:

$$设备生产能力=设备数量(台)\times 单位设备有效工作时间\times 单位设备产量定额$$

或, $$设备生产能力=设备数量(台)\times 单位设备有效工作时间\times 单位设备台时定额$$

式中, $$\frac{单位设备有}{效工作时间}=\frac{全年制度}{工作日数}=\frac{每日工作}{小时数}\times\left[1-\frac{设备停工}{修理率}\right]$$

当生产能力主要取决于生产面积时,生产能力的计算公式如下:

$$\frac{生产面积}{生产能力}=\frac{全年制度数}{量(平方米)}\times\frac{生产面积}{利用时间}\div\frac{单位产品占}{用生产面积}\times\frac{占用}{时间}$$

在多品种生产条件下,由于同一设备或生产面积不只生产一种产品,因而其生产能力的计算通常采用代表产品法或假定产品法。代表产品是结构和工艺有代表性,且产量与劳动量乘积最大的产品。在多品种生产企业,当产品的结构、工艺、劳动量差别很大时,难以确定代表产品,这时可采用假定产品。假定产品是按各种具体产品工作量比重构成的一种实际上不存在的产品。

在核定小组生产能力时,如果该产品是由一种设备加工制成的,那么小组的生产能力就等于该设备组的生产能力;如果产品在该小组需要通过不同设备依次加工才能制成,那么小组生产能力应是各种生产能力综合平衡后的结果。

小组生产能力计算出来以后,可在对各小组生产能力综合平衡的基础上,核定车间生产能力。在对各车间及生产环节生产能力综合平衡后,可核定企业的综合生产能力。综合平衡主要包括两方面内容:一是各基本生产环节能力的平衡;二是基本生产环节能力与辅助生产环节能力之间的平衡。如果出现能力不平衡的,必须制定消除薄弱环节的措施,使企业生产能力落实到一个合适的高水平。

三、生产能力的利用评价

合理利用和提高生产能力,意味着企业在不增加固定资产的前提下,可以增加产量,提高劳动生产率,降低成本,增加盈利,提高企业经济效益,为社会提供更多的适销对路的产品。反映企业生产能力利用情况的指标一般有以下三种。

(1)固定资产运用系数。它表明企业现有固定资产的运用情况。其计算公式如下:

$$固定资产运用系数=\frac{运用的固定资产(设备和生产面积)数}{现有固定资产(设备和生产面积)数}$$

(2)固定资产负荷系数(计划或实际)。它表明企业固定资产工作时间的利用情况。其计算公式如下:

$$固定资产负荷系数(计划或实际)=\frac{计划(或实际)的负荷量(台时或平方米小时)}{全部设备或生产面积的有效工作时间(台时或平方米小时)}$$

（3）生产能力综合利用系数（计划或实际）。这是一个综合性指标，它不仅反映出固定资产的运用情况和工作时间利用情况，同时也反映了固定资产的生产效率。其计算公式如下：

$$\text{生产能力综合利用系数（计划或实际）}=\frac{\text{计划（或实际）年产量}}{\text{生产能力}}$$

通过对上述指标的分析，可以明确企业生产能力利用方面的潜力，制定改进措施，以提高生产能力的利用水平。

第三节　生产作业计划标准与控制

生产作业计划是生产计划的具体执行计划。它是把企业的全年生产任务，具体地分配到各车间、工段、班组以至每个工作地和个人，规定他们在每月、每旬、每周、每日以至每个轮班和小时内的具体生产任务，合理地组织和有效地指导企业日常的生产活动。编好生产作业计划，对于协调企业各个部门、各个生产环节的活动，均衡地完成生产计划指标和订货合同，以及提高生产的经济效益和企业管理工作的水平，都具有重要作用。

一、期量标准

编制生产作业计划，是以一定的期量标准为依据的。因此，制定科学、合理的期量标准，是生产作业计划的一个重要组成内容。

期量标准，又称为作业计划标准，是指对加工对象在生产过程中的移动所规定的时间和数量标准。期是指期限，即时间上的规定，如一种产品什么时候投入，制造周期需要多长时间；量是指数量，如一种产品投入多少，出产多少。

期量标准按每种产品分别制定。不同生产类型条件下生产的产品，期量标准所包含的具体内容是不同的。

（一）大量大批生产类型企业的期量标准

大量大批生产类型企业的期量标准，主要有节拍、流水线标准指示工作图表和在制品定额。这里仅介绍在制品定额的内容。

在制品定额，是指在一定的生产技术组织条件下，生产过程各个环节为了组织均衡生产所必需的、最低限度的在制品数量。

在制品、半成品是企业生产过程连续进行的结果，也是生产过程得以正常地、不断地进行的必要条件。在制品、半成品过少，可能造成前后生产环节脱节、生产不能继续进行；在制品、半成品过多，又会造成积压，占用过多的资金和面积，而且会掩盖生产上的矛盾，不利于改进管理工作。为此，必须制定一个合理的在制品、半成品标准数据，即在制品定额。

大量大批生产的在制品，按其存放的地点和加工状况，可分为车间在制品和库存半成品。前者是指车间尚未完工的在制品，包括工艺在制品、运输在制品、工序间流动在制品和保险在制品；后者是指已结束了某一（几）个车间的生产过程，但尚需在本企业进一步加工制作的产品，包括流动半成品和保险半成品两种。

在制品、半成品定额的概率计算,可按下列公式进行:

$$车间在制品定额＝每日平均出产量×车间的生产周期$$

$$库存半成品定额＝每日平均需要量×库存定额日数$$

以上公式中,每日平均出产量,可根据产品(或零件)的月产量和月工作日数来确定;每日平均需要量,可按后车间的投入批量和投入间隔期确定;库存定额日数,可根据经验统计资料分析确定。按以上公式计算出来的在制品、半成品定额数量,还要考虑一定的保险储备量,以便在前工序或前车间不能按期出产时,用以保证后工序或后车间正常生产的需要。保险储备量,一般可根据经验和统计资料分析确定。

(二)成批生产类型企业的期量标准

成批生产类型的期量标准主要有批量、生产间隔期、生产提前期和生产周期。

1. 批量和生产间隔期

批量是指同时投入生产并消耗一次准备结束时间所制造的某种制品的数量。生产间隔期是指相邻两批相同产品、零件,投入或出产的时间间隔。生产间隔期是批量的时间表现,按生产间隔期或批量生产也就是成批生产的节奏性。批量和生产间隔期的关系可用下式表示:

$$批量＝生产间隔期×平均每日产量$$

批量和生产间隔期是指组织成批生产的重要期量标准,其数量大小对劳动生产率、设备利用、产品质量及资金周转、生产成本等有重要影响。确定批量和生产间隔期的方法,一般有最小批量法、经济批量法和以期定量法三种。

(1)最小批量法。这是从设备利用和劳动生产率这两个因素的最佳选择出发考虑的。也就是说,要使批量能保证设备调整时间损失对加工时间之比不超过给定的允许数值,即

$$设备调整时间损失系数 \geqslant \frac{设备调整时间}{最小批量×单件工序时间}$$

于是

$$最小批量 \geqslant \frac{设备调时间}{设备调整时间损失系数×单件工序时间}$$

设备调整时间损失系数在 0.01 幺 0.15 之间,具体选用何种数值,可根据经验统计资料分析确定。一般,大批生产的系数应小些,小批生产的系数可大些,产品价值和劳动量大的,系数应大些,反之则应小些。

上式中的设备调整时间和单件工序时间,一般指主要工序的设备调整时间和单件工序时间。主要工序是指设备调整时间与单件工序时间之比值最大的工序。

(2)经济批量法。这是综合考虑设备的调整费用和在制品资金占用费用,从总费用最低的角度来确定合理的批量,其计算公式为

$$Q=\sqrt{\frac{2AN}{C \cdot I}}$$

式中,Q——经济批量;

N——年计划产量;

A——每次的设备调整费用；

C——单位制品的直接制造费用；

I——年存库保管费率（%）。

【例5-2】 甲零件年计划出产量3600件，每次设备调整费用800元，每个零件的直接制造费用100元，年存库保管费率4%，则经济批量为

$$Q=\sqrt{\frac{2\times3600\times800}{100\times4\%}}=1200（件）$$

用上述两种方法计算出的批量，应进行适当的修正。批量确定后，可根据计划平均日产量，利用批量与生产间隔期的关系式，计算和确定生产间隔期。

（3）以期定量法。这是一种先确定制品的生产间隔期，再据以确定批量的方法。

采用这种办法确定的生产间隔期，一般有日、旬、半月、一月和一季等几种。与此相适应，批量也有日批、旬批、半月批、月批和季批等几种。所谓日批。就是装配车间平均一日的产量；所谓旬批，就是装配车间平均一旬的产量；其余类同。生产间隔期和批类的数值及其与批量的关系，如表5-4所示。

表5-4 生产间隔期和批类

生产间隔期	批类	批量	投入批次	
1天	日批	装配日产量	每日1次	
10天	旬批	装配旬产量	每旬1次	
半月	半月批	装配半月产量	每月2次	
1月	月批	装配月产量	每月1次	
1季	季批	装配季产量	每季1次	
半年	半年批	装配半年产量	每年2次	
1年	年批	装配年产量	每年1次	

2.生产提前期

生产提前期是指产品（毛坯、零件）在各生产环节的出产或投入的日期比成品出产的日期应提前的时间。提前期分投入提前期和出产提前期。

（1）投入提前期。它是指各车间投入的日期比成品出产日期应提前的时间。对成品装配车间而言，装配投入提前期等于装配生产周期。因此，任何一个车间的投入提前期的一般计算公式为

某车间投入提前期＝该车间出产提前期＋该车间生产周期

（2）出产提前期。某车间的出产日期，除要考虑后车间的投入提前期外，还应加上必要的保险期。保险期是指为防止可能发生的出产误期以及为办理交库、领用、运输而预留的时间，它是根据经验统计数据而确定的。计算某车间出产提前期的一般公式为

某车间出产提前期＝后车间投入提前期＋保险期

提前期的计算按工艺过程反顺序连锁进行。图 5-4 为机械制造企业的提前期、生产周期和保险期之间关系。

如果前后车间的批量不相等，往往是前车间的生产间隔期大于后车间的生产间隔期，这时，车间出产提前期的计算公式应修正如下：

车间出产提前期＝后车间投入提前期＋保险期＋[前车间生产间隔期－后车间生产间隔期]

提前期是用日历时间来表示一批制品的投入和出产的时间关系。有了提前期就可以确定一批制品投入和出产的标准日期。

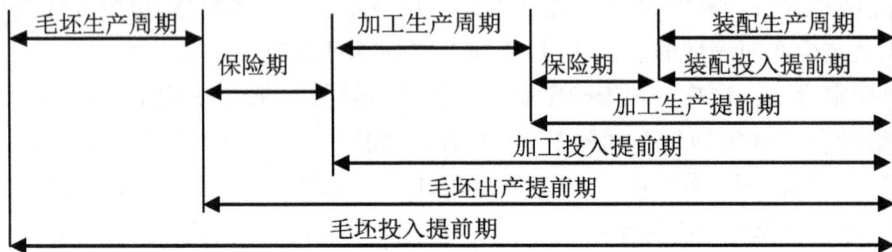

图 5-4　提前期、生产周期和保险期之间关系

3. 生产周期

生产周期是指一种产品从投入原材料开始，直至产成品出产为止的整个生产过程的全部日历时间。在加工装配式生产的企业里，生产周期通常包括毛坯的准备周期、零件的加工周期、部件及成品的装配周期以及制品在各生产阶段之间的保险期和存放时间。各生产阶段的生产周期，通常采用统计资料和现场调查所制定的典型生产周期标准确定。在将各生产阶段的生产周期汇总确定产品生产周期时，由于各零部件的装配程序比较复杂，一般采用生产周期图表法。

产品生产周期的长短，首先取决于企业的物质技术条件。但是在一定的物质技术条件下，通过合理地调整生产组织，提高计划工作水平，也可有效地缩短生产周期。缩短生产周期，对于提供劳动生产率，加速流动资金周转，降低成本，缩短交货期等，都有重要作用。

（三）单件小批生产类型企业的期量标准

单件小批生产的特点是产品品种多，每种产品的生产数量很少，一般是根据用户要求按订货组织生产的。因此，单件小批生产作业计划所要解决的主要问题是控制好产品的生产流程，按订货要求的交货期交货。

产品生产周期图表示单件小批生产最基本的期量标准，它规定各个生产阶段的生产周期及其相互衔接关系、提前期类别等内容。

二、生产作业控制

生产作业控制是生产管理的重要职能，是实现生产计划和生产作业计划的重要手段。虽然生产计划和生产作业计划对日常生活活动已做了比较周密而具体的安排，但随着时间的推移，市场需求往往会发生变化。此外，由于各种生产准备工作不周全或生产现场偶然因

素的影响,也会使计划与实际之间产生差距。因此,必须及时监督和检查,发生偏差,进行调节和校正工作,这就是生产作业控制工作。

生产作业控制的主要内容包括:生产作业准备控制、生产进度控制、在制品控制和生产调度。

生产作业控制的工作程序,大致可以分为以下三步:(1)确定生产作业控制标准,即确定生产计划,生产作业计划及其依据的各种期量标准;(2)检测执行结果并与标准进行比较;(3)采取纠正偏差的措施。

1. 生产作业准备控制

生产作业准备控制即根据生产计划和生产作业计划的要求,编制出生产准备计划,并按照计划安排的时间,把各种生产要素包括各种信息、设备、工具、材料、人员等准备好,使之按标准状态进入生产流程,以保证生产计划的实现。生产作业准备的内容主要包括技术文件、设备和工装、劳动力、物资及运输以及工作地服务条件等方面的准备。

2. 生产进度控制

生产进度控制一般包括投入进度控制、工序进度控制和出产进度控制。

投入进度控制是指控制产品(或零部件)开始投入的日期、品种和数量,严格按照计划要求进行,也包括原材料、毛坯和零部件投入提前期和设备、人力、技术措施项目等投入使用日期的控制。

工序进度控制是指对产品(或零部件)在生产过程中经过的每道加工工序的进度所进行的控制。

出产进度控制的目的在于准时出产,即在需要的时间,按需要的品种生产需要的数量,各种零部件既不延期出产,以免影响产品的总装工作,也不提前出产,以免造成在制品过多积压,引起生产费用上升。

3. 在制品控制

在制品控制是对生产过程中各个环节的在制品占用量进行控制。在制品控制,可以分为车间内部各工序之间在制品占用量控制、跨车间协作工序的在制品占用量控制等。

有效地控制在制品占用量,不仅对实现生产作业计划有重要作用,而且对减少在制品积压、节约流动资金也有重要意义。

4. 生产调度

生产调度是生产作业控制的中心。在生产控制系统中,生产调度起控制器的作用。它通过对信息的测量、比较,使目标差减少,从而逐步逼近目标。每一个企业都应在生产副厂长的领导下,建立、健全一个从上到下、全场统一的生产调度指挥系统。

企业的生产调度组织机构应与作业管理体制相一致,一般采取三级管理,即厂部、车间和工段。为了使生产调度更好地执行生产控制的中心职能,调度部门与一般职能部门应有所不同。它不仅是一个参谋机构,而且还是一个在行政领导授权下,有权发布生产命令的指挥机构。它可以代表一级行政领导向下级下达命令,下级必须服从上级调度。同时,生产调

度工作必须严格遵循统一命令的原则,一切调度命令都应由调度机构统一下达,不能令出多门,也不能越级下达命令。做好生产调度工作,除了贯彻统一性原则外,还要遵循计划性、预见性、及时性和灵活性等要求。

思考与练习

1.什么是生产能力?影响生产能力的主要因素是什么?

2.何谓期量标准?企业中有哪些期量标准?

第六章　现代企业营销管理

现代企业营销工作是企业整体工作的重要方面。在市场经济条件下企业的营销管理工作尤其重要。

内容提要

本章概述了市场营销的基本含义和市场营销观念转变过程，介绍了市场细分理论和目标市场选择的条件；重点研究了市场营销组合的基本原理，阐述了产品策略、价格策略、渠道策略和促销策略。

案例引导

铱星的决策悲剧

美国东部时间 2000 年 3 月 17 日 21 时，美国铱星公司正式宣布：铱星公司倒闭，实施破产清盘；铱星系统在美国东部时间 3 月 17 日 23 时 59 分停止向用户提供服务。这意味着从这一刻起，铱星公司出售的 5 万部卫星电话将不再有铃声响起；世界上第一个技术先进的低轨卫星移动通信系统在正式运营 16 个月后便退出了卫星移动通信舞台，摩托罗拉公司描绘的一个高科技神话画上了一个悲剧性的句号！

1998 年 11 月 1 日，铱星系统投入商业运营，铱星移动电话遂成为唯一在地球表面任何地方都能拨打电话的公众移动通信工具。这种神奇又特殊的功能让全世界追求高科技产品的人士都激动不已，而耗资 1 亿美元的广告宣传将铱星系统推向了登峰造极的地位。一时间，铱星公司股票大涨，价格从发行时的每股 20 美元飙升到 70 美元。1999 年 5 月，铱星公司宣布 1999 年第一季度的营业收入为 145 万美元，亏损 5.05 亿美元。5 月 14 日，铱星公司宣布，难以按期偿还月底到期的 8 亿美元债务，公司聘请唐纳森·勒夫金·詹雷特证券公司帮助重新安排债务。1999 年 8 月，铱星公司由于无法按期偿还债务，向特拉华州联邦破产法院申请破产保护，进行改组。虽经多方努力，铱星公司依旧未能起死回生，最后走上了破产之路。2000 年 3 月 17 日，美国纽约州地方法院法官批准了铱星公司提出的终止向顾客提供通信服务并摧毁在轨运营卫星的请求，正式进入破产程序。

导致铱星公司破产的原因有很多，其中最主要的原因是公司在做产品市场定位决策时犯了致命的错误，即将产品定位在"贵族白领阶层"。

市场定位决策的失误源自铱星公司对移动电话市场的发展前景判断失误。他们没有预料到宽带高速互联网通信会取得如此迅猛的发展；没有预料到移动电话的国际漫游会如此迅速地实现；没有预料到全球移动通信市场会发生如此翻天覆地的变化，以致当铱星系统最

终投入使用时,其最初设定的目标市场与目标用户均已"丧失殆尽"。

铱星计划提出的时间是 1987 年,那时普通手机的全球普及率还不到 10%,原因是普通手机受基站建设的限制,覆盖面积十分有限,因而低轨卫星通信厂商对手机通信市场有很大的信心。但是,普通手机的发展速度出乎这些厂商意料之外:普通移动手机的市场占有率,1992 年超过 25%,2000 年超过 45%。这样的发展速度和普及覆盖程度使普通手机成为铱星系统的致命天敌,这也意味着真正给以语音通信为主的低轨卫星通信剩下的只有那些普通手机无法覆盖到的地区了。同时,由于通话费价格不菲,又使真正对卫星移动通信有需求且用得起的顾客少之又少,毕竟到南极与北极去的人不多,攀登珠峰的人也不多。由此可见,铱星系统的市场定位决策显然存在较大的失误,因此,当铱星手机投入市场时就已经注定处于劣势地位,铱星公司已存在破产隐患。

当普通手机已经成为价廉实用的大众化商品时,这一市场客观环境所呈现的变化并未引起铱星公司的重视,他们还对市场充满幻想,仍将用户定位在"高层次的国际商务旅行人员",把服务对象定位在某些具有特殊需要的人群。为此,铱星的手机售价定得极高,令人咋舌,且各地价格差异很大。有的地方定价为 8 000 美元,而有的地方则为 5 132 美元。由于分销商制度存在漏洞,铱星电话的通话费也非常高,地区之间的差异也非常大,并且通话费价格主要取决于电话注册的国别、电话业务经营商和从何处打往何处三个因素,它不是一个固定值,所以相当复杂并且很难控制。比如,1999 年在中国内地,铱星手机对地面固定和移动电话的国内通话费为 9.8 元/分钟,国际通话费为 27.4 元/分钟;地面固定和移动电话呼叫铱星手机费用为 1.6 元/分钟。与之相比,普通手机的市内通话费只有 0.4 元/分钟,基本漫游费为 0.6 元/分钟,即使是国际移动卫星电话的国际话费也不过 0.8 美分/分钟。另外,铱星手机的月基础话费为 250 元,每部铱星手机售价为 3 万元。结果,铱星手机在北京只卖出 200 部,全国也只卖出 900 部。

对市场环境判断的失误导致其产品价格决策的失误。铱星手机的高价源自其投入系统的高成本,因为是负债经营,所以铱星公司急于收回投资,只能将其高额成本转嫁在手机费和通话费上。铱星系统最初计划发射 77 颗卫星,后调整为 66 颗,由 66 颗低轨卫星构成卫星电话系统,耗资 57 亿美元,除了摩托罗拉公司投资和发行的股票筹集到的资金外,铱星公司共投资 30 亿美元,每月的财务费用竟达 4000 万美元。高额的经营成本迫使铱星公司在正式营业之初就将手机售价和通话费都定得超高,以致不能让消费者接受。

产品价格决策的失误源自铱星公司对用户定位的失误。公司将用户定位在"高层次的国际商务旅行人员"层面,并且错误地认为,只要技术先进,价格不会成为障碍,人们愿意为"一个号码通全球而付出一点高价"。他们称自己的用户是"付钱不看账单的一群人",而事实上这只是他们的一厢情愿而已。由于其将用户定位在"白领贵族阶层",因此,市场份额受到极大的影响。当然,铱星手机也有其优势所在,它能够在环境、气候恶劣的情况下实现通信,因此从理论上分析,铱星手机最大的订单可能来源于"探险者协会""救灾委员会",但这些用户肯定不会"付费不看账单",也不会无聊地使用电话,换句话说,有限的用户的通话时间肯定都是趋于最短的。所以,主要受众对象的平民化也就难以为这一高科技贵族产品提

供足够的盈利支撑,铱星公司由此陷入困境也就成为自然而然的结果。1999 年第一季度铱星净亏损 5.05 亿美元,合每股亏损 3.45 美元。1999 年 3 月 31 日,铱星系统一共只拥有 10 294 个用户,到 2000 年 3 月也只有 5.5 万个用户,中国用户不足 1 000 个,而该公司要实现盈利至少需要 65 万个用户。

铱星项目决策的动机所呈现的是"铱星手机不是面向普通用户的产品",这种只给少数人享受的高科技产品,在缺乏大规模市场需求的前提下,从根本上来说肯定是无法运行的。由此可见,依据市场供求规律和成本收益分析要素,市场的驱动应该始终是任何一种产品的价值核心。

问题

铱星公司是怎样进行市场细分的? 铱星公司产品的市场定位是什么? 为什么对市场环境判断的失误会导致其经营管理的失败?

第一节　市场营销理论概述

一、市场营销及营销观念的转变

1.市场营销的概念

市场营销是指企业旨在满足市场需求,实现自身目标所进行的商务活动过程。它包括:市场调查与预测、营销环境分析、选择目标市场、消费者研究、新产品开发、价格制定、分销渠道抉择、产品储存与运输、产品促销和产品销售提供服务等一系列与市场有关的企业经营活动。

2.市场营销观念的转变

市场营销观念是企业从事营销活动的指导思想和行为准则,它概括了一个企业的经营态度和思维方式。市场营销观念,一般来说,经历了六个不断演进的过程。

(1)生产观念。生产观念是在市场上商品供不应求的形势下产生的,是一种最古老的经营观念。其基本指导思想是企业以增加生产数量为中心,着力于组织所有资源,集中一切力量提高生产和推销效率,增加产量,降低成本,很少考虑顾客的具体需求,其一切经济活动以生产为中心,生产什么就卖什么,这时还谈不上真正的市场营销。

(2)产品观念。产品观念也是一种古老的经营思想。其基本指导思想是消费者或用户总是欢迎那些质量高、性能好、有特色、价格合理的产品,企业应致力于提高产品质量,只要做到物美价廉,顾客就会找上门,无需大力推销。

产品观念与生产观念从本质上来看还是生产什么就销售什么,但二者又有所不同。产品观念是在产品供给不太紧张的情况下产生的,它强调"以货取胜""以廉取胜"。

(3)推销观念。推销观念认为:广大消费者一般不愿意购买非必要的商品,但如果企业

采取适当的措施,重视和加强推销工作,激发消费者对企业产品的兴趣,就有可能扩大产品的销售。

推销观念是在从"卖方市场"向"买方市场"转变的过程中产生的。当社会产品日益丰富,市场上某些产品出现供过于求的情况时,许多企业认识到不能只抓生产,还应重视推销工作。推销观念是在生产观念的基础上发展起来的,其本质仍然是生产什么销售什么,即以生产为起点,先生产后推销,以产定销,仍然是轻视市场的行为。

(4)市场营销观念。市场营销观念以企业的目标顾客为中心,集中企业一切资源和力量,选择恰当的市场营销手段,以满足目标顾客的需要,扩大销售,获得利润,实现企业目标。

市场营销观念与推销观念不同。推销观念强调企业生产什么就推销什么,很少考虑消费者的需要;而市场营销观念正好把问题的逻辑颠倒过来,企业从目标顾客的需要出发,消费者需要什么产品,企业就生产、销售什么产品,实现了企业经营观念的革命性演变。

市场营销观念是在第二次世界大战后,特别是20世纪50年代以后逐渐形成和发展起来的。这一时期,一方面由于西方发达资本主义国家的市场特别是消费品市场供过于求,买方市场出现,市场竞争更加激烈。另一方面战后主要资本主义国家由于科学技术的发展,产品极大丰富,人民收入水平和文化生活水平提高,人们的消费需求也出现了多样性的变化。此外一些发达资本主义国家对管理科学研究的深入,市场营销经验的积累,使得企业在经营管理方面迈出了重大的一步。

(5)社会市场营销观念。社会市场营销观念的基本指导思想是企业提供产品,不仅要满足消费者的需求与欲望,而且要符合消费者和社会的长远利益,企业要关心与增进社会福利。企业在做市场营销决策时,必须全面兼顾企业利润、消费需要和社会利益三方面的统一。

社会市场营销观念产生于20世纪70年代,由于许多工商企业为牟取暴利,以虚假广告和伪劣产品损害消费者利益,回避了消费者欲望满足、消费者利益和长远的社会福利之间的潜在矛盾。企业奉行"市场营销观念"往往会导致物质浪费、环境污染等弊病。正是在这种情况下,人们对"市场营销观念"进行了修正,提出了社会市场营销观念。

(6)大市场营销观念。大市场营销观念是指为成功进入和占领某特定市场而综合协调运用经济、心理、政治、公共关系等各方面的手段开展的市场营销活动。所谓特定市场,是指壁垒很高的、封闭或保守型市场。

进入20世纪80年代后,国际市场中贸易保护主义抬头,政府干预加强,从而使市场通道受阻。企业仅运用原有市场营销组合手段难以奏效,必须运用大市场营销组合手段,即在产品、价格、渠道和促销四要素之后,再加上政治力量和公共关系两个要素。

以上六种市场营销观念中的前三种观念可称为传统营销观念,其出发点是产品,是以卖方的要求为中心的,其目的是将产品销售出去,以获取利润,这可以认为是一种"以生产者为导向"的经营观念;后三种观念可称为新型营销观念,其出发点是消费需求是以买方的要求为中心的,其目的是从顾客的满足之中获取利润,这是一种以"消费者为导向"的经营销售观念。各种市场营销观念比较如表6-1所示。

表 6-1 市场营销观念比较

市场观念	出发点	方法	目标
生产观念	增加产量	降低成本提高生产效率	在销量增长中获利
产品观念	产量质量	生产更加优质的产品	用高质量的产品推动销售增长
推销观念	产品销售	加强推销和宣传活动	在扩大市场销售中获利
市场营销观念	顾客需求	运用整体营销策略	在满足顾客需求中获利
社会市场营销观念	社会利益	运用整体营销策略	维护社会长远利益,满足消费者需求
大市场营销观念	市场环境	运用"4P+2P"的整体营销策略	进入特定市场,满足消费者需求

二、市场细分与目标市场选择

在市场营销管理观念的指导下开展市场营销活动,其首要步骤是制定切合实际的市场营销组合策略。市场营销组合策略是企业经营战略的延伸和细化,由企业目标市场战略、市场营销组合策略和市场营销资源配置优化策略构成。

1. 市场细分

(1)市场细分的概念。市场细分是指营销者根据总体市场中不同消费者对产品的需求欲望、购买行为与购买习惯的差异,把整个市场划分为不同类型的消费者群体,从而确定企业目标市场的过程。每一个分市场或子市场就是一个细分市场,每个细分市场由具有相似需求的消费者构成。因此,属于不同细分市场的消费者对同一产品和需求存在着明显的区别,而属于同一个细分市场的消费者对同一产品的需求存在着相似性,对相同的营销组合具有相似的反应。

(2)市场细分的原则。一般而言,成功、有效的市场细分应遵循以下基本原则。

①可衡量性。可衡量性包括细分市场的标准是可以具体衡量推算的,企业能够取得体现购买者特点的确切资料,细分后的消费者市场的人数、购买量、潜在购买力和企业的盈利等应该可以衡量。

②可接受性。细分化的目标是占领市场,而占领市场需要企业的人、财、物和销售能力等多种因素的支持和配合。如果没有企业自身实力做基础和保障,即使选择了目标市场也无力占领。

③营利性。选择的细分市场要具有足够的需求量,使企业获得较高的经济效益。为此,企业既要掌握产品市场寿命周期,也要掌握投入市场的时机。

④稳定性。细分市场在一定时期内较为稳定,才有利于企业制定较长时期的市场营销策略,使企业避免因市场需求变化而导致风险,保证获得稳定的经济效益。

⑤动态性。在市场营销过程中,消费者的特征不是一成不变的。如消费者的城乡结构、年龄、教育程度、职业等会随时间变化而变化,他们的消费偏好和消费行为也会随之发生变化。因此,企业必须树立起细分的动态观念,注意对目标市场进行适时调整。

(3)市场细分的方法。影响市场细分的因素很多,并且各种因素相互影响、共同起作用。

采用什么方法进行市场细分,将从根本上决定市场细分的有效性。选择市场细分的方法涉及两个方面:一个是采取哪些细分因素;另一个是采用几个细分因素。市场细分的常用方法有以下几种。

①单一因素细分法,即根据影响消费者需求的某一个重要因素进行市场细分。如奶粉企业,按年龄细分市场,可分为婴儿、儿童和中老年等奶粉。

②多个变量因素组合法,即根据影响消费者需求的两种或两种以上的因素进行市场细分。如服装企业,按性别、年龄和收入三个变量细分市场。

③系列变量因素细分法,即根据两种或两种以上的因素,且按照一定的顺序,由粗到细依次地对市场进行细分,下一阶段的细分是在上一阶段选定的子市场中进行的。这种方法可使目标市场更加明确、具体,有利于企业更好地制定相应的市场营销策略。

2. 目标市场策略

对市场进行细分后,企业要选择最为有利的目标市场,制定符合自身状况和发展需要的目标市场策略。

(1)目标市场的概念。目标市场是指通过市场细分,被企业所选定的,准备以相应的产品和服务去满足其现实或潜在需求的一个或几个细分市场。目标市场是一切营销活动的中心点,是企业制定营销策略的基本出发点,选择目标市场必须以市场细分为基础。

(2)可供企业选择的目标市场策略。

①无差异性市场策略。它是指企业将整个市场作为企业的目标市场,推出一种产品,实施一种营销组合策略,以满足整个市场尽可能多的消费者的某种共同需求。采用该战略的企业,主要是着眼于顾客需求的共性或同质性,忽略顾客需求的差异性。即对市场不进行细分,只求满足大多数顾客的共性需求。

无差异性目标市场营销战略的最大优点在于成本低、经济性好。同时缺点也是很明显的。首先,忽视了市场要求的差异性,难以满足顾客的个性化需求;其次,容易导致竞争激烈和市场饱和,企业难以保持持久的规模经济效益。

②差异性市场策略。它是企业在市场细分的基础上,选择多个细分市场作为企业的目标市场,并针对各个细分市场的不同特点,分别设计不同的产品,运用不同的营销组合策略,以满足多个细分市场消费者的不同需求。其优点在于:首先可以更好地满足消费者的多样化需求,提高整体销量;其次由于企业在多个细分市场上开展营销,所以一定程度上可以降低投资风险和经营风险。缺点在于:企业生产多种产品,采用多种营销组合,增加了生产成本和营销成本;企业的资源分散在多个领域,导致企业不能集中使用资源,甚至企业内部出现彼此争夺资源的现象,容易失去竞争优势。

③密集性市场策略。它是选择一个或少数几个细分市场或一个细分市场的一部分作为目标市场,集中企业全部资源为其服务,实行专门化生产和营销。优点在于:一是营销目标集中,便于企业深入了解市场需求变化,能充分发挥企业优势;二是营销组合策略的针对性强,可以节约生产成本和营销费用;三是生产的专业化程度高;四是能满足个别细分市场的特殊需求,有利于企业产品在该细分市场取得优势地位,提高企业的市场占有率和知名度。

缺点在于：一是目标市场过于狭小，市场发展潜力不大，企业的长远发展可能会受到限制；二是企业目标市场过于集中，产品过于专业化，一旦市场发生变化（比如强大的竞争对手介入、购买力下降或兴趣转移、替代品出现等），会给企业带来极大的威胁。

（3）企业进行市场策略选择时要考虑的因素。

①企业实力。它是指企业拥有的人、财、物、科技和信息等资源的数量和质量，及其所反映的企业生产销售的综合能力。如果企业在生产、销售、科研和管理等方面的实力较强，就可以选择无差异性市场策略或差异性市场策略；若企业实力不足，则应选择密集性市场策略。

②产品特点。对于那些自身差异小，或者在事实上存在着品质差别，但多数消费者不加区分的产品，如粮、棉、钢铁和汽油等，应采用无差异性市场策略；对于那些特性变化特大的产品，如时装、汽车、家电和食品等，可以采用差异性或密集性市场策略。

③市场特征。如果消费者的需求比较接近，即市场是同质的或类似的，则应采用无差异性市场策略；反之，若市场差异程度很大，就应选择差异性或密集性市场策略。

④产品的生命周期。它包括引入期、成长期、成熟期和衰退期四个阶段。一般而言，社会经济越发达，产品的生命周期就越短。企业选择目标市场策略，必须结合产品的生命周期进行。若产品处于引入期，一般应采用无差异市场策略，以探测市场需求和潜在消费者；产品若处于成长期，应采用差异性或密集性市场策略；当产品进入成熟期时，宜采用差异性市场策略，以开拓新的市场；产品进入衰退期，则应采用密集性市场策略，集中力量于最有利的细分市场，延长产品的生命周期。

⑤竞争者的市场策略。当竞争对手是一个强有力的企业，并采用无差异市场策略时，企业就应考虑到自身的弱点，采取其他市场策略，以获得一定优势。当然若企业实力较强，在竞争中优于竞争对手，也可以针锋相对，采取与之相同的市场策略。总之，企业在进行市场策略的选择时，不但必须考虑自己与竞争对手的实力对比，还要注意双方条件的变化，采用适当的、灵活的市场策略。

⑥竞争者数量。当竞争对手众多时，消费者对产品和品牌的印象很重要。为了使不同的消费者都能对自己的产品品牌留下深刻的印象，增强该产品的竞争力，应当采用差异性市场策略或密集性市场策略；当市场上竞争对手较少时，消费者的需求从本企业产品中就能得到满足，则不需要采用成本高的差异性市场策略，可采用无差异市场策略。但在消费者对产品单一、服务简单提出不满时，企业则应当适应消费者多样化的需求，可考虑改用差异性市场策略。

第二节　现代企业市场调研与预测

一、现代企业市场调研理论

1. 市场调研的概念

市场调研是指企业为了特定的市场营销目标，运用科学的方法，有目的地系统收集市场

信息,记录、整理和分析市场情况,了解市场现状及其发展规律,为市场预测和经营决策提供客观、准确的资料。其目的就在于取得过去和现在的市场信息,为市场预测和经营决策提供正确、可靠的信息依据。

2. 市场调研的方法

市场调研应根据不同的调研类型,采用不同的方法。主要有以下三种方法。

(1)观察法。观察法就是通过观察相关的人、行为和环境收集原始数据。例如,某保健品制造商这样测试其广告效果:在人们观看过程中测量其眼部运动、脉搏及其身体反应;而一家银行可以通过调查交通状况、周围环境和竞争性分行的位置来评价可能的分行新址。

观察性调研可用于获取人们不愿或不能提供的信息。在有些情况下,观察可能是获得所需信息的唯一途径。不过,有些内容是观察不到的,例如感情、态度、动机和私人行为,长期的或不经常性的行为也很难去观察。由于存在这些局限,调研人员在使用观察法的同时,还要使用其他的数据收集方法。

观察法主要有直接观察法、痕迹观察法和行为记录法。

①直接观察法。直接观察法就是调查人员直接到调查现场,进行观察记录,收集信息。例如,某个商场准备采购一批自行车销售,就可派出调查人员到各个自行车停放处,观察行人停放的自行车的品牌、样式、色彩、新旧程度等,再根据观察的统计结果,决定采购的自行车品牌、款式。

②痕迹观察法。痕迹观察法就是通过观察记录、收集被调查者在周围环境中所留下的各种实际"痕迹"而获取信息的观察方法。例如,某个企业准备选择一家报刊长期做广告,就可先在各种可供选择的报刊上同时刊登广告,广告中附有回条,凭回条到企业购买商品享受九折优惠。企业根据回条回收情况,就可知道哪种报刊广告效果最好。

③行为记录法。行为记录法一般是由调查者观察和记录外界对有关被调查者的反应、评价等而获取信息的观察方法。例如,某企业准备在一家电视台做广告,为了弄清哪家电视台节目收视率最高,就寻找一些家庭作为调查样本,结合日记调查的方式,让这些家庭提供各自的收看情况,然后通过对这些家庭的收视情况进行统计分析,就可清楚各家电视台的收视率。

(2)询问法。询问法是收集描述性信息的最佳方式。企业如果想了解人们的知识、态度、偏好或购买行为,往往可以通过直接询问个人来获得答案。

询问式调研是收集原始数据时使用最广泛的一种方式,而且常常是一项调查研究的唯一方式。询问式调研的主要好处是灵活性强,它可以用来收集许多不同场合下的不同信息。如果设计得好,它可以比观察法和实验法调查速度更快,获取信息成本更低。

询问法主要有面谈调查法、电话调查法、邮件调查法和日记调查法4种。

①面谈调查法。面谈调查法就是调查者书面向被调查者提出问题,以获得所需资料的调查方法。面谈调查既可采用个人面谈,也可采用集体面谈。采用面谈调查法能够当面听取消费者的意见,获取第一手比较直观、可靠的资料。同时在面谈过程中,调查人员可根据实际情况,对调查事项进行修改补充,具有较大的灵活性,但采用这种方法的费用较高。

②电话调查法。电话调查法就是调查者通过电话向被调查者提出问题,以获得所需资料的调查方法。这种调查方法的优点是能迅速获得所需资料,成本较低。它的缺点是不能询问较复杂的问题,不能进行分析讨论,也无法借助于样品、图片和广告说明等。

③邮件调查法。邮件调查法就是让调查者将设计好的调查表邮寄给被调查者,由被调查者按调查表的要求填写后寄回的方式获取所需资料的调查方法。这种调查方法的优点是成本低,调查范围广,同时被调查者有充裕的时间回答问题,但这种调查方法的缺点是调查表的回收率很低,一般仅能回收 $1\%\sim5\%$。

④日记调查法。日记调查法就是调查者通过邮寄方法,采用支付一定报酬的形式,同被调查者保持联系,由被调查者持续提供企业所需资料的调查方法。这种调查方法费用很高,但效果良好,调查表的回收率和可靠性高。

(3)实验法。实验法最适于收集因果关系信息。实验涉及挑选适合的目标群体,将他们区别对待,控制无关因素,并检查不同群体的反应。通过这些方式,力图解释因果之间的关系。

实验法中一个关键的问题是设定试验群体,控制试验过程。在复杂的市场环境中做到这一点存在着相当的难度。尽管如此,这种方法仍然被大多数企业使用。

①实验室实验调查法。实验室实验调查法是由调查者设置一定的实验条件,直接或间接对调查事项进行观察记录而获取信息的一种调查方法。例如,某商场准备大批量采购一批液晶电视机出售,在确定采购电视机的品牌、样式前,可在商场会议室布置、陈列许多品牌和样型的电视机,邀请部分顾客参观评议,从而确定准备采购的彩电的厂家、样型。

②实地试验调查法。实地试验调查法是由调查者选择一定的现实环境条件,进行试验获取信息的观察方法。例如,某企业为了了解新产品的市场前景,就可选择有一定代表性的商场或城市开展展销与试销活动,以了解消费者的反应和销售情况。

3. 市场调查问卷及抽样调查技术

问卷是根据调查目的而设计的有关问题的表格,也称为调查表。问卷是进行市场调查取得第一手资料的技术手段,也是进行资料统计、整理、分析的基础。

(1)问卷结构。包括六个部分:前言、调查内容、结束语、样本特征资料、电脑编号和作业证明记载。

①前言,也称说明词。它是对调查的目的、意义及有关事项的说明,其主要作用是引起被调查者的重视和兴趣,争取被调查者的积极支持和合作。前言包括如下内容:调查人自我介绍;说明本次调查的目的、意义;酬谢方式。如有赠品,应说明馈赠的礼品是什么。书面的前言部分,文字应简洁、准确,语气要谦虚诚恳、平易近人,要有吸引力及可读性。

②调查内容。这是问卷的主要部分,问卷设计的优良与否,直接关系到调查的成败。主要内容有:根据调查目的而提出的各种问句;各种问句的回答方式;对回答方式的指导和说明。

③结束语。在调查内容完成后,应简短地向被调查者表示感谢。有条件的也可以征询被调查者对问卷的看法和感受。

④样本特征资料。这是问卷所要收集的基本资料,记录样本的各种特征,如个人、家庭、商店、企业;消费者的性别、年龄、婚姻、文化程度、职业、收入等。企业的资本额、营业面积、员工收入等。样本特征的收集应根据调查目的和分析样本资料的需要而定。

⑤电脑编号。为了对调查结果进行电脑统计处理和分析,需要对问卷有关项目预先做好电脑编码。

⑥作业证明记载。用来证明访问作业的执行、完成、访问人的责任等情况,以利于检查、整理、复查和修正。作业证明记载主要应用于访问问卷。主要内容包括:受访者姓名(名称)、电话,访问的地点,访问者的姓名,访问的时间。

(2)问卷设计。在问卷调查表设计中,必须对问题的类型和提问的方式进行精心地设计。

①开放性问题,是指允许被调查人用自己的话自由回答的问题。

②封闭型问题,是指事先给定备选答案,被调查者只能从中进行选择。

③事实性问题,即要求被调查者回答一些有关事实的问题。

④行为性问题,即了解被调查者行为特征。

⑤动机性调查,即了解被调查者行为的原因。

⑥态度性问题,即了解被调查者对有关事物的态度、评价或意见。

(3)抽样调查技术。这是营销调研人员从总消费群体中抽取一小部分样本进行研究,然后得出关于总体的结论。样本是指从总体中挑选的能代表总体的一部分。在理论上,样本应具有代表性,以便调查者能准确地估量总体的思想与行为。

设计样本需要回答以下三个问题。

①调查对象是谁(抽样单位是什么)?该问题的答案并不一定总是很明确的。例如,为研究家庭购买汽车的决策过程,调查者的询问对象应该是丈夫、妻子、其他家庭成员和经销商的销售人员,是不是所有这些人都应询问?调查者必须决策需要什么信息以及从谁那里能得到这一信息。

②应调查多少人(样本的规模是多少)?大样本要比小样本可靠,但没有必要为得到可靠答案而去调查整个目标市场或其中的一大部分。只要选择得当,占总体不到1%的样本就可以提供可靠的答案。

③如何选取样本(抽样程序是什么)?使用概率样本,总体中的每个人都有被抽取的机会,而且调查者可以计算可信度,以计算取样误差。不过如果概率抽样成本太高或费时太长,营销人员就会使用非概率样本,如果这样的话,取样误差就无法计算出来了。不同的取样方法有不同的成本和时间限制,其准确度和统计属性也不相同。最佳方式的选择取决于调查项目的需要。

二、现代企业市场预测理论

1.市场预测的概念

市场预测是在市场调查的基础上,运用科学的方法和手段,对市场商品的供求发展趋势

以及与之相联系的各种因素变化进行调查、分析、预见和估计、判断等。

市场预测可以分为以下几种类型：按市场预测的时间长短分，可以分为长期预测、中期预测和短期预测三种；按经营预测的方法来分，可以分为定性预测和定量预测；按照预测对象参照系的不同，可分为时间序列预测和相关因素预测。

2.市场预测的步骤

市场预测过程包括六个步骤：

第一步，确定预测目标。根据社会需求、计划和决策需要，提出预测项目，确定预测要解决的具体问题、预测的内容、预测期限，提出基本假设，拟订预测提纲。

第二步，调查、收集、整理资料。获得资料是预测的第二步工作，有些资料是现成的二手资料，但更多资料需要通过实地调查获得。

第三步，选择预测方法。

第四步，进行预测。

第五步，分析、评价预测结果。

第六步，提交预测报告。

3.市场预测的方法

目前，国内外所使用的市场预测方法有很多种，下面介绍几种常用的方法。

（1）经验判断法，主要包括个人判断法、集合意见法等。

个人判断法，是指凭借个人的知识经验和分析综合能力、对预测目标做出未来发展趋向的推断。推断的成功和准确与否取决于个人所掌握的资料，以及分析、综合和逻辑推理能力。

集合意见法是指预测者根据预测对象的预测目标，召集企业中的有关人员进行座谈和讨论，对预测对象未来发展趋势，充分发表自己的看法和意见，然后由预测者根据大家的意见，进行分析、研究，从中找出预测结果的一种方法。

（2）调查预测法，包括典型调查、抽样调查、全面调查、销售调查和定期交换情报预测法等。

调查预测法是指根据市场调查进行预测的方法。它是根据预测对象的预测目标，通过召开产品展销会、订货会及发放用户调查表等方式，征询市场和用户的意见和建议，了解购买倾向和需求量等有关预测的内容，然后进行预测。

（3）数学预测法，包括算术平均法、移动平均法、最小二乘法、指数平滑法、马尔可夫预测法。

第三节　现代企业市场营销组合策略

一、市场营销组合的概念

市场营销组合是企业进行市场竞争的主要手段，是实现企业经营目标的重要基础。

1. 市场营销组合的含义

市场营销组合就是企业为了满足目标市场的需要而采用的可控制的基本因素的组合。麦卡锡把这些因素概括为四个变量(4P)，即产品(Product)、价格(Price)、销售渠道(Place)和促销(Promotion)。这样，4P内容就构成了市场营销组合的四大基本策略。

2. 市场营销组合的特点

(1)可控性。市场营销组合的诸多因素对企业来说是可控的，也就是说，企业可以根据目标市场的需要来确定这些营销手段的运用和搭配。当然，考虑到这些因素也是可变的，在确定市场营销组合策略时，既要把握可控因素，又要适应宏观环境不可控因素的变化。

(2)动态性。市场营销因素组合是一个多变的动态复合结构，其组合的整体效果是一个函数，这个函数的变量就是4P中的每一个项目。企业在制定市场营销组合时，只要改变其中一个因素，就会出现一个新的整体组合效果。进一步说，在选择市场营销组合时，不一定综合调配四个因素，也可以根据产品和市场的特点，有重点地选用几个基本因素的组合。

(3)整体性。市场营销组合的作用，不是每个因素所产生的效果的简单相加，而是为了实现市场营销的目标将各种因素组合起来协同配合，追求市场营销整体效果的优化。

(4)层次性。市场营销的4P组合并非只有四个因素，而是每一个因素(P)又包括许多二级因素。如产品P是市场营销组合的一个因素，但它又包括产品品种、规格、性能、质量、外观造型等；销售渠道P也是市场营销组合的一个因素，但它又包括分配渠道、市场区划、销售渠道的宽广度、企业销售组织、商品储运等许多二级因素。二级因素也可以再往下进行细分。如促销P中的二级因素包括广告，广告本身也是一个组合因素，可以细分为电视广告、广播广告、户外广告、报刊广告等各种形式的广告。

二、现代企业的产品策略

企业制定营销策略，首先要解决的第一个问题是现代企业提供什么样的产品或服务去满足消费者的需求，即首先制定企业的产品策略。

1. 产品整体概念

市场营销管理中所称的产品，是指一切能够满足消费者需求与欲望的物质的或非物质因素，其包括三个方面：一是产品的核心部分。它是指产品能为消费者提供某种效用和利益，是购买者需求的中心内容。二是产品的形式部分。它是指产品所具有的质量、式样、特征、品牌、包装等，是消费者在购买时首先关注的因素，反映出消费者的实际要求。三是产品的附加部分。它是指为消费者提供的附加服务利益，如送货上门、帮助安装、维修、提供售后服务等。产品整体概念如图6-1所示。

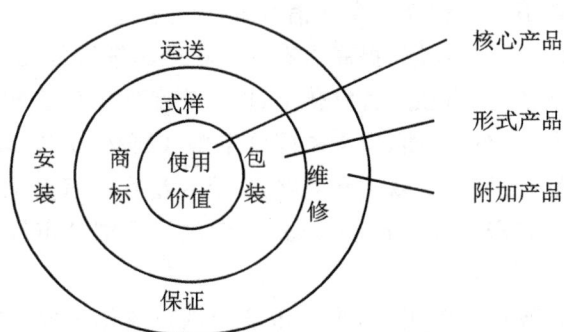

图 6-1 产品整体概念示意图

2.产品生命周期

(1)产品生命周期的概念。产品生命周期是指产品从试制成功到投入市场开始,直到最后被淘汰退出市场为止所经历的全部时间,也即产品的市场寿命,而不是产品的使用寿命,这段时间称为产品生命周期。

产品生命周期一般可分为四个阶段,即引入期(导入期)、成长期、成熟期、衰退期。为了描述一个产品在市场上从无到有,高速增长,市场饱和,直到被市场淘汰的变化过程,可用一条曲线来表示,该曲线称为产品生命周期曲线,如图 6-2 所示。

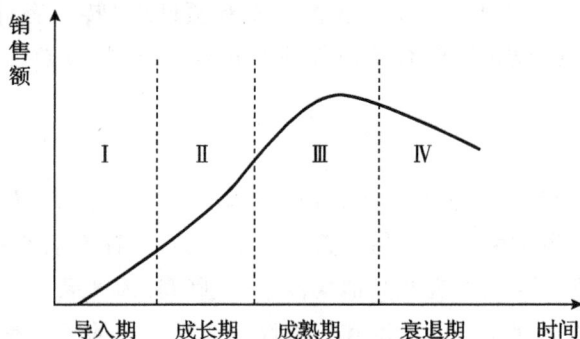

图 6-2 产品生命周期曲线图

(2)基于产品生命周期特点的营销策略。产品生命周期的不同阶段,有着不同的市场机会和市场风险。只有高瞻远瞩,选择与产品生命周期相一致的营销目标和营销策略,才能确保企业的生存和发展。熟悉产品销售的成长规律,把握产品生命周期的基本特征,理性地确立销售营销目标,动态地制定营销策略,这是延长产品生命周期、实现产品价值及增值的基本途径。

①导入期营销策略:贴近消费者,缩短导入期。在广告宣传方面,应以产品的性能和特点介绍为主,以激发消费者的购买欲望;在产品销售方面,可选用有较高信誉的中间商代销或者采用试用、上门推销、节日推销等方式,以提高品牌知名度;在产品定价方面,可采取高价策略先声夺人,或采取低价渗透策略,以提高市场占有率;在产品生产方面,应进一步优化设计,以提高产品质量,改善产品性能和降低生产成本;在目标市场的选择上,可采取无差异

性的市场策略,以降低营销成本和吸引潜在消费者。

②成长期营销策略:延长成长期,提高占有率。在产品销售方面,应不断开辟新市场,寻找新用户,以扩大产品市场份额;在广告宣传上,应从产品知觉广告转向产品偏好广告,以树立产品的市场形象;在产品定价方面,应采取降价策略,以吸引价格敏感的购买者;在产品生产上,努力改进产品质量,增加新的款式和规格,以满足潜在消费者的不同需求;在目标市场的选择上,宜采用差异性和密集性的市场策略,以满足不同细分市场的需求,巩固产品的市场地位。

③成熟期营销策略:改进营销组合,维护市场份额。成熟阶段包括成长中的成熟、稳定中的成熟和衰退中的成熟三个阶段。营销人员应该系统地考虑市场、产品和营销组合,以维护增长中的市场份额。第一,市场改进。通过差异性和密集性市场策略,进入新的细分市场,宣传产品新的和更广泛的用途,寻找新顾客。第二,产品改进。包括增加产品新功能(耐用性、可靠性、安全性等)、增加产品新特色(材料、尺寸、口味等)、增加产品美学诉求(颜色、结构、包装等)等,以满足消费者的不同需求。第三,营销组合改进。优化价格、分销、广告及服务组合,注重企业形象设计,增强服务项目,采用赠品等促销工具取代单纯的广告宣传,通过降低销售价格等手段拓展市场空间。

④衰退期营销策略:淡出市场,推陈出新。合适的衰退战略取决于行业的相对吸引力和企业在该行业中的竞争力。企业应防止两类错误:一是"匆促收兵",出现新旧产品脱节;二是"难于割爱",坐失良机。因此,企业经营者应该有预见地"转",有计划地"撤",有目的地"攻",应有选择地降低投资水平,放弃无前景的消费群,改变投资热点,及时榨取品牌价值,从容退出产品市场。

3. 产品组合策略

所谓产品组合,是指某一企业所生产和销售的全部产品的总和,包括产品大类和产品项目。产品大类是指产品类别中具有密切关系的一组产品,又称产品线;产品项目是指某一品牌或产品大类内由规格、价格、外观及其他属性来区别的具体产品。

产品组合有一定的宽度、长度、深度和关联性。产品组合的宽度是指一个企业所拥有的产品大类的数量;产品组合的长度是指一个企业的产品组合中所包含的全部产品项目的总数;产品组合的深度是指产品大类中每种产品有多少花色、品种和规格等;产品组合的关联性是指一个企业的各个产品大类在最终用途、生产条件、分销渠道等方面的相关程度。产品组合如表6-2所示。在表中,产品组合的深度为6,广度为4。由于该产品组合中的各种产品线都属食品类,故关联度较强。

表 6-2　产品组合

产品线	产品组合深度						
饮料	A1	A2	A3	A4	A5	A6	产品组织广度
罐头	B1	B2	B3	B4	B5	B6	
糖果	C1	C2	C3	C4	C5	C6	
饼干	D1	D2	D3	D4	D5	D6	

企业在调整和优化产品组合时,一般有扩大产品组合、缩减产品组合和产品线延伸等策略。

4. 产品品牌策略

品牌是指用来识别商品或劳务的名词、数字、符号、图案、设计、颜色及其组合,包括品牌名称和品牌标志两部分。品牌名称是指品牌中可以用语言来表述的部分;而品牌标志是指品牌中可以被识别但不能用语言来表述的部分。商标是指经过登记注册获得专用权并受法律保护的一个品牌或其一部分。企业常用的品牌策略有以下几种。

(1)品牌化策略,即企业决定是否给其产品规定品牌名称。企业品牌化策略的基本类型:一品一牌策略。其原意是一种产品一个品牌,包括个别品牌策略和产品线品牌策略。个别品牌策略是纯粹的一种产品一个品牌。实行这种策略是一个品牌只用于一种产品,一种产品也只能有一个品牌。产品线品牌策略是同一条产品线上的许多产品项目共同使用一个品牌。虽然同一条产品线上的不同产品项目存在着一些差异,但是与这些产品项目之间存在的极高的关联性相比,这些差异又是微不足道的。

(2)品牌使用者策略,即企业决定使用制造商品牌还是中间商品牌。当企业在新的市场上推销产品而产品商标短时期内难以建立声誉时,可采用有一定影响的中间商品牌或同时使用中间商和制造商品牌,待产品有一定市场后再单独使用制造商品牌。

(3)品牌统分策略,即企业决定所有产品使用一种品牌,还是不同产品使用不同品牌。统一品牌可节约费用,新产品也可借原有品牌信誉迅速打开销路,但当其中任何一种产品质量波动时,也会给其他产品带来不良影响。产品采用不同品牌的营销费用大,但便于发展高、中、低档各种类型的产品,可以减少市场风险。

5. 产品包装策略

包装是产品策略的重要内容,且日益成为市场竞争的重要手段。包装的主要作用在于保护商品,方便运输、携带和保存,向消费者传递信息,介绍商品,美化商品,促进销售等。具体的包装策略主要有:相似包装策略、差别包装策略、组合包装策略、复用包装策略、附赠品包装策略等。

三、现代企业的定价策略

价格是市场营销组合中一个十分敏感的重要因素,也是唯一能产生收入的因素。价格的变化直接影响着市场对产品的接受程度,影响着市场需求和企业的效益。企业的定价策

略要有利于补偿成本、促进销售、获取利润,当然也要考虑顾客对价格的承受能力,这就使定价具有了买卖双方的特征。

1. 定价因素

(1)成本。产品成本是企业定价的下限。产品价格必须能够补偿企业生产经营过程的所有费用,及为产品承担风险的代价。因此,成本的大小及成本的构成均对产品定价产生重要影响。

(2)市场需求。产品的最高价格取决于产品的市场需求,而需求又受价格和收入变动的影响。企业制定的价格高低会直接影响产品的销售,因此企业定价必须掌握某产品需求的价格弹性。在市场上没有替代品或没有竞争者,购买者对较高价格不在意,或即使提价也不会很快改变消费习惯的情况下,需求往往缺乏弹性。

(3)竞争。产品最终售价还取决于市场的平均价格水平。企业必须采取适当方式,了解竞争者所提供的产品质量和价格,才能准确地制定本企业产品的价格。

(4)物价政策法规及其执行机构。这些政策法规,有的明确规定了产品的具体价格,有的规定了产品价格的上下限,还有的只规定了定价的原则。

2. 定价方法

(1)成本导向定价法,以产品总成本为中心来制定价格,主要包括:成本加成法、目标利润法等。

(2)需求导向定价法,根据买方对产品价值的理解和需求的强度来定价,主要包括:认知价值定价法、"倒扒皮法"等。

(3)竞争导向定价法,以竞争者的售价为定价依据来确定自身产品在市场中的售价,具体有随行就市定价法、投标定价法和倾销定价法等。

3. 定价策略

运用各种定价方法,企业可以制定出产品的基础价格,在此基础上,根据供求和竞争的具体情况,运用各种定价技巧来确定产品的最终价格。

(1)新产品定价策略。企业的创新产品投入市场,有两种定价方法,即撇脂定价和渗透定价。撇脂定价是指把价格定得很高,以攫取最大利润。当市场需求较大,竞争不激烈,需求缺乏弹性时,宜采用此方法。渗透定价是指把价格定得相对较低,以吸引大量顾客,提高市场占有率。这种方法适用于价格需求弹性较大的产品。

(2)折扣与折让策略。为了鼓励顾客及早付清货款及大量购买、淡季购买,还可以酌情降低其基本价格,这种价格调整叫价格折扣与折让。主要有现金折扣、数量折扣、中间折扣、季节折扣和以旧换新折让等。

(3)心理定价策略。利用顾客的心理因素来定价。对于高档商品或名牌商品,利用消费者仰慕心理定为整数或高价;而对一般商品,其价格应有一定尾数,使消费者觉得商品定价是经过认真核算才产生的,并对此产生信任感。

四、现代企业的分销策略

在现代市场经济条件下,生产者与消费者在时间、地点、数量、品种、信息、产品估价和所有权等多方面存在着差异和矛盾。企业产品生产出来后,必须通过适当的分销渠道在适当的时间、地点,以适当的价格供应给广大的消费者或用户。

1.分销渠道的概念

所谓分销渠道,是指产品或服务从生产者向消费者转移的过程中,所经过的由各中间环节联结而成的路径。它由直接组织商品流通(如各中间商)、辅助商品流通(如储运、银行、保险企业等)以及为商品流通服务(如广告企业、咨询企业、信息企业、技术服务企业)的组织和个人组成。生产者是销售渠道的起点,消费者是销售渠道的终点。销售渠道是否畅通,关系到商品销售是否顺利;销售渠道中间环节的多少,关系到商品价格的高低和流通时间的长短。由于各类产品的产销特点和产品本身特性的不同,形成了不同的销售渠道。图6-3所示为分销渠道结构图。

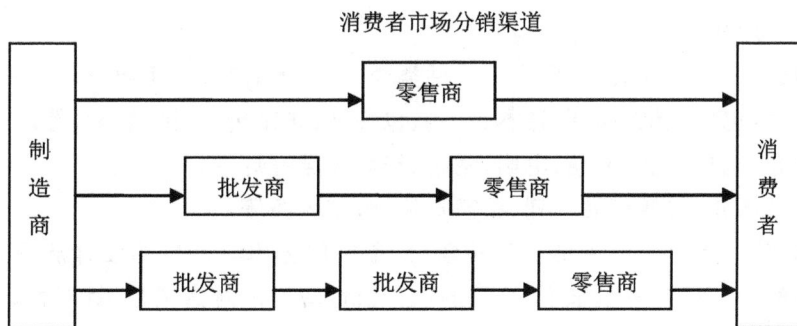

消费者市场分销渠道

图6-3 分销渠道结构图

2.选择分销渠道的策略

(1)普遍分销策略。这是一种宽渠道策略,是企业选择大量的批发商、零售商经销其产品的一种策略。由于广泛分销,能方便消费者购买,及时满足消费者需求。这种策略适用于人们经常需要的日用品的销售。

(2)专营性分销策略。这是一种窄渠道策略,是企业在特定市场中只选择有限数量的中间商经销其产品的一种策略。它的极端形式是独家经销。这种策略能使企业同经销商之间形成密切的协作关系,相互为对方承担义务,使经销商更积极地推销。一般来说,高档耐用品及使用方法复杂或需承担较多今后服务的产品宜采用此种策略。

(3)选择性分销策略。这是企业有选择地确定一些符合本企业要求的中间商经销自己产品的一种策略。这种策略能较好地利用较多的中间商经销产品,占领较大的市场,同时又可以避免因产销之间过分依赖而使一方失利另一方也受牵连的情况。另外,还可以形成产销之间的密切配合关系,增强应变能力。这种策略适用于所有产品,尤其是对顾客在购买时需比较后才能决定购买的产品。

3.选择分销渠道应考虑的因素

(1)产品特点。即根据产品特点选择适当的分销渠道。如笨重的物品、价值高的产品、易腐烂变质的产品、技术性强而又需要售后服务的产品,应尽量减少流转环节。

(2)市场因素。市场范围大小,顾客的集中程度,市场供求和购买情况,市场需求的季节性,以及竞争者产品的分销渠道策略等等都会影响到分销渠道的选择。

五、现代企业的促销策略

1.广告

广告是企业付出一定的费用,利用适当的媒介,向可能的购买者传递企业产品或服务信息,以增加影响、扩大销售的一种手段。

(1)广告的分类。广告可分为两大类,即公共广告与商业广告。前者是指以树立良好的形象,提高组织的声誉,融洽组织与社会公众之间的关系,增进公众对组织的信赖和支持为目的,从而促进组织机构实现其整体目标的一种方式;后者是指直接以企业的产品或服务为宣传内容的广告形式。

(2)广告媒介。现代社会中,广告媒介种类繁多,且各具特色,主要有以下三大类。

①印刷媒介:包括报纸、期刊、样本、资料、包装纸、张贴传单、推销信函等。

②视听媒介:包括广播、电视、电影、网络、幻灯和霓虹灯等。

③实物模型媒介:包括产品陈列、橱窗宣传、时装表演等。

(3)广告设计的要求。广告是一门科学,也是一门艺术。广告的设计从内容到形式,必须运用多种学科的知识。一般来说,良好的广告设计应当注意真实性、针对性、吸引性、简洁性、创造性、美感性和联想性等。

2.人员推销

人员推销是指企业派出销售人员与购买者面谈,做口头陈述,以推销商品,促进和扩大销售。

(1)人员推销的特点。注重人际关系,有利于与顾客建立友谊;具有较大灵活性;针对性强,销售人员带有一定的倾向性访问顾客,无效劳动较少;有利于企业了解市场,提高决策水平;成本费用较高,对销售人员素质有一定要求。

(2)人员推销决策的内容。对多数顾客来讲,销售人员是企业的象征,反过来,销售人员又从顾客那里得到有关市场的信息和资料。企业在进行人员推销决策时,必须确定销售人员的任务、规模和报酬方式等。

3.营业推广

营业推广是指为了刺激消费者即时或大量购买某种产品而采取各种短期促销方式的总称。营业推广的对象及方式主要有以下几种。

(1)对消费者推广。鼓励老顾客,争取新顾客,引导顾客改变消费习惯,购买新产品等。其主要方式有:赠送样品、减价出售、有奖销售、赠送优惠券、提供消费信用等。

(2)对中间商推广。由生产者向批发商、代理商和零售商推广,使之经销本企业产品,目的是鼓励他们大量进货、增加储存。其主要方式有:批量折扣、现金折扣、交易会、商业信用、人员培训等。

(3)对制造商推广。制造商采购物品和劳务的最终目的是为了获得利润。因此,对制造商推广的主要方式有:服务促销、业务会议、互惠促销等。

(4)对推销人员推广。通过对推销人员进行各种物质和精神的鼓励,激发他们的推销积极性。其主要方式有:奖金、提成、推销竞赛、表扬和提工资等。

4. 公关宣传

公关宣传是指企业为实现销售目标,免费在媒体上进行的报道或展示,以刺激目标顾客需求的活动。公关宣传作为一种有力的促销工具,对企业改善形象,提高知名度,起着十分重要的作用。与广告及其他促销工具相比,公关宣传具有许多优势,具体表现如下。

(1)无须支付费用,一旦得到媒体的支持,即可获得收益。

(2)在顾客看来,新闻报道具有客观性和真实性,体现了企业外部公众的利益和看法;而广告则属于企业主观提供的信息,影响效果不同。

(3)公关宣传更容易与除消费者之外的其他公众保持良好关系,得到公众认可,促进企业发展。

思考与练习

1. 什么是市场营销?市场营销观念转变分为几个阶段?

2. 什么是市场细分?企业如何对目标市场进行选择?

3. 试述企业市场调研与市场预测工作的过程与内容。

4. 什么是整体产品?产品策略包括哪些内容?

5. 什么是营销渠道?营销渠道有哪些基本类型?

第七章 现代企业物流管理

物流是社会经济的基础和动脉，是现代企业的"第三利润源"。物流活动直接决定着现代企业经济效益。物流活动的方法有许多正处于研究发展过程中。

内容提要

物流的概念最早起源于 20 世纪初的美国，20 世纪 70 年代末进入中国。本章主要研究了物流的定义和特点、物流的功能要素；阐述了物流管理的定义和目标；分析了企业物流的含义和特征，企业供应物流的基本业务活动，销售物流服务的要素和销售运输决策；介绍了现代企业物流技术与设备。

案例引导

青岛啤酒集团的现代物流管理

青岛啤酒集团（简称青啤集团）引入现代物流管理方式，加快产成品走向市场的速度，同时使库存占用资金、仓储费用及周转运输费用在一年多的时间里降低了 3900 万元。从开票、批条子的计划调拨，到在全国建立代理经销商制，这是青啤集团为适应市场竞争做的一次重大调整。但由代理商控制市场局面运作模式，使青啤集团在组织生产和销售时遇到很大困难。

1998 年第一季度，青啤集团以"新鲜度管理"为中心的物流管理系统开始运行，当时青岛啤酒的产量不过 30 多万吨，但库存就高达 3 万吨，限产处理积压，按市场需求组织生产成为当时的主要任务。青啤集团将"让青岛人民喝上当周酒，让全国人民喝上当月酒"作为目标，先后派出两批业务骨干到国外考察、学习，提出了优化产成品流通渠道的具体做法和规划方案。这项以提高供应链运作效率为目标的物流管理改革，建立起了集团与各销售点物流、信息流和资金流全部由计算机网络管理的智能化配送体系。

青啤集团首先成立了仓储调度中心，对全国市场区域的仓储活动进行重新规划，对商品的仓储、转库实行统一管理和控制。由提供单一的仓储服务，到对产成品的市场区域分部、流通时间等全面的调整、平衡和控制，仓储调度成为销售过程中降低成本、增加效益的重要一环。以原运输公司为基础，青啤集团注册成立了具有独立法人资格的物流有限公司，引进现代物流理念和技术，并完全按照市场机制运作。作为提供运输服务的"卖方"，物流公司能够确保按规定要求，以最短的时间、最少的环节和最经济的运送方式，将商品运送至目的地。同时，青啤集团应用建立在互联网传输基础上的 ERP 系统，筹建了青岛啤酒集团技术中心，将物流、信息流和资金流全面统一在计算机网络的智能化管理之下，建立起各分公司与总公

司之间的快速通道,及时掌握各地最新的市场库存、货物和资金流动情况,为制定市场策略提供准确的依据,并且简化了业务运行程序,提高了销售系统运作效率,增强了企业的应变能力。同时青啤集团还对运输仓储过程中的各个环节进行了重新整合、优化,以减少运输周转次数,压缩库存、缩短商品仓储和周转时间等,使得青啤集团仓库面积由 7 万多平方米下降到 29260 平方米,产成品库存量平均降到 6000 吨。这个商品物流体系实现了环环相扣,销售部门根据各地销售网络的要货计划和市场预测,制订销售计划;仓储部门根据销售计划和库存及时向生产企业传递要货信息;生产企业有针对性地组织生产,物流公司则及时地调度运力,确保交货质量和交货期。同时销售代理商在有了稳定的货源供应后,可以从人、财、物等方面进一步降低销售成本,增加效益。

随着全球经济一体化发展趋势的日益显著,企业间的竞争变得异常尖锐和激烈。企业要想在多变的市场环境中求得生存和发展,就必须不断地寻求新的竞争优势,增强综合实力。物流与供应链管理正是为迎合这一需要而从众多的管理领域中脱颖而出的。实践表明,物流与供应链管理并不是简单的管理方式的变更,而是体现了一种新型的管理思想和管理理念。有效的物流和供应链管理不仅可以实现企业成本的降低和效率的提高,而且可以实现客户服务水平的整体提升,使企业拥有持续的市场竞争力。

问题

青岛啤酒集团物流管理系统的特点有哪些?青岛啤酒集团物流管理的目标是什么?为实现物流管理的发展目标企业采取了哪些措施?

第一节　物流与物流管理

在发达国家,"物流"被看做是"除生产、销售外获得利润的源泉",是"降低成本的最后处女地"。因此,对物流、物流管理的研究都是企业十分重视的事情。

一、物流的定义

物流是伴随着社会分工和市场经济的发展而逐渐形成的一个概念。物流的原始含义是指物的实体运动,即物的流通,也就是为了满足生产或生活的需要,人们通过经济活动的形式,使作为劳动商品的"物"从生产地传递到消费地。由于人们对物流的认识有一个不断深化的过程,所以,不同的国家、不同的学者对物流的定义也各不相同。

美国物流管理协会认为:物流是对货物、服务及相关信息从起源地到消费地的有效率、有效益的流动和储存进行计划、执行和控制,以满足顾客需求的过程。

欧洲物流协会认为:物流是在一个系统内对人员或商品的运输、存储及与此相关的支持活动的计划、执行与控制,以达到特定的目的。

中国在 2001 年 8 月 1 日实施的《物流术语》国家标准中将物流定义为:物品从供应地向接收地的实体流动中,根据实际需要,将运输、储存、装卸、搬运、包装、流通加工、配送和信息

处理等基本功能有机结合起来实现用户要求的过程。

根据国家标准的物流定义,物流属于物品物质实体的流动。一方面,它具有自然属性;另一方面,它也具有社会属性。也就是说,物流同时具有价值和使用价值二重性。这里包含商品所有权转移和物流的实体位置转移。物流的定义也表明,物流是一种满足社会需求的活动,是一种经济活动,同时也表明,不属于经济活动的物质实体流动,不属于物流范畴。物流包括空间和时间的位置移动以及形态的变化,因而通过流通活动,可以创造物品的空间、时间和形态性质三个方面的效用,而这些是通过物流的运输、储存、装卸、搬运和包装等基本功能实现的。

二、物流的功能要素和特点

(一)物流的功能要素

物流的功能要素是指物流系统所具有的基本能力。一般认为,物流的功能要素主要包括运输、仓储保管、流通加工、配送、包装、装卸搬运和信息管理,这七个方面被称为物流的"七要素"。物流就是这些构成要素的集成系统。

1. 运输

运输是使物品发生场所、空间移动的物流活动。运输在物流功能要素中是最重要的构成要素。随着生产社会化、专业化程度的提高,生产与消费在同一地点的情况几乎很少,运输解决了物质资料在生产地点和需要地点之间的空间差异,创造了物品的空间效用,所以,运输是社会再生产的必要条件。运输有不同的方式,不同的运输方式有不同的特点和要求,物流的效率也不一样。因此实现运输合理化,对于实现良好的物流服务,降低物流成本具有重要意义。

2. 仓储保管

仓储保管是指对物品货物进行储存及对其数量、质量进行管理控制的活动,是物流的另一个极为重要的职能要素。由于生产与消费各自的规律性,两者在同一时间内完成是很不现实的,而仓储保管改变了物品货物的时间状态,从而实现了物品货物在供应链中上下环节的衔接;在生产过程中,没有一定数量的原材料、半成品的储存,生产的连续性就可能受到破坏;或者由于经济运输的需要,或者为了预防突然事件的发生等,都需要有一定数量的物质资料的储存。所以,物质资料的储存,是社会再生产过程中客观存在的现象,也是保证社会再生产连续不断运行的基本条件之一。随着现代流通手段的发展,储存已经由过去的从简单保管着眼的被动观点转变为从现代流通着眼的主动观点,即储存的场所越来越多地发挥着集货、分类、检验、理货、流通加工和配送等功能。

3. 流通加工

流通加工是在流通阶段为便于物流或消费而进行的不改变物品基本性能的加工,具体包括切割、细分化、钻孔、弯曲和组装等轻微的生产活动,还包括单位化、价格贴付、备货、商品检验等为使流通顺利进行而实施的辅助作业。通过流通加工可以弥补生产加工的不足,

增加商品的附加价值,提高商品的保存机能和物流服务水平。此外,随着经济的发展,消费领域出现了多样化、差异化的趋向,流通加工是生产加工在流通领域的延伸,有助于提供差异性商品,满足消费需要。

4.配送

配送在中国《物流术语》国家标准中被定义为:"在经济合理区域范围内,根据用户要求,对物品进行拣选、加工、包装、分割和组配等作业,并按时送达指定地点的物流活动。"所以,配送是物流的一种特殊的、综合的活动形式,它几乎包括了物流的所有职能,是物流的一个缩影或在某一范围内物流全部活动的体现。一般来讲,配送是集包装、装卸搬运、保管和运输于一体,并通过这些活动来低成本、高效率地满足用户的需求。所以,现代意义上的配送不同于一般性的运送或运输,它是建立在备货和配货基础上的满足客户灵活需要的送货活动,是一种以社会分工为基础的、综合的、现代化的送货活动。

5.包装

包装是在物流过程中为了保护商品、方便储运、促进销售,按一定技术方法采用材料或容器对物品进行包封,并加以适当的装潢和标识工作的总称。包装具有保护商品、便利储存运输的基本功能。包装存在于物流过程各环节,包括商品的出厂包装,生产过程中在制品、半成品的换装,物流过程中的包装、分装和再包装等。一般来讲,包装分为工业包装和商业包装。工业包装的作用在于便利运输和保护商品;商业包装的目的在于刺激消费者购买和便于消费者购买等。

6.装卸搬运

装卸搬运是指在物流过程中,在同一地域内,以改变物品存放状态和空间位置为主要内容的有目的的活动。它是伴随输送和储存而产生的物流活动,是对运输、储存、包装、流通加工和配送等物流活动进行衔接的中间环节。物品在由生产地流转到消费地的过程中,装卸搬运作业非常频繁,不合理的装卸搬运,不仅会造成财力和劳动力资源的浪费,也会造成物品损坏,加大物流成本。因此,装卸搬运的合理化具有非常重要的意义。

7.信息管理

物流整体职能的发挥,是通过物流各种职能之间的相互联系、相互依赖和相互作用来实现的。也就是说,各种职能的作用不是孤立存在的,这就需要及时的物流信息。物流信息从狭义范围来讲,是指与物流活动(如运输、储运保管、包装、装卸、流通加工等)有关的信息;从广义范围来看,物流信息不仅指与物流活动有关的信息,而且还包括与其他流通活动有关的信息,如商品交易信息和市场信息等。广义的物流信息不仅能起到连接、整合生产企业,经过批发商和零售商,最后到消费者的整个供应链的作用,而且在应用现代先进信息技术的基础上能实现整个供应链活动的效率化。具体地说就是利用物流信息可以使供应链上各个企业都提高效率,满足它们对控制计划生产、协调客户服务进行有效管理的要求。

(二)物流的特点

1.物流本身不创造物品的使用价值,但创造价值

虽然物流活动并不生产产品,但它同样具有生产性,都要耗用一定量的人力、物力和财力,即要支付所必需的费用。事实上,物流过程作为一种特殊生产过程,它本身并不创造物质资料的使用价值,但在流通过程中它却能把生产领域中创造的使用价值转化成现实的使用价值,没有这种转化,物品的使用价值就不能最终实现。

2.物流活动具有服务性

物流的目的是创造物流的时间效应和空间效应,这种效应的实现有赖于物流本身能否及时、准确、保质、保量、安全、可靠地满足消费者对物质资料的需要。因此,物流要服务于市场,从满足生产和消费出发,为生产建设和提高人们生活水平服务,这也是物流活动的归宿。

3.物流与商流的区别

商流是物品作为商品在流通过程中,通过买卖活动所发生形态变化的过程,即由货币形态转化为商品形态,以及由商品形态转化为货币形态的过程。这种转化需要通过一系列活动才能实现,如订购合同的签订、采购、谈判、货币结算等,实质就是商品所有权的转移。物流是指商品的实体运动,即在流通过程中商品使用权的转移过程,也就是商品使用价值的实现过程。所以,物流与商流存在着明显的不同。

(1)活动内容不同。物流侧重于实现物品由生产地到消费地的流转,包括运输、保管、包装、搬运、流通加工以及与之相关的信息处理活动。而商流侧重于物品所有权的更迭,即实现商品所有权由生产者到消费者的转移,实质上是一种买卖活动,因此又称为贸易或交易,包括市场需求预测、计划分配与供应、货源组织、订货、采购调拨、销售等。

(2)价值创造形式不同。物流通过调节时间间隔和空间间隔来创造价值,也通过适当的包装或流通加工活动创造一定的加工附加值。而在商流活动中,物品的转移是按价值规律进行的,商品的价格围绕着价值这根轴线上下波动,价值决定了商品交换的价格。商流通过交换活动使商品的价值得以实现,体现了生产者与消费者之间财富的交换关系。

(3)流通规律不同。物流体现为物的实体运动,其流通的最佳路径与商品的种类、性质、数量、交货要求、运输条件等因素有关。为了降低物流费用,提高经济效益,物流活动在选择流通路径时,遵循的基本原则是由生产地到消费地之间路径最短,强调无中断、无绕道、无等待、无回流等不合理现象,追求在适当的时间、适当的地点将适当的商品交给适当的用户。商流主要体现为资金和信息的流动。在电子商务时代,随着自动银行系统、电子资金汇兑系统等日渐发达,资金的流动日益显现出信息流动的特性。因此,与物流活动相比,商流活动可以在无形的市场中进行,商流最佳路径选择主要考虑营销业务的方便,而与商品的种类、性质、数量、交货要求、运输条件等因素并无直接关系。由此可见,在实际的商品流通中,物流和商流往往遵循着不同的流通规律和流通路径。

三、物流管理的作用和目标

物流管理是指对物流构成要素的系统管理,或者说是对物流过程的管理。在中华人民

共和国国家标准《物流术语》中将物流管理定义为：以最低的物流成本达到用户所满意的服务水平，对物流活动进行的计划、组织、协调与控制。由此可见，物流管理是一个动态的过程，物流管理既要实现整体成本的降低，又要确保客户对物流服务质量的要求。

（一）现代物流管理的作用

企业的物流从表面上看是物品的流动，背后则是有关客户需求、服务水平和库存情况等方面信息的流动，而本质上也是企业利润的流动。它可能是企业利润的源泉，也可能是吞噬企业利润的无底黑洞。因此，加强物流管理，建立高效的物流体系，具有十分重要的作用。现代物流管理的作用主要表现在以下几个方面。

1. 有助于保障生产和销售活动顺利进行

物流、产品生产和销售是企业发展战略不可缺少的三个组成部分，具有密不可分的关系。而产品生产和销售活动的顺利进行又需要物流活动的支持。以制造业为例，生产活动离不开原材料和备品备件的采购，因而需要采购物流；在生产过程中，各种原材料、在制品和成品需要在生产流水线上流转，以及运送到物流中心或仓库，因而需要企业内部物流；部分余料、可回收再利用物资的回收，需要回收物流；废弃物的处理，需要废弃物物流；销售活动对物流的依赖作用更是显著，商品从物流中心或仓库运送到批发商、零售商或终端客户处，需要销售物流；退货的处理，需要退货物流。可见，物流规划是否合理，物流活动是否顺畅，对生产和销售活动至关重要。加强物流管理，有助于优化库存结构，减少资金积压和对各种资源的占用，使生产和销售活动能够顺利进行。

2. 有助于降低物流成本

物流虽然可以为企业赢得大量直接和间接的利润，但其本身也是需要成本的，尤其是当管理不善时，物流成本会急剧膨胀。例如，原材料、燃料、外购件投入生产后，在由一个生产单位流转到另一个生产单位的路途中，一般需要安排调运人员、配备运输和装卸工具、占用运输通道。此时，任何一个物流环节的不畅，都会减低物流速度，增加人员和工具的使用成本，甚至导致停工待料、运输通道拥塞的严重后果。通过合理安排物流管理活动，能够有效地降低物品在流通中的损耗，减少对物流系统各种资源的占用或磨损，加速资金周转，降低物流成本。

3. 有助于提高客户服务水平，提高顾客满意度

在现代物流中，顾客服务的设定优先于其他各项活动，并且为了使物流顾客服务能有效地开展，在物流体系的基本建设上，强调合理和高效，优化配置物流中心网络资源。通过提供顾客所期望的服务，在积极追求自身交易扩大的同时，实现与竞争企业顾客服务的差别化，努力提高顾客满意度，实现"一切以客户为中心"的目标。

（二）现代物流管理的目标

现代物流管理的永恒主题是成本和服务，即在努力消减物流成本的基础上，努力提升物流增值服务。因此现代物流管理的目标主要表现在以下几个方面。

1. 以实现客户满意为第一目标

现代物流是基于企业经营战略基础上,从顾客服务目标的设定开始,进而追求顾客服务的差别化战略。要实现顾客服务的差别化,创造满意的顾客服务,现代物流系统必须做到:第一,物流中心网络的优化,即要求工厂、仓库、商品集中配送、加工等中心的建设既要符合分散化的原则,又要符合集约化的原则,从而使物流活动能有利于顾客服务的全面展开;第二,物流主体的合理化,从生产阶段到消费阶段的物流活动主体,常有单个主体和多个主体之分,物流主体的选择直接影响到物流活动的效果或实现顾客服务的程度;第三,物流信息系统的高标准化,即能及时、有效地反映物流信息和顾客对物流的期望;第四,物流作业的效率化,即在配送、装卸、加工等过程中应当运用什么方法、手段使企业能最有效地实现商品价值。

2. 以整体最优为目标

商品市场的不断创新,带来了商品生产周期的缩短、商品流通地域的扩大等变化。在这种状况下,如果企业物流仅仅追求"部分最优"或"部门最优",将无法在日益激烈的企业竞争中取胜。从原材料的调运计划到向最终消费者移动的各种物流活动,不光是各部分和各部门的工作,而是将各部分和各部门有效地结合发挥综合效益。也就是说,现代物流所追求的费用、效益观,是针对调运、生产、销售和物流等全局最优而言的。虽然在企业组织中,调运理论、生产理论、物流理论和销售理论等理论之间存在着分歧和差异,但跨越这种分歧与差异,力图追求整体最优的正是现代物流理论。

3. 既重视效率,更重视效果

在物流手段上,现代物流管理从原来重视物流的机械、工具等硬件要素转向重视信息等软件要素。在物流活动领域,现代物流管理由以前以输送、保管为主的活动转而向包含调运在内的生产、销售领域或批发、零售领域的物流活动扩展。从管理方面来看,现代物流管理从原来的作业层次转向管理层次,进而向经营层次发展。

第二节　现代企业物流

一、企业物流的含义及特征

(一)企业物流的含义

在现代企业的生产经营活动中,物流活动贯穿于从原材料采购开始,到零部件的加工,最后是产成品销售并送达用户的整个循环过程。生产过程实际上就是系列化的物流活动。

从系统原理来看,在市场经济环境中,企业的生产经营活动是受外界市场环境干扰作用的,具有输入、转换和输出功能,并通过市场信息反馈不断完善自身功能的自适应体系。其中,企业购进原材料和投入其他生产要素表现为系统的输入;生产过程是对生产要素的加工处理,即生产要素向新产品的转换;而产成品的销售表现为系统的输出,以满足市场的需要;

同时,商品的销售情况又表现为需求信息的反馈,从而使企业在生产过程中进行自我调整,并按新的市场需求重新组织企业的生产经营活动。可以这样讲,企业生产经营活动本身,是物质资料实体由一种形态功能转换为另一种形态功能的运动过程。物质资料在企业生产经营过程中的这种运动过程所发生的一切物流活动,就构成了企业的物流。

由此可见,企业物流是指在企业生产经营过程中,物品从原材料供应,经过生产加工,到产成品和销售,以及伴随生产消费过程中所产生的废弃物的回收及再利用的完整循环活动。

(二)企业物流的内容

企业按其业务性质不同可分为两类,即生产企业和流通企业。在此,我们以生产企业为例来阐述企业物流的内容。生产企业物流是以购进生产所需的原材料、设备为始点,经过劳动加工,形成新的产品,然后供应给社会需要部门为止的全过程。要经过原材料及设备采购供应阶段、生产阶段、销售阶段,这三个阶段便产生了生产企业纵向上的物流形式,即供应物流、生产物流、销售物流、回收物流和废旧物物流。

(三)企业物流的特征

企业物流与社会物流、区域物流、国际物流有着很大的差别。由于企业物流是发生在企业内部,把这种微观物流与宏观物流进行对比,可以看出其具有以下特性。

1. 企业物流的集合性

企业物流系统按其物流活动的业务性质可分为供应、生产、销售、废旧物等既有区别又密切相关的分系统,每一分系统又由若干个子系统构成。例如,原材料供应分系统包括资源的筹集子系统和实物供应子系统,每一子系统又需要考虑许多因素和变量。

2. 企业物流的相关性

企业物流系统的结构相当复杂,供、产、销和废旧物流分系统之间存在着相互联系、相互依赖、相互制约的内在关系和外部联系。例如,供应分系统必须根据生产的需要按时、按质、按量均衡配套地输入生产要素,任何一种原材料的短缺都会引起连锁反应,造成生产过程的中断;同样,销售分系统必须及时把产成品销售出去,否则就会由于商品完不成向货币的转化,影响生产要素的购进和供应。也就是说,供应是生产的源,生产是销售的源,销售又是供应的源,任何一个分系统出现障碍,都会影响企业物流的正常运动,都会影响企业生产经营活动的顺利进行。

3. 企业物流的服务性

从企业物流活动本身来看,它与企业的生产经营活动紧密相连、不可分开,它受生产约束,为企业生产经营活动服务。一般来讲,由于工业生产的特点和组织管理的需要,要求生产过程具有连续性、平行性、节奏性和比例性。生产过程的这种客观需要,就决定了企业物流的流动特点。例如,生产过程的连续性决定了物流的方向和流程与生产过程一致,生产过程如何进行,物流就如何流动;生产过程的平行性决定了物流网络与生产物流相一致,决定了物流的空间结构;生产过程的节奏性决定了物流在时间上的规律性,即物流在时间上要与生产过程同步;生产过程的比例性决定了物流量的大小等等。所有这些,都说明了物流必须

服从于生产经营的需要,为生产过程服务。

二、企业供应物流

企业为了保证本身生产的节奏性,需要不断组织原材料、零部件、燃料、辅助材料供应的物流活动,这种物流活动对企业的正常生产等起着重大作用。企业供应物流不仅要保证供应的目标,而且要以最低成本并以最少消耗保证组织供应物流活动。

(一)供应物流系统的构成

供应物流是生产过程物流的外延部分,受企业外部环境影响较大。供应物流包括原材料、零部件等一切生产资料的采购、运输、仓储、库存管理、用料管理和供料运输。它是企业物流中独立性相对较强的一个子系统,并且和生产系统、搬运系统、财务系统等企业各部门以及企业外部的资源市场、运输条件等密切相关。

1. 采购

采购是供应物流与社会物流的衔接点。它是依据企业生产计划所要求的供应计划制定采购计划,并进行原材料外购的作业层,需要承担市场资源、供货方、市场变化等信息的采集和反馈任务。

2. 供应

供应是供应物流与生产物流的衔接点。它是依据供应计划与消耗定额进行生产资料供给的作业层,负责原材料消耗的控制。

3. 库存管理

库存管理是供应物流的核心部分,它依据企业生产计划的要求和库存状况制定采购计划,并负责制定库存控制策略和计划及反馈修改。

4. 仓储管理

仓储管理是供应物流的转折点,负责购入生产资料的接货和生产供应的发货,以及物料保管工作。

(二)供应物流的基本业务活动

根据供应物流系统的构成,供应物流的基本业务活动包括采购决策、供应存货与库存控制等。

1. 采购决策

供应物流系统的采购决策内容主要包括:市场信息收集、选择供货方和决定采购批量、确定采购时间等。

(1)市场信息收集。企业采购决策者应对所需原材料的资源分布、数量、质量和市场供需要求等情况进行调查,作为制定较长远的采购规划的依据。同时,要及时掌握市场变化的信息,进行采购计划的调整、补充。

(2)选择供货方。在选择供货方时,应考虑原材料供应的数量、质量、价格(包括运费)、供货时间保证、供货方式和运输方式等,通过与本企业的生产需求比较,最后选定供货方。

(3)决定采购批量。采购批量在采购决策中是一项重要的内容。一般情况下,每次采购的数量越大,在价格上得到的优惠越多,同时因采购次数减少,采购费用相对能节省一些;反之,采购的数量少,采购次数就多,采购费用也就相对大。因此,为了要节省采购费用,就要求采购批量大一些。但是采购批量过大,容易造成积压,从而占压资金,并使企业多支付银行利息和仓储管理费用。所以,为了节省仓储管理费用,采购批量以小为好。

当然,我们不能只考虑采购费用的节省,而不考虑仓储管理费用的节省;或者只考虑节省仓储管理费用,而不考虑节约采购费用。从经济效益角度考虑,这两种费用都要求节省。这就要求解决这样一个问题,即在一定时期内采购总量已经确定的前提下,每批采购多少才能使采购费用和仓储管理费用最为节省,选择经济订购批量的目的就在于此。

所谓经济订购批量,就是使采购费用与仓储管理费用之和减少到最小限度的采购批量。经济订购批量的计算有三个假定条件,即需求均衡,销售量比较稳定,变化较小;货源充足,进货容易,并且能固定进货日期;库存储量和资金条件不受限制。

经济订购批量的计算公式为

$$Q=\sqrt{\frac{2CK}{PH}}$$

式中,Q——经济订购批量;

K——年订物资需要量;

C——每次订货成本;

P——单位物资的价格;

H——单位物资年存储费率。

【例】 某企业全年需购进某商品 1000 件,现已知某商品的价格为 20 元,每次订货成本 5 元,每件商品年存储费率为 20%,求该企业的经济订购批量。

解:将题中所提供的有关数据代入公式:

$$Q=\sqrt{\frac{2\times5\times1\,000}{20\times0.2}}=50\ \text{件}$$

即该企业的经济订购批量为 50 件。

(4)确定采购时间。企业为了使库存量保持在保证供应的水平上,就必须选择适当的采购时间。采购时间的确定,涉及很多方面,如供应量的大小,物资种类的复杂程度,供货单位的距离,物资的运输方式,运输工具的载重量,货源供求状况以及企业储存条件等,一般可用订货点法来确定采购时间。

所谓订货点法,就是当库存下降到订货点的时候,就进行订货的一种方法。从订货点开始采购到可以供应,一般需要一定的间隔时间(即订货提前期),不可能随进随供,而存货通过逐日供应在下降。如果存量下降到订货点不开始订货,就要冒停产待料的风险。如果存量尚未下降到订货点,提前采购,就要冒积压的风险。因此,当存货量下降到订货点时,就必须发出订单,以保持应有的存货量。订货点是开始采购的最适当时间。

订货点的计算方法按供货和进货时间情况的不同有两种。一种是在供货和进货时间比较稳定的情况下,订货点的计算公式如下:

$$订货点＝平均供货量×订货提前期$$

另一种是当供货和进货期时间有变化的情况下,订货点的计算公式如下:

$$订货点＝(平均供货量×最大订货提前期时间)＋安全存量$$

在上述公式中,之所以要加上安全存量,是由于生产需要不是完全静止不变的,同时交货也有延期的可能。如果不考虑这些影响存量的不确定因素,那么,计算出来的订货点,就往往脱离实际,显得过小。

2. 供应存货与库存控制

存货就是存储的货物。它一般指库存的原材料、燃料,以及备用品、备件与工具,库存的在制品、半成品,库存的成品等。

(1)存货与库存控制的目的。存货与库存控制的根本目的是通过适量的库存,用最低的存货成本,实现对企业生产经营活动的供应,即经济合理的供应。现代库存控制是提高企业经济效益的重要手段。

(2)库存的种类。按照库存的目的,企业的存货可分为周转库存、保险库存和季节性库存。

①周转库存是指用于经常周转的货物储备,即在前后两批货物正常到达期间,提供生产经营需要的储备。

②保险库存是指为防止或较少因订购期间物资需求增加和到货期延后所引起的缺货而设置的储备。保险库存是一项以备不时之需的库存,在正常情况下一般不动用。

③季节性库存是指企业为减少原材料季节性生产和季节性消费的影响而储存的原材料或产成品。

(3)库存成本。库存成本是物流总成本的一个重要组成部分。物流成本的高低常常取决于库存管理成本的大小,而且,企业物流系统所保持的库存水平对于企业提供的客户服务水平起着重要的作用。库存成本主要包括订购成本、购入成本、存储成本和缺货成本。

①订购成本是指订购货物所发生的成本,它包括订购手续费、催货跟踪费、收货费以及有关人员的工资等。订货成本中有一部分与订货次数无关。

②购入成本是指为了在预定地点获得货物的所有权而发生的成本,即货物本身的成本,它包括货物的购价,运输、装卸费及装卸过程中的损耗等。购入成本的大小与所购货物的品种和规格、供应地点和运输方式、运输路线等有很大的关系。

③存储成本是指为储存货物而发生的成本,即货物从入库到出库的整个期间内所发生的成本,它包括存货占用资金应计的利息、存货保险费、仓库保险费和存货损耗费。

④缺货成本是指由于库存供应中断而造成的损失,包括原材料供应中断造成的停工损失,产成品库存缺货造成的延迟发货损失和丧失销售机会的损失,甚至失去客户造成企业间接或长期成本的损失。缺货成本的高低与储备量大小有关:储备量大,则缺货数量和次数相对减少,缺货成本低,但存储成本必然增加;反之,储备量小,则缺货成本可能就高,而存储成本必然低。

三、企业销售物流

(一)销售物流的目标与环节

企业销售物流是企业为保证本身的经营效益,不断伴随销售活动,将商品所有权转给用户的物流活动。

1.销售物流的目标

一般来说,销售物流的目标应该是以最低的成本和最佳的服务将商品在适当的时间送达适当的地点。事实上,销售物流的成本与服务很难获得最佳的效果。因为一方面为了提供最好服务,需要较多的库存量,最快的运输,多设网点,结果必然大量增加物流成本;另一方面,为了降低成本,势必要采取缓慢而价廉的运输,降低存货量,减少仓库及网点。因此,真正的销售物流效率是在成本与服务上取得合理的平衡,即对销售物流的各要素进行平衡,取得合理成本下的时空效用。

考虑销售物流目标时,应该注意到企业的成本和消费者希望的服务方式。此外,还应考虑竞争对手所采取的方式,将竞争对手的服务水准作为制定本企业服务水准时的参考。

2.销售物流的主要环节

企业在商品制造完成后,需要及时组织销售物流,使商品能够及时、准确、完好地送达客户指定的地点。为了保证销售物流的顺利完成,企业需要在包装、储存、订单处理和配送运输等方面做好工作。

(1)包装。包装是企业销售物流系统的起点。商品包装在销售物流过程中主要起到保护商品、方便储运、促进销售的作用。因此,在包装材料、包装形式上,既要考虑储存、运输等环节的方便,又要考虑材料及工艺的成本费用。

(2)储存。储存是包含库存和储备在内的一种综合的经济活动。保持合理库存水平,及时满足客户需求,是产成品储存最重要的内容。客户对企业产成品的可得性非常敏感,缺货不仅使客户需求得不到满足,而且还会提高企业进行销售服务的物流成本。所以,产成品的可得性是衡量企业销售物流系统服务水平的一个重要参数。

(3)订单处理。为使库存保持最低水平,客户会在考虑批量折扣、订货费用和存货成本的基础上,合理地频繁订货。企业为客户提供的订货方式越方便、越经济,越能吸引客户。随着计算机和现代化通信设备的广泛应用,电脑订货方式被广泛采纳,企业跟踪订货状态的能力也大大提高,使得客户与供应商的联系更加密切。

(4)配送运输。不论销售渠道如何,也不论是消费者直接取货,还是生产者或供应者直接发货给客户,企业的产成品都要通过运输才能到达客户指定的地点。而运输方式的确定需要参考产成品的批量、运送距离、地理条件等。对于由生产者或供应者送货的情况,应考虑发货批量大小的问题,它将直接影响物流成本费用。配送是一种较先进的形式,在保证客户需要的前提下,不仅可以提高运输设备的利用率,降低运输成本,还可以缓解交通拥堵,减少车辆废气对环境的污染。

(二)企业销售物流管理

1. 销售物流服务决策

随着市场竞争日益加剧,传统制造领域的技术和商品的特征优势日渐缩小。人们越来越认识到销售物流服务已经成为现代企业销售系统,甚至整个企业成功运作的关键,是增强现代企业商品的差异性、提高商品及服务竞争优势的重要因素。

(1)销售物流服务的要素。销售服务有四个要素,即时间、可靠性、通信和方便性。这些要素对卖方成本和买方成本都有影响。

①时间要素通常是指订货周期时间。订货周期是指从客户确定对某种商品有需求到需求被满足之间的时间间隔。时间要素主要受订单传送、订单处理、订货准备及订货装运的影响。企业只有有效地管理与控制这些活动,才能保证订货周期的合理性和可靠性的一致,才能提高企业的客户服务水平。

②可靠性是指根据客户订单的要求,按照预定的提前期安全地将订货送达客户指定地方。可靠性包括提前期的可靠性、安全交货的可靠性以及正确供货的可靠性。对客户来说,在许多情况下可靠性比提前期更重要。

③与客户通信是监控客户服务可靠性的关键手段。没有与客户的联系,企业就不能提供有效及经济的服务。然而,通信必须是双向的,卖方需要把关键的服务信息传递给客户,而客户也需要了解装运状态的信息,询问有关装运时间、运输路线等情况。

④方便性是指服务的灵活程度。为了更好地满足客户需求,企业必须确认客户的不同需求,根据客户规模、市场区域、购买的商品及其他因素将客户需求细分,为不同客户提供适宜的服务水平,这样可以使企业针对不同客户以最经济的方式满足其需求。

(2)销售物流客户服务水平决策。利润最大化是确定客户服务水平的决定因素,即首先确定不同水平的客户服务对销售收入的影响,然后计算给定客户服务水平下的销售物流成本,最后从销售收入中减去成本,盈余最大的就是最优的客户服务水平。要确定最优服务水平,先要确定客户服务水平与销售收入之间的关系,以及客户服务水平与销售物流成本之间的关系。

销售收入随客户的服务水平的提高而增加,但速率递减,这意味着客户服务的边际改善会导致销售的增加,但这种增加并不与服务的改善成比例。支持给定水平客户服务所需的总的销售物流成本将随客户服务水平的提高而加速成长。

为了确定适当的客户服务水平,有必要考查收入曲线与成本曲线之间的差额,然后计算各个客户服务水平下的利润。

2. 企业销售运输决策

商品由生产地向消费地的流转是靠运输实现的,运输成本是销售物流成本中最主要的项目。运输决策的科学化,对企业信誉、经济效益都有直接影响。

(1)合理运输的影响因素。运输决策的目标是进行合理运输,即在一定条件下,以尽可能快的速度,尽可能少的成本,尽可能充分地利用运输工具的容积和载重来组织运输。合理运输的影响因素很多,但起决定性作用的有运输距离、运输环节、运输工具、运输时间和运输

费用五个方面的因素。

在运输中,运输时间、运输货损、运费、车辆或船舶的周转等运输技术经济指标,都与运距有一定的比例关系。运距长短是运输是否合理的最基本因素,缩短运输距离对宏观、微观都会带来好处。

每增加一次运输,不但会增加起运的运费和总运费,而且必然要增加运输的附属活动,如装卸、包装等,各项技术经济指标也会因此而下降。所以,减少运输环节,尤其是同类运输工具的环节,对合理运输有促进作用。

各种运输工具都有其使用的优势领域,对运输工具进行优化选择,按运输工具的特点进行装卸运输作业,发挥所用运输工具的最大作用,是运输合理化的重要一环。

运输是物流过程中需要花费较多时间的环节,尤其是远程运输。在全部物流时间中,运输时间占绝大部分,所以,运输时间的缩短对整个流通时间的缩短有着决定性的作用。

运费在全部物流费用中占很大比例,运费的高低在很大程度上决定整个物流系统的竞争能力。所以,运输费用的降低,是运输合理化的一个重要目标。

(2)合理选择运输方式。合理地组织运输,重点在于克服不合理的运输现象,使货物运输达到及时、准确、经济、安全的要求。实践证明,按经济区域组织商品流通,开展商品直达直线运输、合装整车运输、"四就直拨"运输是减少中转运输环节的有效办法。

直达运输是指在组织货物运输过程中,越过流通仓库或铁路、交通中转环节,把货物从产地或起运地直接运到销地或用户处。直线运输是指商品由产地运往销地的过程中,不受行政区域限制,而按经济区域的合理流向,走最近的路线,避免倒流、迂回等不合理运输现象。在实际工作中,减少环节与选择最佳路线往往是相结合的,所以通常称直达直线运输。直达直线运输适用品种单一、运量较大的商品,及鲜活易腐烂的商品的运输。

"四就直拨"运输是商品不经过中间环节,直接从工厂仓库、车站、码头的货场发往消费地。就厂直拨,就车站、码头直拨,就库直拨,就车、船运载直拨等,简称为"四就直拨"。"四就直拨"可减少仓库中转环节,避免市内大量重复运输,降低商品在转运中的损耗与损失。"四就直拨"运输,一般适用于品种、规格比较简单、挑选性不强的大宗商品,如粮食、煤炭、石油、纸张、肥皂和香烟等。

合装整车运输,也称"零担拼整车中转分运",它主要适用于杂货运输。合装整车运输是在组织铁路货运时,由同一发货人将不同品种但发往同一到站、同一收货人的零担托运货物,组配在一个车皮内,以整车运输的方式,托运到目的地;或把同一方向不同到站的零担货物,集中组配在一个车皮内,运到一个适当车站,然后再中转分运。在组织合装整车运输中,要注意商品的性能和特点,防止不适当的混装。对于商品性质互有影响的商品,不能混装在一个车皮内。

(3)合理选择运输工具。运输工具品种繁多,常用的有飞机、火车、轮船、汽车和管道等现代化的运输工具。每种工具各有特点,在商品运输中要相互配合、相互补充,最合理、最有效地使用各种工具。

四、企业回收和废弃物物流

随着社会化大生产的高度发展,无论是生产领域还是消费领域,每时每刻都在产生大量的废旧物资,如何更好地回收、利用废旧物资,是摆在企业面前必须解决的重要问题。

(一)回收和废弃物物流的含义

1.废旧物资和回收物流

工业生产企业的废旧物资主要指报废的成品、半成品,加工产生的边角余料,冶炼过程中出现的钢渣、炉底,更新报废的机械设备、工具和各种包装废弃物等。

在自然界中,任何一种物资资料都有它的特定属性和用途,"废弃物"一词具有相对的内涵。"废弃物"只是在一定时期、一定的范围内,资料的形态或用途发生了变化,而它本身可以被利用的属性并没有完全消失,只要能被人们发现和利用,它就可以变成有用的资源。所以,回收物流是指废旧物资通过一定的手段回收、加工,重新投入使用所要经过的一系列的流动过程。

2.废弃物和废弃物物流

企业的废弃物是指企业在生产过程中不断产生的基本上或完全失去使用价值,无法再重新利用的最终排放物。这类物质的流向形成了废弃物物流。

(二)回收和废弃物物流的处理

1.回收物流的处理

回收物流的处理是将其中有再利用价值的部分加以分拣、加工分解、净化,使其成为有用的物资,重新进入生产和消费领域,使其成为有用的物资,或转化为能量而重新投入生产和生活循环系统。

2.废弃物物流的处理

废弃物物流的处理是对已丧失利用价值的废弃物,从环境保护的目的出发将其焚烧,或送到指定地点堆放掩埋。对含有放射性的物质或有毒物质的工业废物,还要采取特殊的处理方法。

思考与练习

1.什么是物流?物流的功能要素和特点怎样?物流活动有哪些特点?

2.现代企业物流管理的目标是什么?现代物流管理有什么作用?

3.企业物流有哪些特征?供应物流的基本业务活动有哪些?

4.销售物流包括哪些环节?简述销售物流服务的要素。

第八章 现代企业财务管理

企业财务就是企业在生产过程中的资金活动,它体现着企业各方面的经济关系。

内容提要

现代企业财务管理包括财务活动和财务关系两方面,前者泛指企业在生产过程中涉及的资金活动;后者指财务活动中形成的企业各方面的经济关系。本章介绍了财务管理的任务、目标、内容和职能,分析了现代企业内部的财务管理体制、财务管理基础工作和资金的时间价值等财务管理观念,研究了现代企业的筹资管理、投资管理和股利分配及其政策,介绍了企业财务分析的方法。

案例引导

裕兴举牌"方正科技"—中国股市收购战

2000 年 5 月 11 日,上海证券公司宣布"600601"股票"方正科技"停牌 1 天。北京裕兴电子技术有限公司、北京裕兴机械电子研究所等六家企业发布举牌公告,宣布截至 5 月 10 日,6 家方正科技的股东合并持有方正科技股份 1009.6922 万股,占方正科技发行在外有表决权股份总数的 5.4103%。6 家公司合并的股份数超过了方正科技原第一大股东北大方正集团,6 家企业联合成为方正科技的第一大股东。此时,距方正科技股东大会只有短短的 17 天。

裕兴同时向方正科技董事会递交了关于增补 6 名董事候选人和 2 名监事候选人方案,针对方正科技 2000 年 0.67 元的年度利润提出将分配预案修正为 10 送 10 的意见提案。

复牌后,方正科技股价猛涨到 36.8 元左右,媒体也将裕兴当成了追逐的目标。而裕兴公司总裁祝维沙也对媒体表示了与方正集团合作的愿望,希望成为方正科技的战略投资人,利用其在信息家电领域积累的优势资源,与方正科技强强联合,优势互补,利用资本市场平台实现产业整合。

《中华人民共和国证券法》第 79 条第一款明确规定,通过证券交易所的证券交易,投资者持有一个上市公司已发行的股份的 5% 时,应当在该事实发生之日起 3 日内,向证监会、交易所做出书面报告,通知该上市公司,并予以公告;在上述规定的期限内,不得再行买卖该上市公司的股票。

5 月 16 日,也就是裕兴等六家企业举牌的第五天,上海证券交易所发布了北京北大方正集团公司持方正科技股票的通知。截至 2001 年 5 月 14 日,方正集团通过证券交易所的证券交易,持有上海方正延中科技集团股份有限公司的股份共计 935.1 万股,占公司已发行总

股本的 5.0107％，股权比重与举牌方有微弱的差距。

那么，作为方正科技原第一大股东，方正集团是否坐视裕兴等 6 家公司夺走自己的位置，顺利入主"方正科技"董事会呢？

被收购方背景资料

方正科技（股票代码 600601）公司简介：

方正科技公司主营业务为文化办公用品及材料，计算机及配件，复印机及消耗材料，文化办公器械等的生产与销售。公司总股本为 18662 万股，流通盘 18662 万股，2000 年的方正科技公布年报为：净利润实现 1.24 亿元，每股收益 0.67 元，净资产收益率 24.13％，2000 年分配方案拟不分配不转增。

方正科技的前身为上市公司——上海延中实业股份有限公司。1998 年 5 月 11 日，也就是延中实业将于 5 月 25 日召开 1997 年度股东大会之前的十几天，北大关联企业发布举牌公告，宣布入主延中实业，之后公司更名为"方正科技"，成为方正集团下属企业之一。

北大方正入主方正科技三年来，将计算机 PC 机、服务器、笔记本电脑等资产注入上市公司，将其发展成为一家资产和业绩良好的高科技公司。2000 年方正品牌的个人电脑销量达到了 83.6 万台，市场占有率居国内第二名、亚太地区第八名。2000 年更是方正集团旗下三家上市公司中盈利状况最好的一家。因此，很难相信方正集团会轻易将囊中硕果拱手相让。

自 2000 年年底，四川长虹开始增持方正科技至 540 万股，拉开了方正科技股权之争的序幕。2000 年报显示，江苏长虹、虹兴仓储作为四川长虹的关联企业，已经持有方正科技 2.89％ 的股份，与方正集团只差 1.5 个百分点。此举引起方正集团的高度重视。但是随着四川长虹原主帅倪润峰的复出，对方正科技的策略有所改变。目前，四川长虹已减持方正科技股份，长虹企图入主方正科技的举动基本可以画上句号。

方正科技之所以成为众多公司的收购对象，是由其本身的特质决定的。首先，作为"三无"概念股，方正科技的股权高度分散。其第一大控股股东北大方正集团的持股比例在事发前只有 3.77％，这在沪深千余家上市公司中是绝无仅有的。其次，总股本全流通且流通盘小，仅有 1.86 亿，股权的流动性在千余家上市公司是最好的。最后，经营最为出色，是高科技股中难得的成长型绩优股之一。以上三点，决定了方正科技成为沪深股市最为诱人的收购对象。

收购方背景资料

裕兴公司简介：

裕兴公司创立于 1991 年。过去 10 年，裕兴产品走了一条边缘化、差异化的道路，公司强攻普及型 IT 产品领域。1998 年 10 月，裕兴成功推出能够用来学习、游戏和商务的电脑 VCD 系列产品，以电脑 VCD 为标志，裕兴一举进入信息家电领域。目前公司已具备独立完成信息家电的软硬件开发设计的能力，其自行开发的 3098 中央处理器系列芯片已经成为信息家电的行业标准之一。1999 年裕兴的 IA 产品销量居首位，并占据了国内同类产品 90％ 以上的市场份额。

2000 年 1 月 31 日，裕兴电脑科技（8005）正式在香港创业板挂牌上市，成为首批经中国

证监会批准在香港创业板上市的高科技民营企业,在全国引起轰动。公司当时发行股票1亿股,发行价为每股4.2港币。

祝维沙——裕兴公司的董事长兼总裁,2000年被美国《福布斯》杂志评为中国50富豪第46位,其个人资产达5000万美元。

此次6家股东的举牌公告显示,裕兴电子和裕兴机械电子研究所为关联企业,这2家公司的法定代表人均为祝维沙,同时,在香港创业板上市的裕兴电脑科技控股有限公司为裕兴电子的最终控股公司。而另4家股东之间以及它们与"裕兴"之间均不存在任何关联关系。

北京裕兴电子技术有限公司和北京裕兴机械电子研究所是此次联合提案的发起人,希望成为方正科技的战略投资人,利用其在信息家电领域积累的优势资源,与方正科技强强联合,优势互补,利用资本市场平台实现产业整合,其他股东认可并支持北京裕兴的这一战略。为实现以上目的,北京裕兴信心坚定,并有充分准备在必要时候增持方正科技的股份。

5月28日,在推迟了一个月后,方正科技的股东大会终于召开了。举牌方裕兴公司向方正科技董事会提交的关于增补6名董事候选人和2名监事候选人的方案未被提交股东大会讨论,原因是不符合方正科技公司章程第67条的规定:"董事、监事候选人产生程序:(一)董事会负责召开股东座谈会,听取股东意见;(二)召开董事会会议,审查候选人任职资格,讨论、确定候选人名单。"

在这一前提下,加上持有方正科技股票的各家基金表示支持方正集团入主董事会,股东大会选举中方正集团获得胜利,其推荐的9名董事会候选人进入了董事会,取得了对方正科技董事会的控制地位。

问题

1. 在这次收购战中,举牌方为何选中方正科技为收购对象?

2. 当方正集团增持方正科技股票至5.0107%,与裕兴的持股量接近时,双方为何没有继续增持?

3. 这次收购属于善意收购还是恶意收购? 你是否同意方正科技公司章程第67条的规定?

第一节　现代企业财务管理概述

一、企业财务管理的基本任务

企业财务管理的基本任务是,做好各项财务收支的计划、控制、核算、分析和考核工作,依法合理筹集资金,有效利用企业各项资产,努力提高经济效益。

1.选择筹集渠道,降低资金成本

正确、及时地筹集资金是保证企业生产经营活动持续发展,提高资金利润率的前提。筹集资金总要付出一定的代价,这种代价包括资金占用费用(如借款利息、债券利息及股息等)

和资金筹集费用(如股票发行费、债券注册费用),即资金成本。因此企业在筹集资金时,就要充分考虑资金成本费用的支出,合理选择筹资渠道和方式,做到既能筹到必要的资金,又尽可能降低筹资成本,使企业建立起科学、合理的资金结构。

2.管好用好各项资产,提高资产的利用效果

在管理各项资产方面,要结合本企业特点,从基础工作抓起,从不断提高企业的经济效益入手,正确地选择企业经营策略和资产投向。处理好资产、负债、费用和利润的关系,使企业各项资产得以科学运用,企业产品结构、资源利用、盈利水平等方面处于最佳状态,经营效益不断提高。

3.降低成本费用,增加企业盈利

降低成本费用,就是要有计划地安排生产经营过程中的人力、物力和财力的消耗。根据企业的生产任务、消耗定额和其他条件,合理控制各种生产经营耗费。在正确核算成本费用的基础上,分析研究生产经营耗费水平和企业盈利水平,即揭示生产经营中存在的问题,提出改进措施,促进企业改善经营管理。开拓市场经营渠道,运用先进的营销手段,增加企业盈利。

二、企业财务管理的目标

财务管理是企业管理的一部分,是有关资金的获得和有效使用的管理工作。财务管理的目标取决于企业的总目标,并且受财务管理自身特点的制约。传统企业经营目标简单地说,就是利润最大化。作为一个现代企业,仅仅追求利润最大化是不够的,还应追求所有者权益最大化和企业价值最大化。现代企业的经营目标要求财务管理完成筹措资金,并有效地投放和使用资金的任务。

对于股份公司,尤其是上市公司,其企业价值可根据其股票价格来确定。因此,股价的高低反映了财务管理的目标的实现程度。公司股价受外部环境和管理决策两个方面因素的影响。管理决策属于公司内部因素,是公司管理当局可以控制的因素;公司外部环境因素,是公司管理当局难以控制的因素。从可控因素看,股价高低取决于企业的报酬率和风险,而企业的报酬率和风险,又是由企业的投资项目、资本结构和股利政策决定的。因此,这五个因素影响企业的价值。财务管理正是通过投资决策、筹资决策和股利决策来提高报酬率,降低风险,实现其目标的。企业的外部环境因素,又称企业的财务管理环境、理财环境。其对企业财务活动产生的影响作用,是企业的财务决策难以改变的外部约束条件,企业财务决策更多的是适应它们的要求和变化。财务管理的环境涉及的范围很广,其中最重要的是法律环境、金融市场环境和经济环境等。

三、财务管理的对象与内容

财务管理是有关资金筹集、投放和分配的管理工作。财务管理的对象是资金的循环和周转,主要内容是筹资、投资和股利分配,主要职能是决策、计划和控制。

1. 财务管理的对象

财务管理主要是资金管理,其对象是资金及其流转。资金流转的起点和终点是现金,其他资产都是现金在流转中的转化形式,因此,财务管理的对象也可以说是现金及其流转。财务管理也会涉及成本、收入和利润问题。从财务的观点来看,成本和费用是现金的耗费,收入和利润是现金的来源。财务管理主要在这种意义上研究成本和收入,而不同于一般意义上的成本管理和销售管理,也不同于计量收入、成本和利润的会计工作。

2. 财务管理的主要内容

(1)筹资。企业资金按投资者权益不同分为权益资金和债务资金。权益资金包括由所有者投入企业的资本金和企业在生产经营活动中形成的资本公积金、盈余公积金和未分配利润,其所有权属于企业所有者;债务资金包括流动负债和长期负债,其所有权属于企业债权人。筹资是企业财务管理的基础环节,要科学、合理地确定资金数额和资本结构,合理选择筹集资金的方式,努力降低资金成本和筹资风险。

(2)投资。企业筹集资金的直接原因是为了投资。企业投资也分为对内投资和对外投资。对内投资是对企业内部投放资金,主要投放于流动资产、固定资产、无形资产和递延资产等;对外投资是对企业外部投放资金,其形式多种多样,按不同标准可分为外购与新建、合资与独资、子公司和分公司、股票与债券等。对内投资所形成的各项资产是企业直接从事生产经营活动的经济资源,在生产经营活动中会不断被耗费。投放资金是企业财务管理的关键环节,要认真选择投资方向和投资形式,合理安排资产结构,努力降低生产耗费和投资风险,力争提高效率。

(3)股利分配。企业进行投资的具体原因虽然有所不同,但从根本上来说都是为了获取利润。利润分配是指在企业赚得的利润中,有多少作为股利发放给股东,有多少留在企业作为再投资用。如何制定合理的股利分配政策,正确确定利润留存与分配的比例,是影响企业股价在市场上的走势和在社会公众中享有的信誉的一个大问题。每个企业根据自己的具体情况确定最佳的股利分配政策,这是财务决策的一项重要内容。

四、财务管理的职能

财务管理的职能是指在财务管理中所使用的各种业务手段。这些方法互相配合,联系紧密,构成完整的财务管理工作体系。

1. 财务预测

财务预测是对企业经济活动状况进行估计和推测。财务预测的范围很广,目的也不尽相同。为了搞好财务预测,在正式开展工作之前,要根据预测的目的收集和整理有关资料,深入了解相关情况,在此基础上选择科学的方法,确定财务指标预测值,为下一步决策提供根据。

2. 财务决策

财务决策是针对企业的各种财务问题决定行动方案。财务决策是企业经营决策的重要

组成部分,是企业财务管理的基础环节,其正确与否直接关系到企业的兴衰成败。为了正确开展财务决策,首先要根据企业内部和外部经营环境拟定数个决策方案,在此基础上运用数学方法对各备选方案的预期经济效果进行定量和定性的经济分析,最后从诸方案中选择一个最优方案,并组织实施或否决全部备选方案。

3.财务计划

财务计划是企业财务管理目标的系统化、具体化,是企业实行内部经济责任制的重要基础,也是财务监督和财务检查的重要依据。为了编制既先进又切合实际的财务计划,企业在正式编制计划以前,要采取技术经济措施并预测各项措施的经济效果,要收集和整理有关资料并预测计划指标的水平,在此基础上计算各项计划指标,并正式编制计划表格。

4.财务控制

财务控制是企业财务管理的重要环节,是降低成本、费用和增加利润的重要措施。为了有效地实行财务控制,企业要制定各项消耗定额和费用开支标准,编制财务计划,为财务控制确定标准;要建立、健全财务制度,把财务控制任务落实到各部门、各单位和有关职工,并明确其相应的权、责、利,以保证财务控制标准的执行;当执行结果与标准发生差异时,要确定差异程度并分析原因,明确其性质和责任,针对存在的问题采取有效措施。

5.财务分析

财务分析包括事前、事中和事后分析。在财务预测、决策和计划编制过程中进行的分析称为事前分析,其目的在于科学地确定各项财务活动的具体目标和评选财务活动方案;在财务计划执行过程中进行的分析,称为事中分析,其目的在于掌握计划的执行情况及实际脱离计划的原因,以便采取措施保证计划的实现;在计划期结束以后进行分析称为事后分析,其目的在于确定实际脱离计划的程度和原因,以便总结经验,提高企业计划管理水平。

6.财务检查

财务检查既可在计划期中进行,也可以在计划期结束以后进行。在财务检查中,要了解企业执行财经纪律、财务计划和经济核算的情况,揭露财务活动中存在的问题并查明原因和分清责任,促进企业严格遵守财经法纪和加强经济核算。要搞好财务检查,检查人员应该认真阅读财会凭证、账目和报表,并提出处理办法和改进意见。

五、企业财务管理的原则

企业财务管理的原则可概括为建立健全企业内部财务管理制度,做好财务管理基础工作,如实反映企业财务状况,依法计算和缴纳国家税收,保证投资者权益等。

1.在企业内部财务管理体制上实行统分结合的原则

企业财务管理要实行由企业总经理统一管理,分级核算的原则。总会计师或者财务副总经理要协助总经理管理好企业财务,监督检查企业生产经营活动,为企业理好财。企业内部实行部门经理负责制,在统一的财务管理制度、核算办法的基础上,适应各职能部门分口管理,以求做到各职能部门有职、有权、有责。

2.在财务会计核算上坚持反映企业财务状况的原则

如实反映企业财务状况的原则要求企业财务会计人员要客观地记录企业经营业务发生的情况,准确地核算企业的收入、成本费用和利润,真实地报告企业的财务状况。

3.坚持依法计税的原则

企业必须在正确核算收入和利润的基础上,依据税法的规定,及时、足额地向国家上缴税金。纳税是企业应尽的义务,任何违反国家税法的偷漏税行为都是法律所不允许的。

4.保证投资者合法权益不受侵犯的原则

只有对所有者的权益实行保护,才能实现公平的市场竞争,这是发展市场经济的要求,也是企业所有者的期望。否则投资者权益得不到保护,小则侵害投资者的合法权益,大则会直接影响到国内外投资者进行投资的积极性,最终影响到市场经济的正常发展,受损失的还是企业。

第二节　现代企业的筹资管理

创建企业、企业经营发展都会产生对资金的需要。在资金的筹集过程中,要考虑所需筹集资金量、从何渠道筹集、筹集资金的性质及其成本等问题。在市场经济条件下,随着金融市场的建立和完善,对筹集资金的过程进行管理显得越来越重要。

一、企业资金筹集方式

企业筹集资金的渠道多种多样,有国家财政资金、银行信贷资金、非银行金融机构资金及社会(其他企业、民间)资金等。企业的筹集方式主要有以下几种类型:

1.筹集权益资金

权益资金也叫自有资金,由股本和留用利润构成,是指可以由企业依法长期占有、经营、使用,为股东谋取长期投资收益的资金。

筹集股本金的方式有吸收直接投资和发行股票两种形式。

有限责任公司筹集股本金通常采取吸收直接投资方式;股份有限公司采取发行股票的形式;其他类型的企业筹集股本金一般采取吸收直接投资的方式。

发行股票是股份公司筹集自有资金的基本方式。股票按股东权利和义务的不同分为普通股和优先股。普通股股东享有对公司经营层的监督权和重大事项参与表决权,一般通过股东选举的股东代表形成公司的董事会,执行对公司的监督管理权。普通股的股利不固定。优先股股东不行使股东权利,同时,优先股的股利固定。

由于股东对投入股本要求较高的回报,企业必须支付较多的股利,使用权益资金的成本较高。另一方面,只要公司存在,筹集权益资金是不需要归还的,财务风险低。筹集权益资金能提高企业的资信和借款能力。

2.长期负债筹资

长期负债是指企业融入的使用期限在一年以上、需要按期偿还本金和利息的资金来源,

主要是投向固定资产和长期流动资产。其方式有长期借款和发行长期债券。

(1)长期借款。长期借款是企业向银行或其他非银行金融机构借入的长期资金来源。企业在向银行申请贷款时,要与银行签订借款合同。借款合同中明确贷款种类、用途、金额、利率、期限、还款金额来源和方式、保护性条款、违约责任等。长期借款的利率较低,借款弹性大,同时融资的速度较快。不足之处是,长期借款的限制条件较多;采取长期借款筹集资金会降低企业的资信和借款能力。

(2)发行长期债券。企业债券是指企业发行的期限在一年以上、需要按期还本付息的有价证券。公司发行债券通常是为大型投资项目一次性筹集大量资金。债券具有票面金额和票面利率。为了保证债券投资人的利益,公开发行债券的公司要由债券评信机构评定等级。债券的等级通常分为三等九级,信用等级从高到低依次为 AAA、AA、A、BBB、BB、B、CCC、CC、C 级,债券的信用等级越高,偿还本金利息的能力越强,投资风险越低;反之亦然。

3.短期筹资

企业短期筹资一般是在一年以内周转使用并要求偿还的资金,即短期负债筹资。短期资金一般是投向企业的短期资产上,以利于在负债期限内尽快将资金周转出来。企业在融入短期资金时,要注意防范筹资风险,避免因到期日短而不能按期归还负债资金的风险。

企业短期筹资方式有商业信用、短期借款、发行短期融资券等形式。

(1)商业信用。商业信用是指商品交易中由于延期付款或预收货款所形成的企业间借贷关系。利用商业信用筹资有应付账款、应付票据和预收账款等形式。以下是提供商业信用一方开出的条件:"2/10,n/45"。该信用条件表示信用期限为 45 天,若在 10 天之内付款,可享受 2% 的现金折扣;若在 10~45 天付款,不享受现金折扣。

(2)短期借款。短期借款是指企业向银行和其他非银行金融机构借入的期限在一年以内的借款。我国《贷款通则》中将短期借款分为以下三类。

①信用借款,是指借款人在无担保的情况下,仅凭其信用取得借款的形式,又称无担保贷款。

②担保借款,是指有一定担保人做保证或利用一定的财产做抵押或质押而取得的借款。

③票据贴现,是指商业票据的持有人把未到期的商业票据到银行贴现,银行经过计算,将票面金额扣除票面金额乘以贴现率所得余额之后的数额,付给持票人。

(3)发行短期融资券。短期融资券又称商业票据、短期债券,是由大型工商企业或金融企业所发行的短期无担保本票。其前身是在商品劳务交易过程中签发的一种债权债务凭证。后来脱离了商品交易过程,而是由信誉较佳的大企业发行的,专门用于筹措短期资金的债务凭证。

二、资金成本

1.资金成本的概念

资金成本是企业为筹措和使用资本所付出的代价,主要是自有资金成本和长期借入资金成本。资金成本包括用资费用和筹资费用两部分。用资费用是指企业在生产经营过程中为使用资金而付出的代价,如股利、利息等;筹资费用是企业为筹措资金而支付的费用,如发行费用、借款手续费等。

2.资金成本的计算

资金成本的相对数形式是用资费用与实际使用资金额的比率。企业实际使用的资金额为筹资总额扣除筹资费用后的余额,用公式表示为

$$K=\frac{D}{P-f}$$

$$K=\frac{D}{P(1-F)}$$

或,

式中,K——资本成本;

　　　D——用资费用;

　　　P——筹资总额;

　　　f——筹资费用;

　　　F——筹资费用率,即筹资费用在筹资总额中占的比重。

(1)长期借款成本。长期借款利息在税前缴纳,计算长期借款的资金成本时应加以考虑。长期借款资本成本的计算公式为

$$K_1=\frac{I_1(1-T)}{L(1-F_1)}$$

式中,K_1——长期借款资本成本;

　　　I_1——长期借款年利率;

　　　L——长期借款资金总额;

　　　F_1——长期借款筹集费用率;

　　　T——所得税率。

当长期借款的筹资费用很低时,可以忽略不计。此时,公式变为

$$K_1=\frac{I_1(1-T)}{L}=R_1(1-T)$$

式中,R_1——长期借款的利率。

【例8-1】　甲企业有长期贷款360万元,借款利率为6%,借款期限3年,每年付息一次。企业所得税率25%,筹集这笔借款的费用为筹资额的0.3%。这笔借款的资金成本为

$$K_1=\frac{360\times6\%\times(1-25\%)}{360\times(1-0.3\%)}=4.51\%$$

(2)长期债券成本。企业发行债券,也是筹集借入资金。发行债券除了支付较高的筹资费用,还要按照票面标明的金额与利率支付较高的利息。债券发行有溢价、等价、折价发行三种形式。债券的利息在税前列支。

长期债券资本成本的计算公式为

$$K_b=\frac{I_b(1-T)}{B(1-F_b)}$$

式中，K_b——债券资金成本；

$\qquad$ I_b——债券年利息；

$\qquad$ B——债券筹资总额；

$\qquad$ F_b——债券筹资费用率；

$\qquad$ T——所得税。

【例8-2】 甲企业发行债券筹集长期资金，平价发行。总面额为800万元，票面利率为7%，发行费用为筹资总额的3%，所得税率为25%。试计算该企业发行债券的资金成本。

$$K_b = \frac{800 \times 7\% \times (1-25\%)}{800 \times (1-3\%)} = 5.41\%$$

（3）普通股资本成本。普通股资本成本主要是发行费用和向股东支付的股利。股利的支付在税后进行。股利发放的多少要根据企业经营的业绩、未来发展对资金的需要和股东要求的回报等诸多因素决定。计算普通股资本成本公式为

$$K_c = \frac{D_1}{P_c(1-F_c)} + G$$

式中，K_c——普通股资金成本；

$\qquad$ D_1——预期第一年股利额；

$\qquad$ P_c——普通股筹资总额；

$\qquad$ F_c——普通股筹资费用；

$\qquad$ G——普通股股利年增长率。

【例8-3】 某公司发行普通股共6000万元，预计第一年股利率12%，以后每年增长2%，发行普通股筹资费用为筹资额的3.5%。试求该普通股的资本成本。

$$K_c = \frac{6\,000 \times 12\%}{6\,000 \times (1-3.5\%)} + 2\% = 14.44\%$$

（4）留用利润成本。它是指企业税后利润按规定提取一定比例，用以满足企业生产经营对资金的需要。企业使用这部分资金，其要求的回报与普通股相同，因此留用利润的资本成本与普通股相同，只是没有筹资费用。其计算公式为

$$K_r = \frac{D_1}{P_c} + G$$

式中，K_r——留用利润成本。其他符号同普通股成本

依上例，留用利润的成本为

$$K_r = \frac{6\,000 \times 12\%}{6\,000} + 2\% = 14\%$$

（5）综合资本成本。企业有多种筹资渠道，可以采取多种筹资方式筹集资本金。综合资本成本是指企业全部长期资本成本的总成本，一般以加权平均资本成本来计算。计算公式为

$$K_w = \sum_{j=1}^{n} K_j W_j$$

式中，K_w——综合资本成本；

K_j——第 j 种个别资本成本；

W_j——第 j 种个别资本成本在全部长期资金中占有的比重。

【例 8-4】 某企业账面反映的长期资金共 7600 万元，其中长期借款 1200 万元，长期债券 2500 万元，普通股 3500 万元，留用利润 400 万元。各种资金的资本成本分别为 3.2%、5.6%、15%、14%。试求该企业的综合资本成本。

$$K_w = 3.2\% + \frac{1\,200}{7\,600} + 5.6\% \times \frac{2\,500}{7\,600} + 15\% \times \frac{3\,500}{7\,600} + 14\% \times \frac{400}{7\,600} = 10\%$$

三、财务风险

企业资本结构中，负债和权益资本各占一定比例。财务风险是企业由于负债而增加的风险。企业合理负债可以起到财务杠杆的作用，可以增加每股收益，提高股东权益报酬率。以甲、乙两个企业为例，其资本、负债情况如表 8-1 所示。

表 8-1　甲、乙两个企业的资本、负债情况表

单位：万元

资本结构	甲企业	乙企业
普通股	2000	1000
负债	0	1000
资本总额	2000	2000
普通股数	2000	1000

从表 8-1 中可以看出，甲企业全部使用权益资金，未利用财务杠杆；乙企业负债经营，可以利用财务杠杆。当甲、乙两个企业税息前利润都为 180 万元，乙企业的债务利率为 7%，所得税为 25% 时，他们的每股收益情况是

$$每股收益 = \frac{税息前利润 - 利息总额 - 所得税}{普通股数}$$

$$甲企业每股收益 = \frac{180\,万元 - 0 - 180\,万元 \times 25\%}{2\,000\,万股} = 0.0675\,元$$

$$乙企业每股收益 = \frac{180\,万元 - 1\,000\,万元 \times 7\% \times (1 - 25\%)}{1\,000\,万股} = 0.0703\,元$$

从以上可以看出，合理的负债能够提高每股收益，为股东带来更多的利益。但是随着债务的增加，企业的财务风险必然也加大。如果出现经营风险，将导致每股收益的下降。经过研究，企业合理负债以发挥财务杠杆作用的前提条件是：企业的税息前利润率大于负债利率。

综上所述，企业在筹集各种长期资金时，既要考虑资金的成本，又要考虑自有资金与借入资金的比例。筹集自有资金可以提高企业的资信和负债能力，但要付出较高的资本成本；筹措借入资金可以使企业利用财务杠杆，同时其资本成本较低，但财务风险较大。企业要从成本和风险两方面加以考虑，才能做出正确的筹资决策。可以说，在现有筹资条件下，使综

合资本成本最低时的资本结构是企业的最佳资本结构。

第三节　现代企业的股利分配

一、股利分配的内容

股利分配是指公司制企业向股东分配股利,是企业利润分配的部分内容,而不是利润分配的全部。按照我国《公司法》和有关财务法规的规定,企业取得的税后利润分配的内容包括以下几个部分:

1.盈余公积金

盈余公积金是企业在税后利润计提的用于增强企业物质后备、防备不测事件的资金。盈余公积金包括法定盈余公积金和任意盈余公积金两种。法定盈余公积金按税后利润10%计提,但企业盈余公积金累计额达到企业注册资本50%时,可以不再继续提取。任意盈余公积金是在计提法定盈余公积金和公益金后,由企业章程或股东大会决议所提取的公积金。

2.公益金

公益金是企业在税后利润中计提的、专门用于职工集体福利设施建设的资金。公益金按税后利润5%～10%的比例提取。计提一定数额的公益金,有益于企业改善职工的物质文化生活,提高防范意外事件发生的能力。

3.向股东分配股利

公司制企业向股东分配股利又称分配红利,是利润分配的主要阶段。企业在弥补亏损、提取公积金和公益金以后才能向股东分配股利。通常情况下,企业当年如无利润,就不能进行利润分配。但如果用盈余公积金抵补亏损以后,为维持公司股票信誉,经股东大会特别决议,也可用盈余公积支付股利,只是这样支付股利后留存的法定盈余公积金不得低于注册资本的25%。

二、股利分配的政策

股利分配政策是指公司确定股利以及与之有关的事项所采取的方针和策略,其核心是正确处理公司与股东之间、当前利益与长远利益之间的关系,依据实际情况,确定出一个恰当的股利支付率。企业的股利分配政策受企业经营环境、经营方针和投资者要求等诸多因素的影响,因此,各企业股利分配的政策是不完全相同的。从股份有限公司的股利分配政策来看,主要有以下几种:

1.剩余股利政策

股利分配与公司的资本结构相关,而资本结构又是由投资所需资金构成的,因此实际上股利政策要受到投资机会及其资本成本的双重影响。剩余股利政策就是在公司有着良好的投资机会时,根据一定的目标资本结构(最佳资本结构),测算出投资所需的权益资本,先从

盈余当中留用,然后将剩余的盈余作为股利予以分配。奉行剩余股利政策,意味着公司只将剩余的盈余用于发放股利。这样做是为了保持理想的资本结构,使加权平均资本成本最低。

2. 固定或持续增长的股利政策

这一股利政策是将每年发放的股利固定在某一相对稳定的水平上,并在较长的时期内不变,只有当公司认为未来盈余会显著地、不可逆转地增长时,才提高年度的股利发放额。固定或持续增长股利政策的主要目的是避免出现由于经营不善而削减股利的情况。稳定的股利向市场传递着公司正常发展的信息,有利于树立公司良好形象,增强投资者对公司的信心,稳定股票的价格。稳定的股利额有利于投资者安排股利收入和支出,特别是那些对股利有着很高依赖性的股东更是如此。而股利忽高忽低的股票,则不会受股东的欢迎,股票价格会因此而下降。稳定的股利政策可能会不符合剩余股利理论,但考虑到股票市场会受到多种因素的影响,其中包括股东的心理状态和其他要求,因此为了使股利维持在稳定的水平上,即使推迟某些投资方案或者暂时偏离目标资本结构,也可能要比降低股利或降低股利增长率更为有利。

3. 固定股利比例政策

公司确定一个股利占盈余的比率,长期按此比率支付股利的政策。在这一股利政策下,每年股利额随公司经营的好坏而上下波动,获得较多盈余的年份股利额高,获得盈余少的年份股利额就低。主张实行固定股利支付率的人认为,这样做能使股利与公司盈余紧密地配合,以体现多盈多分、少盈少分、无盈不分的原则,才算真正公平地对待了每一位股东。但是,在这种政策下各年的股利变动较大,极易造成公司不稳定的感觉,对于稳定股票价格不利。

4. 低正常股利加额外股利政策

公司一般情况下每年只支付固定的、数额较低的股利,在盈余多的年份,再根据实际情况向股东发放额外股利。但额外股利并不固定化,不意味着公司永久地提高了规定的股利率。这种股利政策使公司具有较大的灵活性。当公司盈余较少或投资需用较多资金时,可维持设定的较低但正常的股利,股东不会有股利跌落感;而当盈余有较大幅度增加时,则可适度增发股利,把经济繁荣的部分利益分配给股东,使他们增强对公司的信心,这有利于稳定股票的价格。这种股利政策可使那些依靠股利度日的股东每年至少可以得到虽然较低但比较稳定的股利收入,从而吸引住这部分股东。

三、股利分配的形式和发放的程序

1. 股利分配的形式

公司向股东分配股利的形式通常有以下几种。

(1)现金。支付现金是公司向股东分配股利的基本形式。在公司营运资金和现金较多而又不需要增加投资的情况下,采用现金分配形式既有利于改善公司长短期资产结构,又有利于股东取得现金收入和增强投资能力。否则,采用现金分配形式将会增加公司的财务压

力,从而导致偿债能力下降。

(2)财产或债务。运用财产分配股利主要是将公司所拥有的有价证券作为股利分配给公司股东。采用这种分配形式的原因,一是因为公司缺乏现金,二是因为股东有分配股利的迫切需求。运用债务分配股利是指公司签发应付票据或发行债券作为股利分配给股东。采用这种分配形式的原因与前者基本相同。

(3)配股。发放股票股利是股份有限公司近年来向股东分配股利的一种重要形式,其优点主要有:①可以避免由于采用分配股利而导致公司支付能力下降、财务风险加大的缺点;②当公司现金紧缺时,发放股票股利可起到稳定股利的作用,从而维护公司的市场形象;③发放股票股利可避免发放现金股利或再筹集资本所发生的费用;④股票股利可增加公司股票的发行量和流动性,从而提高公司的知名度。不过,发放股票股利会被认为是公司资金紧缺的象征,有可能导致公司的股票价格下跌。

(4)红股。红股是在现金股利的基础上向股东加派的红利,它是按照股东持股量的一定比例派发的,其资金来源是公司的留存收益。因此,公司派发红股既不改变股东的持股比例,又不直接增加股东利益。公司派发红股的主要原因在于:在不增加资本总额的前提下增加股票发行量,从而限制股票价格的上涨。如果一家公司的留存收益较多,股价就会上升,这对公司股价的流通性会产生一定的不利影响。为了解决这一问题,公司可向股东增派红股,即在不增加公司资本总额的条件下使发行在外的股票数量增加,从而达到限制股价上涨的目的。

增派红股这种分配形式的优点主要有:①可增加公司股票的发行量,从而提高公司的知名度;②可降低每股净资产的数额,从而限制股价上涨和增强股票的流通性;③股东能得到免费的股票;④传递的信息是公司的留存收益较多,意味着股价上涨的潜力较大。

2.股利发放的程序

股份有限公司的股东较多,而且上市公司的股价交易频繁,这就决定了其股利发放的复杂性。为了体现公开、公平和公正的分配原则,有关法规就公司发放股利的程序做了规范化的规定。

(1)股利宣告日。股利宣告日即公司董事会将股利发放情况予以公告的日期,同时公布每股股利、股权登记日、除息日和股利发放日。股利可按季、半年或年发放。大多数公司按年向股东发放股利。

(2)股权登记日。股权登记日又称除权日,即股东领取股利的资格登记截止日期。只有在股权登记日在公司股东名册上有姓名的股东才有权分享股利。证券交易所的中央清算登记系统为股权登记提供了方便,一般在除权日营业结束的当天即可打印出股东名册。

(3)除息日。除息日即领取股利的权利与股票相互分离的日期,一般在股权登记日几个营业日之前的某一天。在除息日之前,股利权从属于股票,持有股票者享有股利的权利;除息日起,股利权不再属于股票,新购入股票的人不能分享股利,这是因为股票的买卖过户需要一定的时间。在实行回转交易制度的情况下,发放股利的除权日与除息日是同一天。除息日以后买进股票的股东得不到股利,股利只能由公司支付给股票出售者,因此,除息日后

股票的交易价格将会下跌。

(4)股利支付日。股利支付日即公司向股东发放股利的日期。这一天,公司以现金等不同方式将股利支付给股东,或通过证券交易所的中央清算登记系统转入股东资金账户。如果股东需要现款,可通过证券代理商从其资金账户中支用。

思考与练习

1.现代企业财务管理的目标是什么?企业应如何实现这一目标?

2.简述企业财务管理的内容及财务管理的基本任务。

3.简述财务管理的原则和职能有哪些。

4.股利分配的政策是什么?股利分配的形式有哪几种?

第九章　现代企业文化管理

企业文化是指企业发展过程中,在一定的物质、制度的基础上所形成的影响企业凝聚力、创造力、适应力和持久力的精神、信念、道德、礼节的总和。

内容提要

企业文化起源于美国,发端于 20 世纪 70 年代比较管理学的研究。企业文化理论与泰勒的科学管理理论以及梅奥的人际关系理论、行为科学理论有所不同。本章研究了企业文化的产生发展过程;介绍了企业文化的含义、特征、结构层次的内容;分析了企业文化的功能与 CIS 战略;阐述了企业文化建设的途径和企业文化的传播方法。

案例引导

中国的海尔世界的海尔

海尔集团是在 1984 年引进德国利勃海尔电冰箱生产技术成立的青岛电冰箱总厂的基础上发展起来的特大型企业。

海尔集团的发展经历了三个阶段:

名牌战略阶段(1984 纠 1991),用了 7 年时间,建立质量保证体系,创建了海尔冰箱国内著名品牌。

多元化战略发展阶段(1991 纠 1998),用了 7 年时间,通过企业文化的延伸及"东方不亮西方亮"的理念,成功地实施了多元化的扩张。

国际化战略阶段(1998 年至今),以创国际名牌为导向的国际化战略,通过以国际市场作为发展空间的三个 1/3 的策略正在加快发展。

海尔文化激活"休克鱼"

1998 年 3 月 25 日,海尔集团总裁张瑞敏应邀到美国哈佛大学商学院讲学,其讲题《海尔文化激活休克鱼》成为写入哈佛案例的第一个中国企业,开创了我国企业管理案例走向世界的先河。什么是"休克鱼"? 鱼的机体是好的,比喻企业的硬件很好,只是管理思想、观念的问题,或者缺乏产品和市场,使企业处于停滞不前的状态。从 1991 年起,海尔集团先后兼并了青岛空调器厂、贵州红星电气公司等 18 家大中型企业,盘活存量资产达 15.2 亿元,而且每次兼并都是一次成功。在这些兼并中海尔没有投入一分钱,主要使用海尔的品牌、管理和企业文化激活这些企业,使这些企业很快扭转被动局面,变得充满生机和活力。

推进企业文化,"无形"盘活"有形"

海尔领导集团认为,企业文化是现代企业管理中最持久的驱动力和最持久的约束力,他

高度融合了企业理念、经营哲学、价值观和个人人生观，是企业的凝聚剂。在企业兼并中他们认识到，盘活资产的关键是盘活人，要以"无形资产盘活有形资产"。海尔的企业精神是："敬业报国，追求卓越"。张瑞敏提出，人力资本是生产力中最重要的因素，并且提出了所谓"80/20"原则，其含义有两个方面：一是，企业中重要的 20％ 的人员领导着其他 80％ 的人员；二是，企业里发生的任何一件过错，管理者要承担 80％ 的责任。

OEC——海尔人独创的管理模式

OEC 是英文 Overall Every Control and Clear 的缩写，其意义是要求每个职工"日事日毕，日清日高"。今天的工作必须今天完成；今天完成的事情必须比昨天有质的提高；明天的目标必须比今天更高。张瑞敏认为，不能搞运动似的搞企业管理，而要把所有的目标分解到每个人身上，每个人的目标每天都有新的提高，这就可以使整个工作有条不紊地、不断地进行。OEC 管理的一个重要内容就是事事、物物都有人管，并且有人监督检查，以保证企业每一个环节的运行不出偏差疏漏。

张瑞敏在 1999 年全球财富论坛年会上说，"中国的企业只能用中国式的管理模式。我的管理模式的公式是：日本管理（团队意识和吃苦精神）＋美国管理（个性发展和创新竞争）＋中国传统文化中的管理精髓＝海尔管理的模式"。

科技创新和多元化经营战略

海尔人认为，科技创新必须从市场中来，服务于市场，并且要用科技创新的成果去"创造市场，创造用户"。他们通过国际化目标，联合美国、日本、德国等 28 家具有一流技术水平的公司，建成了国际水平的技术实验室和科研开发实体，以确保海尔利用最先进的技术创新手段实现科技成果的转化。

多元化经营是海尔集团成长的重要途径和方式。他们从一开始的电冰箱，发展到白色家电——制冷家电、洗衣机、微波炉、热水器等，进而发展到黑色家电——彩色电视机、VCD等，目前已经进入所谓灰色家电——电脑及智能化家电产品。海尔进入新行业有三种方式：一是内部发展，主要依靠自身的资源和开发能力；二是通过合并收购其他企业进入；三是与其他企业建立合资合作形式的战略联盟。进入新行业后，通过扩大产销规模，努力成为全国同行业的前三名。

海尔要成为世界品牌

从 2009 年到 2016 年，海尔一直是全球第一，在中国 2001 年加入 WTO 起，海尔就响应出国的政策。分三步走，走出了国门，走进了外国本土，并成为了外国本土的主流品牌。到2009 年的时候，海尔已经实现了全球第一的目标，并保持连续 8 年世界第一。截至目前，在中国"一带一路""的政策下，海尔已经横跨亚洲、非洲、欧洲、北美洲和中东等地，在大半个地球上深化本土化战略，业务覆盖俄罗斯、巴基斯坦、印度、哈萨克斯坦、马来西亚、新加坡、泰国、沙特阿拉伯、埃及、南非、法国、意大利、荷兰、英国等国家和地区，为全球用户提供智慧生活解决方案。张瑞敏表示，"目标一定要远大，要成为一个国际化的公司，成为世界品牌"。

海尔集团企业文化建设中的主要特点是什么？海尔的企业文化在海尔集团的建设发展中发挥了什么样的作用？

第一节　企业文化概述

自从"企业文化"这个概念出现以来，关于什么是企业文化，它的内涵到底如何理解等问题，国内外专家学者纷纷提出自己的看法和见解。在对企业文化的解释上，国内学者和国外学者的观点既有相似之处，也有不同之处。

一、企业文化的概念

国内外关于企业文化的研究，从某种程度上来说，几乎是同步的。但从研究的内容和研究的成果看，由于经济发展的阶段不同，还是有较大的差异。

（一）西方学者对企业文化的理解

企业文化理论诞生在美国，在其形成过程中，有四本标志性的著作，它们分别是《日本企业的管理艺术》《Z理论：美国企业界是怎样迎接日本的挑战》《企业文化》和《成功之路—美国最佳经营企业的经验》。追溯四本企业文化开山之作的作者，及他们对企业文化的理解，将有助于我们更好地把握企业文化的概念。

《日本企业的管理艺术》一书的作者帕斯卡尔和阿索斯认为，企业管理不仅是一门学科，还应是一种文化，即企业有一种包括自己价值观、信仰和语言的特定文化。尽管他们没有在自己的著作中明确给出企业文化的定义，但他们通过对日美企业的对比，提出了著名的"7S"管理模式，即策略、结构、制度、员工、作风、技巧和共同价值观。在他们看来，前三项为硬性因素，后四项为软性因素，而企业管理更应该注意软性因素作用的发挥。

《Z理论：美国企业界是怎样迎接日本的挑战》的作者威廉·大内明确提出："一个公司的文化由其传统和风气构成，此外还包括一个公司的价值观，如进取性、灵活性、意见和行动模式价值观。"大内认为，只有在雇员之间、上下级之间建立起普遍的信任，按员工之间的微妙关系组成效率最高的搭档，建立了亲密的关系，才能提高企业生产效率。

《企业文化》的作者迪尔和肯尼迪明确提出，企业文化是"用以规范企业人多数情况下行为的一个强有力的不成文规则体系"。他们还提出了企业文化的五个构成要素，即企业环境、价值观、礼节仪式、文化网络和英雄人物。在这五个要素中，他们认为企业环境是形成企业文化唯一的而且是最重要的影响因素，企业管理者应该注意利用文化网络培育企业价值观，巩固企业信念，增强企业凝聚力。

《成功之路—美国最佳经营企业的经验》一书的作者彼得斯和沃特曼批评美国企业管理中过分强调分析、控制和决策，而不重视人的因素。他们通过对43家优秀公司的调查分析，提出了优秀公司的八种文化品质。他们认为，所谓企业文化包含为数不多的几个基本原则，

这几个原则就是上述优秀公司所具备的八种品质,其核心是企业价值观和传统作风。

从以上四部企业文化开山作者的理解可以看出,美国学者对企业文化的理解,基本限定在"软性"理解范围内,即企业文化是以价值观为核心的一种管理氛围和管理观念。这一理解成为西方关于企业文化概念的主流解释,后来西方关于企业文化的理解,也被定格在这一理解的路径之下。

从西方最新的关于企业文化的定义来看,西方学者已经注意到企业制度和管理程序对企业文化的影响。但是,从企业文化的主流倾向看,还是没有把企业制度理解为企业文化的一部分,这一点与中国学者对企业文化的理解有较大的区别。总之,西方学者基本上都是从狭义的角度来理解和界定企业文化的,而我国学者对企业文化的理解多种多样,有的观点甚至差异较大。

(二)国内学者对企业文化的理解

企业文化理论在 20 世纪 80 年代传到我国之后,引起了我国学者和企业管理者的关注,但是,对于到底什么是企业文化,内涵如何,我国学者提出了各种各样的观点。把这些观点归纳起来,有代表性的观点主要有以下三大类。

1. 精神文化说

这种观点认为企业文化是企业的意识形态,是企业在其生存和发展过程中所形成的思想意识、理想信念、行为习惯、价值观念和道德规范的总和,具体包括企业的经营哲学、信念、理想、作风和行为规范在内的各种精神现象。它决定了企业员工思想沟通交流的方式和企业的精神氛围、风气、情调等。

2. 总和说

这种观点认为企业文化是企业物质财富和精神财富的总和,是组织中物质文化和精神文化两方面因素综合而成的。物质文化是有形的、可见的东西,如机器、设施、产品、包装、商标、服务、厂容厂貌和各种企业的标志物等外显的东西,又称为外显文化、表层文化或硬文化。精神文化是指无形的、不可见的潜在的方面,如企业中企业家和员工共同信奉和坚守的价值观、信仰、传统、气氛、作风、行为准则,又称深层文化、隐形文化或软文化。

3. 同心圆说

这种观点主要有三层次说和四层次说,即企业文化是以精神层为核心的逐渐向外扩展的同心圆。三层次说中的三个层次分别是外层为物质文化,中间层为制度文化,内层为精神文化;四层次说主要是在三个同心圆的基础上增加了一个同心圆,即行为文化。

(三)本书对企业文化的理解

综合国内外学者对企业文化的理解,本书对企业文化的定义是:企业文化是指企业在一定的社会文化环境影响下,为适应外部经营环境和协调内部关系,经由企业经营者长期提倡,员工认同,在经营与创新过程中所形成的企业信念、价值观、道德规范、行为准则、经营特色及管理风格等传统和习俗的总和。本书提出的这种理解主要基于以下四个方面:

1. 从狭义的角度来理解企业文化

企业文化理论在西方产生时,一直被定格在狭义的框架之下,只是传播到我国之后,由于我国传统对文化的理解以及我国企业的实际而产生了以上的理解。企业文化的核心是一种共有的价值观,是企业员工共同的信仰,它是指导企业和员工行为的哲学。

2. 从文化人类学的角度来理解企业文化

文化属于历史范畴,它随着人类社会的历史进程和思想进程而改变。从文化背景来看,企业文化,尤其是现代企业文化是在伴随着数字产业革命而来的现代化社会大生产、世界贸易、国际经济循环、现代海陆交通运输、现代通信设施以及商品、货币乃至证券经济高度发展的文化环境中,在各种社会、民族、行业文化背景下形成和发展起来的。因此,企业文化是在社会文化环境的影响之下产生的,是在社会宏观文化之下的微观文化,是一种亚文化。

3. 从管理学的角度来理解企业文化

企业文化作为一种新的管理思想和管理方法,是管理科学发展的必然,在企业的经营管理过程中发挥重大作用。认为企业文化是一个企业在长期的生产经营中形成的特定文化观念、价值体系、道德规范、传统、风俗、习惯和与此相联系的生产经营观念,而正是这些价值观念使企业员工结成命运共同体。

4. 从集体文化的角度来理解企业文化

企业文化是从一种经过领导者倡导并最终获得员工广泛认同的集体文化角度来理解企业文化。这里含有三种意思:①企业文化形成的前提是企业领导人首倡;②这种首倡必须获得广大员工的基本认同才能成为企业文化,企业文化代表企业共同的价值判断和价值取向,即多数员工的共识;③企业文化是一种集体文化。如果只是企业领导层认同,那么它只能成为领导文化;如果只是企业中某个部门中的员工普遍认同,那么它只能称为该部门的文化,还不能上升为企业文化。

二、企业文化的特征

关于企业文化的特征,国内学者有了相当广泛和深入的研究。

(一)企业文化的本质特征

所谓企业文化的本质特征,是指企业文化不同于其他文化的属性,亦即相对于政治文化、经济文化和艺术文化等而言的企业文化的特殊属性。企业文化的本质特征主要体现在以下三方面:

1. 管理学特征

企业文化的管理学特征,主要体现在两个方面:①在管理理论方面。作为管理理论,企业文化管理理论是西方古典管理理论、行为科学理论和现代管理理论的必然产物,是管理理论发展到一定阶段的产物。企业文化作为 20 世纪 80 年代的一种新的管理理论、管理思想和管理方式,既是以前管理思想的总结,同时,也表明它不是管理思想发展的终结,相反,为后续管理理论发展铺垫了思想的基础。企业文化诞生于管理,应用于管理,并在管理中起作

用,推动着管理。②在管理的实践方面。作为管理实践,企业文化是美、日两国管理经验的总结和融合,并在其发展过程中不断地吸收,更多地融汇了世界各国管理经验的总结,如海尔的"休克鱼"的案例走进了哈佛大学 MBA 的课堂。正是企业文化的管理学特征,使之区别于政治文化与艺术文化。

2.人文特征

企业文化的人文属性,强调人是管理的主体与归宿,强调在对企业员工进行管理的过程中,注重人文关怀和以符合人性规律的方式来对员工进行管理,而不是单纯的用物质刺激和制度来管理。

"以人为本"是企业文化管理的核心内容,它是伴随着西方企业管理实践逐渐形成的。早在西方资产阶级革命成功后的工厂制度建立过程中,一些先进的西方资产阶级民主人士就开始认识到人在企业管理和企业生产中的重要作用。人事管理之父欧文曾提出著名的管理思想:"人是环境的产物。"科学管理的创始人泰勒在自己的管理理论中也暗含有以人为本的思想。他提出要提高劳动生产率,必须做到人尽其才,必须挖掘工人的劳动潜力,进行人机理论研究。

随着管理理论的发展,先后出现了"社会人""自我实现人"以及"文化人"的观点,认为随着社会的发展进步,人的自我实现是工人成长以及工作效率提高的主要动力。因此,管理工作要创造一种适应的工作环境,以有利于员工充分发挥自己的潜能,减少或消除员工在自我实现过程中的障碍;管理工作的重点不仅在于使员工的基本要求得到满足,而且在于考虑怎样才能使工作本身变得更富有内在意义和挑战性。这是文化管理的核心内容,即在管理中强调以人为本,注重人性化管理,从而激发工人的创造潜力,促进工人的自我发展、自我成就以及劳动生产率的提高。企业文化的人文属性,具体体现为尊重人、关心人、激励人和培养人。

(1)尊重人。这是以人为本的首要条件,也是对企业文化人文性的具体化。IBM 创始人华德森常说:作为一个企业家,毫无疑问要考虑利润,但不能将利润看的太重。企业必须自始至终把人放在第一位,尊重公司的雇员并帮助他们树立自尊的信念和勇气,这便是成功的一半。

(2)关心人。关心员工,让员工在受到尊重的基础上有归属感,这是人本管理的重要内容,也是人性化管理的具体体现。

(3)激励人。激励是使人产生一种内在的动力,朝着所期望的目标前进的活动过程。激励的目的是激发人们按照管理要求,按目标要求行事。在管理手段上,必须以满足人的自尊和自我实现需要为主,采取内在激励法;在管理制度上,必须实行工作扩大化,工作内容丰富化以及弹性工作时间制度等,以利于员工的自我实现。

(4)培养人。做到人本管理,最根本的还是要培育人,提高员工的素质。不仅要让员工在工作中增长能力,而且还要帮助员工制定职业生涯规划,帮助员工发展。总之,正是企业文化的人文特征,将企业文化与企业管理理论联系起来。

3. 民族特征

企业文化带有强烈的民族特征,而这种民族特征,更多的是通过企业价值观体系来影响企业的经营管理风格、组织结构和传播渠道的。企业文化的民族特征主要表现在以下方面:

(1)企业文化的民族特征决定着企业的价值观选择。企业提倡集体主义的价值观还是个人英雄主义价值观,直接来源于民族特征的影响。美国和日本就是两个很有代表性的例子。如美国崇尚"个人主义"的民族意识,深深地烙在了企业价值观上;同样,日本强调团队与集体的民族意识,也深深地影响着企业价值观的选择。

(2)企业文化的民族特征影响着企业的管理风格。任何一个民族文化最本质的特征,都深深地融化在一个民族的血液里,落实在民族的无意识行为上。如美国崇尚"个人主义"的民族意识,在管理风格上表现为强力的竞争意识和雇佣制度上的短期行为;而日本民族崇尚"团队"和"家庭"的观念,同样在企业管理风格上深深地烙上了企业的家长作风和员工对企业的忠诚意识,影响雇佣制度上的长期行为。

(3)企业文化的民族特征渗透在企业的伦理道德中。如儒家思想中的"君子爱财,取之有道",深深地影响着企业"诚信自律"的道德观念。"老吾老,以及人之老,幼吾幼,以及人之幼",成了越来越多中国企业的座右铭。

(二)企业文化的形式特征

企业文化的形式特征是相对本质特征而言的。本质特征区别于其他类型文化,如政治文化的特殊属性;而企业文化的形式特征是企业文化本身所具有的一般性特征。

1. 独特性

如同自然界中找不到两片完全相同的树叶一样,在同一社会也找不到两种完全相同的企业文化。优秀的企业文化虽然可以学习和借鉴,但却无法简单地仿效和克隆。如同海信集团的老总所说:"任何经验一旦总结出来,就像蜕下来的蝉壳不再有用。"因为任何经验都带有个别性或独特性,有其产生的特殊环境和特定时间,一旦总结出来,就成了一般性的抽象的东西,成了"标准件""大众货"。不同的企业有不同的历史、规模、产品、行业、目标和地域等特征,进而有着不同的风格。正如斯蒂芬·P·罗宾斯所说的,"企业文化就如同一个人的个性",它有自己独特的特点,而这些特点又"如同个性一样相对稳定与持久"。

2. 继承性

企业文化具有相对的继承性。因为,现有企业文化总是建立在企业过去成功与失败的经验之上。虽然企业内部员工不断更新流动,但企业文化会深植于企业内外环境之中,成为企业运行的惯性,成为职工基本的行为准则。这种惯性和无意识行为,不会因领导更换而改变,也不会因组织机构的调整而发生根本的变化,企业文化一经形成,就能相对稳定地延续,保持相应的继承性。即使企业外部生存环境改变了,但影响企业文化的核心价值观还会继承下去。

3. 共享性

企业是人的集合体,企业文化是一种团体文化,是获得大多数员工认同的、共享的文化。

如果企业领导人倡导的企业理念还未为广大员工所接受,还未成为员工的无意识行为,那么可以说,这个公司的企业文化还没有最后形成。

4. 隐蔽性

西方企业文化专家说,企业文化像空气一样无所不在。从存在形式上看,价值观、信念和经营哲学等都是隐形的,它存在于员工和经营者的内心,存在于员工的无意识领域;从企业文化的形成方式和影响来说,也同样是潜移默化的、悄无声息的;企业文化无论形成还是传播,都如春雨一般,是"随风潜入夜,润物细无声"的过程。

5. 强制性

所谓强制性是针对企业文化的"软约束"而言。企业中可以有非正式群体的存在,甚至也可以有非正式群体的文化。但是这种文化以及员工个体的文化都必须在企业文化的框架之下,否则就会受到企业文化的排斥。当员工试图挣脱企业文化的束缚时,企业文化的"软约束"表现得尤为明显。比如在日本企业,虽然没有规定员工要孝敬父母,但是如果员工不孝敬父母的话,那么在企业很难立足。他不仅会受到企业的疏远,也会遭到他人的冷落。企业文化所形成的企业环境氛围、风俗、习惯等,对不能融入这种氛围、风俗、习惯的任何员工或行为的"软约束",往往会比硬性的强制更有力。

三、企业文化的结构层次

企业文化的结构层次是指企业文化的构成要素或构成子系统。迪尔和肯尼迪在《企业文化》一书中认为,构成企业文化的五要素是:企业环境、价值观、英雄人物、礼节仪式和文化网络。在这五要素中,价值观是企业文化的核心,但环境影响价值观的变化,英雄人物、礼节仪式体现并强化着价值观,文化网络作为企业文化沟通手段是价值观和英雄人物的"载体"。

在 20 世纪 90 年代前后,我国企业界和理论界对于企业文化结构的研究,更倾向于中国的实际状况和理解。

(一)"四层次说"

我国对于企业文化结构的研究,在 20 世纪 90 年代前后,占主导倾向的是"四层次说"。所谓"四层次说",是以四个同心圆来表示,由内向外分别是精神文化、制度文化、行为文化和物质文化。与此同时又有"三层次说"或"三板块说",其实与"四层次说"无实质区别,只是把制度文化归入行为文化,或者相反,把行为文化归入制度文化。这样就构成了深层的精神文化、中层的行为文化和表层的物质文化的三个层次,或三个板块。

(二)"三层次说"

这里的"三层次说",是从狭义的企业文化的概念出发,企业文化的结构由里向外的构成文化分为理念体系层、伦理道德层和行为文化层。

1. 理念体系层

理念体系层是企业在生产经营中受社会文化和意识形态影响,在企业长期经营过程中所形成的企业理念体系,是企业文化沉淀的群体意识。它主要包括企业的价值观念、经营哲

学和企业精神等。理念体系要解决企业的目标是什么，企业提倡什么，反对什么，以什么样的观念进行经营管理方面的问题。企业理念体系的核心是企业价值观。

2.伦理道德层

企业伦理道德根源于企业的群体意识，是企业全体成员对善恶、美丑、正义、公平、诚实和虚伪等的基本判断准则，是调节企业之间、管理者与员工之间、员工与员工之间关系的行为规范的总和。企业伦理道德对成员的行为调节是通过舆论、说服、示范和教育等方式来实现的，是一种非制度化的规范，是通过非强制手段来发挥作用的。同时，企业伦理道德只有被成员真心诚意地接受，并转化为情感、意志和信念时，才能得到实施。

3.行为文化层

行为文化是企业员工在生产经营、人际关系中产生的活动文化，是人的行为的存在形式。行为文化一方面不断升华到企业员工的意识层面，影响到企业精神文化的生成；而另一方面，它又不断向企业物质文化转变，物化为企业的产品、服务或制度等。它一方面是企业经营理念、领导作风、人际关系和精神面貌的态度表现，另一方面也是企业的价值观念和道德规范的折射。行为文化具体表现为企业家的行为、企业模范人物的行为，企业员工的行为以及企业经营者围绕经营管理活动而进行的各种相互交往和联系。

纵观中外学者对企业文化观念的理解，角度或侧重点各有不同，涵盖面也不尽一致。有的从文化的角度来理解，认为企业文化是社会文化的亚文化，企业文化作为一种微观的文化现象，其研究的核心应该是企业价值观和企业精神；有的从管理思想的发展角度来理解，人文企业文化是管理思想发展的必然，是一种新兴的管理理论和管理方式；还有的从企业载体的角度来理解，认为企业文化由企业精神文化和企业物质文化构成等等。尽管对企业文化结构理解的角度不同，但从整体上看，他们都认为：企业文化结构层次应强调特定的企业价值体系，它是企业文化的核心，是一个企业的灵魂和理念，作为一种无形的力量蕴藏在企业员工的思想和行为之中。本书的观点倾向于"三层次说"，即认为企业文化是由理念体系层、伦理道德层和行为文化层所构成。

四、企业文化在现代企业发展中的意义

1.企业文化能促进企业可持续发展

"可持续发展"一词最早出现在国际自然保护同盟制定的《世界自然保护大纲》，其概念最初源于生态学，其后被广泛应用于经济学和社会学范畴，但加入了一些新的内涵。把"可持续发展"一词移到企业经营管理领域，用来研究企业的生存与发展问题，可以把企业可持续发展理解为：企业如何获取和保持持续性的生存能力和发展能力，同时兼顾与自然资源、生态环境的协调发展。企业文化能促进企业可持续发展，主要表现在能保持持续性的生存能力和发展能力，具体地说，能引导企业处理好企业与生态环境的关系、企业与社会的关系、企业与企业的关系和企业内部管理者与员工的关系。

企业文化是以"人"为中心的管理。"人"既是管理的主体，也是管理的客体。企业要满足员工和社会大众的需要，就必须维护他们的长远利益。企业推行的"社会营销观念"和社

会大众提倡的"绿色消费",正是要处理好企业与生态环境的关系的体现,也是企业发展能力的基础。企业文化通过企业价值理念体系的灌输,取得员工和社会大众对企业经营观念的认同。

2.企业文化能增强企业核心竞争力

企业竞争力是指在竞争性市场中,一个企业所具有的能够持续地比其他企业更有效地向市场提供产品或服务,并获得赢利和自身发展的综合素质。

兰德公司经过长期研究发现,企业的竞争力可分为三个层面:第一层面是产品层,即企业产品生产及质量控制能力、企业的服务、成本控制、营销、研发能力;第二层面是制度层,包括各经营管理要素组成的结构平台、企业内部环境、资源关系、企业运行机制、企业规模、品牌、企业产权制度;第三层面是核心,包括以企业理念、企业价值观为核心的企业文化、内外一致的企业形象、企业创新能力、差异化、个性化的企业特色、稳健的财务、拥有卓越的远见和长远的全球化发展目标。第一层面是表层的竞争力;第二层面是支持平台的竞争力;第三层面是最核心的竞争力。若企业的价值观得到组织成员的广泛认同,在这种价值观指导下的企业实践活动中,企业的主要成员会产生使命感,员工对企业及企业的领导人、企业形象将产生强烈的认同感。这是企业文化成为企业发展内在的动力的基础。

3.良好的企业文化能网罗人才、吸引人才

人是企业中最活跃的因素,贯彻企业文化以人为本的原则,就要根据市场经济发展的新形势,从管理、制度、措施等方面健全管理手段,为员工提供一个心情舒畅、勇于展示才华的平台。中国入世后,跨国公司纷纷看好中国市场的发展潜力。在本土企业和跨国企业争夺资源和市场的同时,越来越多的本土优秀人才也成为国内外企业竞相争夺的目标。然而在人才争夺战中,企业文化的优劣,越来越成为人才去向的选择目标,而不仅仅是单纯的报酬多少。如果单纯以金钱报酬为标准,只会造成员工频繁跳槽,丧失归属感。企业不敢对员工培训进行投资,长此以往,形成恶性循环,对人才成长和企业发展都会造成消极影响。因此,企业单纯靠高薪、高待遇已经不容易网罗人才、留住人才,只有更高层次的企业文化的精神需求才有更强的吸引力,使他们产生强烈的归属感和自我实现感。

4.利用企业文化无形资产盘活有形资产

企业文化是一种无形的资产和财富,一种潜在的生产力。一般地说,企业兼并有以下几种方式:大企业兼并小企业,叫作"大鱼吃小鱼";技术力量比较强的企业去兼并技术力量弱的企业叫作"快鱼吃慢鱼";大企业之间强强联合,叫作"鲨鱼吃鲨鱼"。海尔的兼并叫作"吃休克鱼"。海尔擅长的就是管理,就是文化,用无形资产来激活"休克鱼"盘活有形资产。

第二节　企业文化的功能与 CIS 战略

一个企业如果没有文化的支持,无异于失去了存在的灵魂。成功的企业之所以成功,在于它创造了一种文化,一种让顾客信赖、选择的内涵。所谓企业文化的功能,是指企业文化各要素间的相互关系,以及这些要素对企业文化整体所产生的作用和效能。企业文化的功

能是通过各要素间的相互作用,对整体进行有效调节。正是通过这些功能,才能使企业内部系统达成与外部环境的协调一致。CIS 战略系统的导入,使企业文化有了与之相符的面貌。企业形象的创立,为企业立足市场增添了色彩。

一、企业文化的积极功能

积极功能是对企业文化发展起正面调节作用的效果。通过这种调节,使企业能积极应对外部环境的变化,以促进企业的发展。优良的企业文化具有以下积极的功能。

(一)导向功能

所谓企业文化的导向功能,是指企业文化能对企业整体和企业成员的价值取向起引导作用,使之符合企业的发展目标。企业文化的导向功能体现在以下方面。

(1)一个公司的企业文化一经形成,意味着建立起了自身的价值系统和规范标准。当组织成员的价值取向、行为规范与企业文化体系相违背时,企业文化的导向功能将发挥纠偏的作用。而企业文化的纠偏作用与传统的强制手段不同,它是通过成员认同企业价值观,使之在潜移默化中达到导向作用。

(2)企业文化的导向功能是通过明确的企业目标来实现的。企业文化以富有哲理性的语言明示企业的崇高目标,通过有效的手段铭刻进企业全体员工的脑海,成为他们的座右铭,使员工无论何时何地都牢记企业目标,为自己的行为树立方向。美国 IBM 公司的目标是"要为顾客提供最优秀的服务"。经过长期的努力,"最优秀的服务"几乎成了 IBM 公司的象征,成为员工的行动指南。他们不仅向客户提供各种机器租赁,而且提供各种配套服务;不仅提供设备本身,还提供公司员工随叫随到的咨询服务,以实际行动保证在 24 小时内对每一个顾客的意见和要求做出答复。在服务过程中,IBM 的员工也遇到过某些客户的挑剔、刁难和攻击,但他们始终设身处地地考虑客户的立场,因为他们的目标是"提供最优秀的服务"。

(3)企业文化的导向功能是通过企业的道德来实现的。道德的舆论作用和企业优良的示范作用,都会对企业行为和成员行为起到心理导向的作用。

(二)凝聚功能

所谓凝聚功能,是指企业文化能像黏合剂一样,把松散的组织黏合起来;像磁铁一样,把分散的员工聚合起来。美国学者凯兹·卡思认为,在社会系统中,将个体凝聚起来的主要是一种心理力量,而非生物力量。社会系统的基础,是人类的态度、知觉、信念、动机、习惯及期望等。企业文化正是以大量微妙的方式来沟通企业内部人们的思想,使企业员工在统一的思想指导下,产生对企业目标、观念的"认同感"和作为企业一员的"使命感"。同时,在企业氛围的作用下,使企业员工内部通过形成企业统一的价值观、生活哲学、精神支柱、道德伦理等意识形态,把企业和全体成员紧紧地凝聚在一起。

(三)规范功能

规范功能也叫约束功能,是指企业文化对企业员工的思想、心理和行为具有约束和规范作用。企业文化的约束功能是软约束,而不是制度式的硬约束。若用制度来约束,首要问题

就是制度很难做到完善,退一步讲,即使制度很完备,制定制度的成本也会很高,而且落实制度的监督成本也往往很大。如何弥补制度的不足,这需要一种软约束,而企业文化正好可以起到软约束的作用。企业文化的约束功能主要从价值观念、道德规范上对员工进行软约束。它通过价值观、道德观的内化,使员工在观念上确立一种内在的自我约束的行为标准。在企业文化的引导和约束下,员工能自觉意识到什么事应该做,什么是应该提倡的,什么是应该反对的。经验表明,这种在企业价值基础上形成的企业文化"软件"约束机制,对企业及员工行为的规范与约束是十分有效的。

(四)激励功能

激励功能是指企业文化对强化员工的工作机制、激励员工的工作积极性、主动性和创造性所产生的推动作用。人是企业最为宝贵的资源,人的行为不仅取决于个体生理的要求,而且还取决于他所在的组织的心理需求与动机,取决于他所在群体的文化要素。因此,要想激励员工的生产积极性、主动性和创造性,就不能把注意力完全集中于个体生理的需求与动机上,还应注意满足他们的心理需求。建设企业文化正是要求企业通过管理的实践,来满足全体成员的多种精神需求。亦即把重视激励员工个体升华为重视激励组织群体,同时,把满足这种需求扩展为长效的激励机制。企业文化建设,为企业员工的激励问题开辟了新的途径。

激励可分为内激励和外激励。外激励主要依靠外部激励力量,如恐惧的压力和物质的诱惑去强化人们的工作动机,激励人们的工作干劲。而内激励不需要事事物质激励,不需要时时监督。企业文化的激励正是这种内激励,它通过在企业内部创造一种相互尊敬、平等、民主的气氛等,激发员工追求出色工作的愿望。正如美国著名心理学家弗罗姆的期望理论所示:假如一个人把自己行为目标的价值看得越大,或者自我估计实现目标的可能性越大,那么这种目标对他的行为的积极作用就越大。

(五)辐射功能

企业文化的辐射功能,是指企业文化一旦形成,它不仅在企业内部发挥作用,对本企业员工产生影响,而且会通过各种渠道对社会产生影响。企业文化对内部发挥的影响,主要通过企业内部的文化传播渠道和文化网络实现的。企业文化对外部社会的辐射功能有多种实现途径:①产品辐射,即通过产品这种物质载体向社会展示形象;②"软件"辐射,即把先进的企业精神、企业价值观、企业道德向社会扩散,取得社会对企业产品和企业理念体系的认同;③员工辐射,即通过企业员工的行为和服务来影响社会公众,取得社会对企业的认同。

(六)协调功能

企业文化的协调功能,主要通过其观念体系和企业道德,协调企业内部的人际关系,协调企业与社会消费大众、与自然环境的关系,从而达成方方面面的和谐一致。在企业文化的建设中,企业文化的积极功能不是单独、孤立地发挥作用的,而是在相互影响、相互联系中综合地发挥其作用的。当一种功能发挥出主要作用时,必然同时还会有其他的一二种功能也在发挥其作用。如当企业由于其经营与社会消费大众发生矛盾时,不仅企业文化的协调功能发挥出主要作用,同时,其辐射功能和规范功能也会发挥作用。正是如此,才使企业文化具有其他管理理论不曾有过的强大作用。

二、CIS 战略基本概念

CIS 战略是企业形象的外化,也是企业文化中最活泼、最具有影响力的部分。企业文化的发展与建设,为正确实施 CIS 战略奠定了基础。

(一)CIS 的基本含义

CIS(Corporate Identity System),企业的统一化系统又称企业的自我统一化系统。CIS 理论把企业形象作为一个整体进行建设和发展,是企业的识别系统。

如果考虑到识别的两层含义,即统一性和独立性,企业识别是指为树立统一而独特的企业形象的设计、策划和实施行动的过程。其实,让公众认识企业的过程,就是企业树立自身形象的过程。而面对成千上万的企业,要使公众能辨别出这是 A 企业还是 B 企业,就必须使企业具有个性,并且在企业的各个方面统一化或同一化。这一过程就是企业识别的设计、策划和实施过程。所以,企业识别,从含义上来理解,就是企业形象识别,或者企业形象塑造或建立。就企业识别和企业形象的关系来看,企业形象是结果,企业识别是途径或手段。

具体来说,企业识别系统的构成要素有三个,分别是企业理念识别(Mind Identity,MI)、企业行为识别(Behavior Identity,BI)和企业视觉识别(Visual Identity VI)。

企业识别系统作为塑造和传播企业理念与企业文化的一种系统,它包括以下几点内容:①CIS 是由若干要素按一定的制约关系组成的一个复合体,它是一种强有力的工具。②CIS 的目的是塑造与传播企业理念、企业文化。企业理念指的是企业的哲学,它是企业一切活动的指导思想,企业文化则是由企业组织及员工所形成的价值体系。③CIS 专注于塑造和传播企业理念和企业文化,塑造指的是企业理念系统的建设,传播则是通过一切可利用的媒体,包括动态和静态的媒体来实现的。塑造与传播的关系在于,前者是基础,后者是手段和途径。

(二)CIS 的发展历程:从 CI 到 CIS

CI 作为"企业识别",最早发源于德国,是工业时代企业大量涌现以及激烈的市场竞争的结果。而其真正的兴起是在 20 世纪 50 至 70 年代的美国。这是因为:①美国文化是对欧洲文化的继承,欧洲文化的特点是以资源掠夺和重商主义为特点的海洋文化,在美洲,这种文化更为充分地发展起来;②第二次世界大战虽然使欧洲千疮百孔,但也为美国发展成为经济霸主提供了契机。大量的欧洲和亚洲及世界其他地方的资金、技术和人才流向美国,美国真正成为最富有的国家。经济上的重建带来了巨大的商业机会,美国人继承了殖民者敢于冒险的精神,把重商主义推向了商业文化的极致。

美国国际商用公司是美国最早引入 CI 的企业。在决定引入 CI 时,公司总裁沃森就认为,要在激烈竞争中取胜,就必须在同行中树立起一个独特的形象;而要使国际商用公司进入世界性大企业的行列,就要有一个对每个用户具有视觉冲击力的形象标志。于是权威的设计师把商用公司浓缩成"IBM"三个英文字母,创造出由八条水波纹组成的极富美感的蓝色造型,而"IBM 蓝"也成为了走红一时的流行色。

继 IBM 导入 CI 后,各大航空公司、银行、连锁店,Mobile(美孚)石油公司、西屋电气、可

口可乐、3M以及克莱斯勒等著名汽车公司也相继引入CI。而被誉为"美国国民共同财产"的可口可乐，以视觉上强烈震撼的红色与充满律动的条纹构成的COCA－COLA标志，在全球消费者心中成功塑造了老少皆宜、风行世界的品牌形象。

在导入CI的过程中，这些大公司充分感受到了CI带给他们的巨大无形资产财富，也使很多企业取得了良好的经营业绩。如克莱斯勒公司在20世纪60年代初，一下子把市场占有率提高了18％；1970年可口可乐公司导入了CI，改造了世界各地的可口可乐标志，结果在世界各地掀起了可口可乐的热潮。

20世纪70年代末，CI开始在美国滑坡。原因很简单，这个时期的CI带有强烈的时代局限性，它更多关注的是企业的需求，而不是消费者的需求；它更直接的是为投资商和制造商服务，至于大众的消费需求，则是次要的。日本较早引入CI的大荣超市、MAZDA汽车等企业，最初均接受美国式CI的影响，重在视觉传达设计的标准化，力求设计要素与传达媒体的统一性，在实施企业商标的标准字、标准色上下功夫，并以之作为CI策划的核心。当时，正是两次石油危机的前后，日本经济开始走向国际市场。这些因素都使日本企业家们认识到，仅凭技术是不能使日本企业走出困境的，必须在世界消费者面前树立良好的企业形象，取得他们的信赖，产品才有销路。同时，要增强企业的竞争力，提高产品质量，对内就要发挥企业员工的积极性，确立企业的价值观念和经营哲学，并赢得他们的共识。因而，CI设计不仅是视觉形象的识别，还应该包括企业经营理念和价值观在内的整体设计。

从20世纪70年代后半期起，日本CI开始朝着着重企业理念与经营方针，活跃士气带动生产，向提高利润的方面发展，这一时期导入CI的有松尾百货、小岩井乳业等企业。80年代前半期，日本CI建设又加进了注重以员工意识改革和企业体制改革的内容，以防企业形象下滑。进入80年代后半期，日本CI进一步强化企业经营方针，注重企业形象个性培养，以扩大其与竞争同业之间的差异，这是日本CI走向成熟、独树一帜的时期，是美国式CI转变成日本式CI的时期。可以说到80年代后期，日本才真正完成了从CI设计向CIS形象系统设计战略的转变。使CIS融企业的经营理念、管理哲学、产品促销、商标设计、公共关系为一体，运用整体传播手段，来塑造良好的企业形象，以赢得社会公众的依赖和肯定，达到扩大销售的目的。

20世纪80年代前后，CIS传入东南亚，我国港台地区在70年代末导入CIS也取得了一定成就。改革开放以来，市场经济的发展使许多企业也渐渐重视并导入CIS，如太阳神集团、三九集团、健力宝和李宁运动用品等已取得有目共睹的战绩。近年来，我国出现了许多进行CIS策划、设计的专业公司，也为企业导入CIS，提高企业竞争力做出了贡献。

第三节　企业文化的建设与传播

一、企业文化的建设过程

企业文化建设通常是一个漫长和复杂的过程。首先，企业家作为企业文化建设的主要

发起者,他们勾画了企业文化建设的发展蓝图,确定企业核心价值观。其次,企业文化开始制度化阶段,即把企业家倡导的价值观转化为具有操作性的管理制度,保障企业和企业文化持续发展。最后,当制度内涵已被员工心里接受并自觉遵守时,制度就变成员工习惯,这种习惯是已经内化的心理契约,是新的价值观在员工行为上的最终体现,是企业文化的真正落地。因此,我们把企业文化建设过程分为企业家阶段、制度化阶段以及习惯化阶段。

(一)企业家阶段

从现代企业制度所要求的企业内部组织结构来看,企业家总是处于最核心的地位。他既参与经营决策,又组织实施执行,是企业经营管理的决策者,同时他也是企业文化建设的核心。企业家是企业经营管理活动的总指挥,其主要任务是组织人力、物力和财力等各种资源创造具有生命力的企业。企业家的这种领导地位决定了其个人意志、精神、道德和风格等文化因素在企业中备受瞩目,不仅不乏其自觉追随者,也易于得到员工的广泛认同和肯定。以至于企业的价值观、工作作风、行为规范和规章制度,都会打上企业家的个人烙印。企业文化的生命力取决于企业家文化观念的开放程度。企业家只有以彻底开放的胸怀,努力超越自我,才能对企业文化进行有效控制和调节,维持企业文化的动态平衡,推动现代企业持续、健康地发展。

(二)制度化阶段

企业制度是企业文化建设的"过渡"文化,也可以称为"中介"文化。企业理念或企业价值观体系要变为全体成员的自觉意识和自觉行为,需要企业制度的应用过程。企业制度包括管理制度、人事制度、生产制度、财务制度等等。严格地说,企业制度虽然不属于企业文化理论的范畴,但它是企业文化建设必不可少的阶段。它本身的强制作用,不仅是企业秩序必须的,同时,通过对人的内在自觉性和主动性的调动,来实现企业员工观念的转变。企业制度体现企业价值观,当新的企业价值观确立时,就必须有新的企业制度来跟随。在制度建设中,既要有稳定性,又要有灵活性。一方面,要根据生产经营环境的实际需要对制度进行适时更新。另一方面,又不能朝令夕改,让人无所适从;也不能因为原有的制度有某些问题就全盘否定,而需要在具体分析的基础上不断完善,使之在实践中逐步合理化。

(三)习惯化阶段

企业文化习惯化,就是要让企业文化真正转化为全体员工的工作生活习惯。企业文化仅仅停留在行为和意识层还不够,还应该成为一种习惯。要使企业文化转化为员工的日常工作行为,把企业的价值观念、精神理念等转变成全体员工自觉遵守的风俗、习惯、仪式等。利用各种舆论工具,如企业内刊、板报、宣传栏、各种会议、研讨会、局域网、广播和闭路电视等大力宣传企业的价值观,充分发挥企业内部媒体的作用,使企业文化深入人心。

二、企业家在企业文化传播中的作用

企业文化属于企业组织的意识形态范畴。企业文化一经形成和确定,就需要运用各种形式和途径,在企业员工中广泛传播。企业文化只有为广大员工所接受和认同,才能成为真正具有企业群体或全员意义的企业文化。要做好企业文化传播的组织工作,需要企业家具

有驾驭文化传播的能力。因此，要搞好企业文化传播，就要认真地学习和继承企业宣传工作的成功经验。如在传播方法上，可以借鉴宣传工作中常用的宣传灌输法、精神激励法、活动感染法、典型导向法和领导示范法等等。还应该学习和借鉴国外优秀企业的文化传播做法。如西方企业注重借助企业文化网络来传播企业文化，设置首席文化执行官（Chief Culture Officer，CCO）来管理企业文化的传播途径和方法。

（一）企业家是企业文化传播的规划者

在我国，企业家的含义多种多样。但是，广义地运用这个概念时，多是指企业经营管理的专家，而且有时就是企业经营的管理者。在现代企业管理中，企业家作为企业经营管理的领导者、决策者，他们不仅要负责企业的经营目标、组织结构和发展战略等的制定和管理，而且要负责企业文化的发展规划。

（二）企业家是企业文化传播的主导者

由于企业家是企业中的最高行政主管，全面负责企业的经营管理、组织构建和战略决策等，因此，只有企业家把企业文化建设与传播作为一项重要的工作任务，并纳入企业经营管理的规划中，才能使企业文化的构建与传播实际地运作起来。否则，如果企业家没有一定的文化自觉性，把企业文化视为可有可无的东西，那么企业文化的构建与传播就无从谈起。正是由于企业家在企业中的这种地位与职责，决定了他是企业文化构建与传播的主导者。

（三）企业家是企业文化传播的组织者

企业家不仅是企业文化的规划者和主导者，而且也是企业文化传播的组织者。任何一个企业文化体系的确定，无不打上企业家个人的烙印。企业家的价值观、信仰理念、管理风格甚至个人的兴趣爱好，都会对企业文化的内容、风格和特征产生强烈的影响。正是在这种意义上，企业文化常常被称为"企业家文化"。然而，只有把企业家文化转变为广大员工所接受和认同的企业群体文化，才能成为真正意义上的企业文化。而这个转变过程的实质，就是将企业文化通过各种途径传播给员工，使他们接受、认同。在这个过程中，企业家扮演了传播组织者的角色。

三、先进模范人物在企业文化传播中的功能

从企业文化的视角看，不论是我国企业的先进模范人物还是西方的企业英雄，都是企业价值观的模范遵守者和奉行者，具有象征的意义。英雄人物是企业文化中强有力的中枢形象，所谓"天生的英雄"，是指那些伴随企业创立而成长起来的英雄。他们往往是企业的缔造者和奠基者。在我国民营企业中，有许多这类英雄。例如，联想集团的创始人柳传志、华为公司的任正非、江苏红豆集团的周耀庭和搜狐公司的张朝阳等，他们在创建公司的同时也创建了公司的企业文化。在国有企业中，一般并不把他们作为企业的先进模范人物，即使他们是企业的杰出缔造者或最高主管，也只有在上级主管部门评选时，才可能成为某种先进模范人物。然而，在企业文化的意义上，他们却是人们心目中实实在在的创业英雄，即"天生的英雄"。

所谓"造就的英雄"，是指企业为了确立某种价值观，往往通过培养典型人物来体现这种

价值观,这些典型人物就是造就的英雄。他们一般是企业员工和部门管理人员。我国企业的先进模范人物大都指这类英雄。现在我们来探讨企业先进模范人物在企业文化中的功能。

(一)先进模范人物的引导功能

先进模范人物作为企业价值观的化身,他们的先进事迹和精神向人们昭示了企业需要什么样的人。同时他们作为企业价值观的人格化,他们的先进模范事迹在流传过程中,往往被赋予传奇色彩和一定的夸张,因此企业英雄的故事在西方企业中往往被称为企业神话。这些故事和神话通过企业有意识地传播和扩散,会在员工中造成很大的影响,从而产生强大的感召力。他们不是通过命令和指示,而是通过自己的思想和行为作为标杆和样板,来引导员工的思想和行为,使员工产生对企业价值观的接受和认同。

(二)先进模范人物的桥梁功能

正如肯尼迪和迪尔在《公司文化》中所说:"在职工们企图在个人志向与公司目标之间找出现实联系的过程中,先进模范人物就日复一日地被涂上圣油,不着痕迹地成了成功行为的一种象征。"在那些拥有强势企业文化的企业中,明智的企业家正是利用先进模范人物所具有的这种桥梁作用并赋予其神话色彩,来成功地传播企业文化。

(三)先进模范人物的启示功能

企业先进模范人物通过自己的成功,向人们展示了这种成功对任何人都是可能的、合情合理的。普通员工能够从先进人物的成功中受到启示并树立起信心,自觉地以他们为榜样,为实现自己的目标而努力。同时,由于企业先进人物是企业文化的最初实践者,首先领会了"导演"或"指挥"的意图,然后通过自己的言行,有声或无声地传播着导演或指挥所倡导的文化价值观、理念和行为方式,从而促进广大员工对企业文化的接受和认同。企业正是通过先进人物的这种沟通作用,把企业文化注入到员工的心灵中,使他们把自己的价值目标与企业价值目标联系起来,并为之努力。

(四)先进模范人物的延续功能

要使先进的企业文化延续下去,就必须不断地强化宣传和扩大影响。树立企业先进人物并传播他们的先进模范事迹,则是一种重要手段。纵观卓越企业的发展史,总是有一批又一批的企业英雄人物不断涌现,他们的业绩和精神集中地承载和表征着企业文化的发展和进步,从而使企业文化在员工中代代相传。联想集团的创始人柳传志和现任 CEO 杨元庆、红豆集团的创始人周耀庭和现任总裁周海江等,这一代代企业先进人物的接替,也都是企业文化的延续和传承。在海尔集团中,普通员工的先进人物也是层出不穷。海尔企业文化中心编写的《海尔的故事与哲理》一书中,各种各样的英雄人物和先进人物,都在不断地强化和延续着企业文化。

总之,企业英雄、先进模范人物、企业家和企业员工共同构成了企业文化传播的主体。如果把企业英雄和企业先进人物比作是企业文化传播舞台上的领衔演员或主角,那么企业家就是企业文化传播的编剧和导演,广大员工则是企业文化传播舞台上的众多演员或剧务

工作人员。只有把各种角色的演员和工作人员有机地联系为一个整体团队,才能在企业中演出一场生动感人、追求卓越的企业文化现实剧来。

思考与练习

1.什么是企业文化? 企业文化有哪些特征? 企业文化的层次结构怎样?

2.简述企业文化在企业发展中的作用和意义。

3.简述企业文化在企业发展中的具体功能。

4.企业文化建设的过程怎样?

参考文献

[1]袁蔚,方青云.现代企业经营管理概论[M].上海:复旦大学出版社,2007.

[2]李丽华,周惠兴.现代企业管理学[M].重庆:重庆大学出版社,2005.

[3]张玉珍.企业经营管理经典案例评析[M].北京:石油工业出版社,2006.

[4]田建军.现代企业管理实践与创新[M].哈尔滨:哈尔滨工程大学出版社,2008.

[5]孙佰良.企业战略管理[M].北京:科学出版社,2004.

[6]田建军.现代企业管理与发展[M].北京:清华大学出版社,2008.

[7]吴何.现代企业管理[M].北京:中国市场出版社,2010.

[8]张振刚.现代企业管理实务[M].北京:化学工业出版社,2010.

[9]黄顺春,廖作鸿.现代企业管理教程[M].上海:上海财经大学出版社,2007.

[10]赵冰梅,刘伟力.现代企业管理教程[M].北京:航空工业出版社,2008.

[11]杨学义,谭海涛.企业管理理论创新研究[M].北京:中国统计出版社,2006.

[12]王粤.企业经营管理[M].北京:清华大学出版社,2006.

[13]王少东,张国霞.企业人力资源管理[M].北京:清华大学出版社,2012.

[14]刘晓冰.运营管理[M].北京:清华大学出版社,2011.

[15]柯清芳.生产运作管理[M].北京:北京理工大学出版社,2009.

[16]张强.现代物流管理[M].北京:北京理工大学出版社,2006.

[17]于宝琴,吴津津.现代物流配送管理[M].北京:北京大学出版社,2009.

[18]高四维,吴刚.现代物流管理导论[M].北京:科学出版社,2008.

[19]连漪.市场营销理论与实务[M].北京:北京理工大学出版社,2009.

[20]高程德.公司组织与管理[M].北京:北京大学出版社,2015.

[21]梅子惠,曹承锋.企业管理案例分析教程[M].北京:高等教育出版社,2010.

[22]黄河涛,田利民.企业文化学概论[M].北京:中国劳动社会保障出版社,2006.

[23]黄渝祥.企业管理概论[M].北京:高等教育出版社,2003.

[24]叶陈刚.企业伦理与文化[M].北京:清华大学出版社,2007.